项目化学习，我们这样做

华二附初项目化学习案例集

李 娜 ◎主编

张 尹 杨 冰 刘 蕾 ◎副主编

华东师范大学出版社

·上海·

图书在版编目(CIP)数据

项目化学习,我们这样做:华二附初项目化学习案例集/李娜主编.—上海:华东师范大学出版社,2022
 ISBN 978－7－5760－3016－7

Ⅰ.①项… Ⅱ.①李… Ⅲ.①课程－教案(教育)－初中 Ⅳ.①G633

中国版本图书馆 CIP 数据核字(2022)第 123762 号

项目化学习,我们这样做
——华二附初项目化学习案例集

主　　编	李　娜
副主编	张　尹　杨　冰　刘　蕾
责任编辑	王　焰(策划组稿)
	王国红(项目统筹)
特约审读	陈锦文
责任校对	樊　慧　时东明
装帧设计	卢晓红
封面图片	李春艳
出版发行	华东师范大学出版社
社　　址	上海市中山北路 3663 号　邮编 200062
网　　址	www.ecnupress.com.cn
电　　话	021－60821666　行政传真 021－62572105
客服电话	021－62865537　门市(邮购)电话 021－62869887
地　　址	上海市中山北路 3663 号华东师范大学校内先锋路口
网　　店	http://hdsdcbs.tmall.com
印　刷　者	上海景条印刷有限公司
开　　本	787毫米×1092毫米　1/16
印　　张	18.25
字　　数	282 千字
版　　次	2022 年 9 月第 1 版
印　　次	2025 年 1 月第 4 次
书　　号	ISBN 978－7－5760－3016－7
定　　价	58.00 元
出版人	王　焰

(如发现本版图书有印订质量问题,请寄回本社客服中心调换或电话 021－62865537 联系)

编写说明

面对变幻莫测、快速发展的时代,我们的教育正从"知识本位"向"素养本位"转型。我校承袭华东师大二附中"追求卓越、崇尚创新"的校园文化传统,将"培养创造未来的人"作为育人目标,积极探索打造基于情境、问题导向的"卓越课程"体系。在多年致力于创新教育培养的基础上,我们力图培养更多具有创造力的孩子,让指向创造性问题解决能力的培养成为一种普遍性的教育模式。项目化学习给我们提供了这样的育人路径。

2019年起,我校陆续派出教师参加闵行区教育学院组织的项目化学习研修班,开始在活动项目化学习中小试牛刀。2020年,我校组成以李娜副校长牵头的项目化学习研究团队,开始在学科项目、跨学科项目中尝试设计项目化学习案例,并在区级层面进行了展示分享。2020年底,我校成为上海市义务教育项目化学习三年行动计划种子实验校之一。在以校长为核心的项目化学习研究团队的推动下,项目化学习课程进入课表,我校开始全面开展实施项目化学习。一颗指向创造性问题解决、更适合21世纪教育的种子,在这里萌芽、成长。

从"太阳雨真的存在吗"到"如何设计一款降噪耳机",从"中国老龄化社会到来后,我们如何养老"到"我的英雄梦",这些天马行空又兼具人文关怀的话题,来自我校卓越课程体系下,着力打造的学生问题蓄水池。昔日,它们有的被某个学生认领进行课题研究,有的则被束之高阁,无人问津。而如今,它们已经陆续成为学生们在课堂上需要自主解决的"项目"。这些源于学生日常生活的问题,经过项目化团队设计,可以激发学生的学习兴趣,让他们在合作中自主研究,在协作中学会学习,爆发出惊人的创造力。在学校建校十周年到来之际,很多项目小组还专门设计了校庆十周年献礼系列,从改造校园植物牌到设计校庆伴手礼,一系列校庆纪念活动计划正不断向校长室奔去。

教师们开始真正意识到,项目化学习对知识获取的贡献度非常高,项目化学习势在必行。但是,基于综合素养视角下的项目化学习,让学生通过对真实的、有挑战的问题进行持续探究,这对教师而言,何尝不是一种挑战。为了解决师资力量这一难点,我校通过组织校长牵头的项目化研究团队、开展项目研讨沙龙、邀请市区级项目化学习专家指导、精心举办上海市项目化学习专题工作坊等活动,提升教师教研水平。在开辟研训结合新途径的过程中,我们充分认识到:加强教师实践积累和总结,形成项目化学习案例,是引导学校项目化学习持续探究的重要路径。由此,我们将教师基于实践之上撰写的项目化学习案例与反思,集结成体现学校特色的项目化学习案例集。

案例集收录的案例按照项目化学习设计来源,分成两大板块。第一板块的项目设计来自我校即将到来的校庆十周年,教师团队基于真实情景,结合学科核心素养,适时设计出的各类项目化学习课程,共计 8 篇。第二板块的项目设计来自学生"问题蓄水池",经由教师团队精心设计后成为学生自主研究的项目,共计 9 篇。我们将这一源于学生问题,又由学生自主解决的过程,概括为"源生·生成"。

在体例上,每个案例除了项目化学习的案例设计及实施过程之外,还包括教师的项目反思及专家点评。上海市教育科学研究院普教所、课程与教学研究室主任、上海学习素养课程研究所所长夏雪梅博士及其项目化学习专家团队,对案例的实施与撰写进行深度解构与分析,从实践和理论角度梳理项目化学习的关键特征及操作要领,以期通过典型案例,让先行的项目化学习探索给学校,特别是教师,以真实精准的经验,使项目化学习在实践与反思中不断实现迭代。

本案例集是团队创作的成果,由华东师范大学第二附属中学附属初级中学项目化研究团队集体完成。李娜老师负责主持并组织书籍的撰写、审稿、出版等工作,张尹老师负责书籍的采编、统稿等工作,杨冰和刘蕾老师负责案例修订等工作。整个项目化学习在实施及案例撰写、出版过程中,无不体现了施洪亮校长、李新城书记等学校领导的鼎力支持和上海市项目化学习专家组的悉心指导。我们协同努力,在推进项目化学习的过程中无所畏惧,信心倍增。

由于我们对项目化学习的研究还不够深入,不当之处,敬请各位读者批评指正。希望这本案例集,能以实际资料来支持和推进学校项目化学习的发展,在促进教与学方式变革和教师专业成长方面,有一定的借鉴意义和推动作用。

序　言　双新视角下的项目化学习：学校的挑战

夏雪梅

新一轮的义务教育课程方案和标准的颁布将为上海学校的课程与教学带来新气象。在义务教育新课程方案中，新教学体现为四个方向：坚持素养导向、强化学科实践、推进综合学习、落实因材施教。素养导向侧重在描述整体育人目标，学科实践与综合学习的组合从教、学两个方面保证素养的综合性目标的达成而又不失去学科核心价值，而因材施教体现了对变化的学与教样态中每一个学生的关注。这四个方向体现出对素养视角下教学样态的相互关联的追求。

项目化学习作为素养视角下的学与教的一种典型样态，以项目逻辑整合学科逻辑和生活逻辑，在问题的深入探索中形成迁移性的理解，系统体现了素养的特征，上接国家课程标准，下接学生的学习评价，对当下学校的课程与教学带来了深刻的挑战。今天我们对项目化学习的认识，不是一种孤立的、盆景式的、为了展示的变革，而应该将其放在学校整体变革的视野中考虑，放在如何高质量、创造性地落实国家课程标准的视角下来考虑。为此，我们提出如下三点挑战，不仅仅是项目化学习独有的，而且是素养视角下学与教的变革都会遇到的普遍问题。

挑战一：如何基于课程标准将零散的知识技能目标升级为素养导向的教学目标？

目标是教育教学的核心。义务教育阶段各学科的课程标准提出了面向全体学生的目标指引。学校的挑战在于，如何基于课程标准理解学科整体的育人观和大概念并形成进阶性的目标系统？这种挑战典型地体现在项目化学习中。项目化学习的目标是综合的,是多种类型的组合,不仅仅是知识和技能。威金斯描述了三种类型的学习结果:学习迁移;理解意义;掌握知能。[①] 学校以往所习惯的对课程标准"拆解、细分"为细目表式的思维并不完全适用,基于课程标准的教学不是从琐碎的内容、技能分解的角度来"肢解"课程标准,拆解为一条条的行为目标,这种分解思路背离了素养的整体、综合性。学校的挑战在于如何用"分类、提炼"的思维从课程标准中提炼出可以迁移的大概念,对课程标准中所描述的价值观、思维和知识能力进行整体认知,将知识点"辐合"到大概念的视角下。

以往的教学也有考虑知识点、概念之间的关系,但没有站在更具有学科核心价值、生活永恒价值的大概念的角度上来进行结构化的处理,这就让学生难以形成持续性的理解,并在不同的知识单元间进行灵活迁移。在上海的项目化学习三年行动计划中,我们所探索的用"高阶学习驱动、包裹低阶学习"的思想,用本质问题推动不同领域的项目核心概念之间的迁移是这一思路的具体实践。

挑战二: 如何将讲授教学转化为"像专家一样思考"的支持学生探索的(跨)学科实践?

项目化学习是要让学生经历"像专家一样思考",在学科领域,经历学科实践,在跨学科领域,经历跨学科实践。义务教育课程方案中提出"学科实践"的概念。什么是学科实践,就是学科活动吗? 我们认为,学科实践是学科素养显性化的体现,凝聚了学生在情境中的学科理解。

实践反映了人们对"学习"的新理解。学习是一种社会文化观的建构,是由想要了解世界或能够参与/"做"的愿望所激发的。[②③] 学习是"参与"到各种社会文化活动中,习得本领域的专家处理问题时的主要行动样态。"学科实践"意味着学生

---

① [美]格兰特·威金斯,杰伊·麦克泰格.追求理解的教学设计[M].闫寒冰,宋雪莲,赖平,译.上海:华东师范大学出版社,2017: 14.
② Brown, J. S., Collins, A., & Duguid, P. Situated cognition and the culture of learning[J]. Educational Researcher, 1989(18): 32 - 42.
③ Brown J. S., Duguid P. Organizational Learning and Communities-of-Practice: Toward a Unified View of Working, Learning, and Innovation[J]. Organization Science, 1991, 2(1): 40 - 57.

要像一个真正的科学家、工程师、作家、数学家、新闻工作者那样,实践解决真实问题。① 学科实践带有探究性。学科实践不是仅仅去"做",不仅包含技能,同时也包含着"学",包含对知识的深度理解和反思。学科实践是要让学生参与学科探究活动,经历建构知识、创造价值的过程,体会学科思想方法。这种探究的过程同时需要学生具有一般性的探究能力,同时也蕴含着学科思想方法。"学科实践"和"综合学习"两者之间是有内在联系也是有矛盾张力的。学科实践要将学科知识和能力在真实情境中活化,综合学习要打破知识和知识、学科和学科间的界限,但过度综合、实践会伤害到学科的严谨性,进而有可能影响到学生的学科学业成就。如何在不降低学业质量的前提下,将传统的讲授式的学习转化为对学生的(跨)学科实践的支持,体现素养为导向的综合的学科质量观,切实改变课堂的学习样态,成为学校面临的最具有挑战性的问题。

挑战三: 在大班额的背景下,如何让不同的学生在新的学习样态中获得多维度的成长?

项目化学习中所蕴含的综合学习与(跨)学科实践将为国家课程带来新的课堂样态。课堂直观看上去更加活泼、多样,但是,学校的变革挑战在于,在这样的课堂中如何"因材施教",如何让每一个学生在这样更开放的课堂中获得在学科能力、态度价值观等多个维度上的成长?

这一问题放在学校的现实情境中尤具挑战性。从国际上类似的课堂变革来看,要达到有质量的学科实践、综合学习,体现大概念、项目化,有这样几个重要的制度条件:

第一,学校的班级规模不能太大,一般是在 25 人以下,且大多采用导师制的设置,能够保证学生获得较为充足的整体关照和个性化的交流时间。

第二,要让学生进行综合学习,需要教师本身的视野、经历的综合性。美国、

---

① Boss, Krauss. Reinventing Project-Based Learning: Your Field Guide to Real-World Projects in the Digital Age[M]. Eugene, OR: International Society for Technology in Education, 2010: 120.

欧洲很多地区教师证书就呈现出综合、多样的特征。比如美国教师的证书,在小学阶段是多学科证书(multiple subject teaching credential),多学科证书考试的时候就需要教师能够对所有科目都有所了解。[①]

第三,要让每一个学生在项目化学习中获得成长,还需要校园内外各类专业人员的支持。

而上述的每一个条件对我们的学校来说都是巨大的挑战,仅就第一点而言,根据我们教育部公布的《2018年全国教育事业发展统计公报》显示:我国普通小学在校生10 339.25万人。小学教职工573.25万人。学生和老师比率为16.97:1。由于很多地方师资紧缺,教育资源分配不平均等,很多学校没有实现正常班额,不少学校的班额在50人至60人之间。据数据显示,2018年义务教育大班额(55—65人)比例为8.1%;超大班额(65人以上)比例为1.2%。[②]

面对上述种种挑战,在上海市教委发布的义务教育项目化学习三年行动计划中,很多学校已经在开始积极探索。华二附初是在2020年加入三年行动计划的行列中的,是第一批的种子实验学校,并在2021年6月承担了市级种子学校工作坊,同时向市级层面的种子教师和实验学校交流研讨了书稿中6个项目的诞生和实践过程。作为初中,开展素养视角下涉及国家课程学与教的深层次的变革是很不容易的。在这么短的时间内,能够推出一批与国家课程有关的具有项目特征的案例,也表明学校的行动力和学习力。对此,学校把如何高质量地提升国家课程的实施质量放入核心,把学生在学科课程中的投入度、思维度、能力和素养的形成作为着力点。

本次案例集的推出不仅是一次以往实践的总结,更是一次再出发,是新的起点,也期待华二附初能够在新的起点上继续深化探索。基础教育阶段的学校特色不应该仅靠少数学生和教师在少数特色校本课程上的亮点来打造,国家课程的高质量、创造性实施应该成为每所学校最重要的底色,这需要每一位教师的投入与变革,需要学校、区域、社会等各个嵌套层级上共同的制度支持和相互信赖的良好氛围。

[①] 陈琼. 中美公立中小学教师聘任制比较研究[D]. 湖南师范大学,2010.
[②] 教育部发布2018年全国教育事业发展统计公报[EB/OL]. https://www.sohu.com/a/328918309_100226214,2019.

目 录

前言：项目化学习，我们这样做/本书编写组　/ 1

情系校园——校庆十周年系列项目化学习案例

《校园风物志》（自然篇）创作/段　熙　/ 3
我是学校国际引荐官——初中低年级英语跨单元项目/刘　蕾　陆　瑶　/ 15
改造校园植物牌/赵晓健　/ 33
你是未来预言家吗——向《海底两万里》更深处漫溯/汪丽萍　/ 47
校园模型的设计和搭建/吴龙梅　/ 60
校庆十周年，LOGO由你来设计/高思婷　杨　冰　/ 79
调查校园乔本植物的多样性/徐　娟　/ 94
校园空间的重塑与改造/林一芳　/ 112

源生・生成——基于学生问题的项目化学习案例

畅享音乐之耳机设计与制作/欧阳映　/ 125

知文论史,我来创作《词人盛宴》/桂小雨　张　尹　/ 145

家庭污水处理及循环利用系统的设计——我是建筑给排水设计师/刘　岩　/ 163

太阳雨探秘/王　倩　/ 176

《最后一课》——数学和话剧的美丽邂逅/杨　林　王　璐　/ 190

怎样让同学们主动洗手/刘雅清　/ 205

智慧化的"老有所养"是怎样的/卢晓梅　陈　晨　/ 218

探英雄路,明英雄意,抒英雄观/赵　华　/ 231

小小化学检测员/张　燕　/ 246

前　言　　项目化学习，我们这样做

2020年12月，我校成为首批"上海市义务教育阶段项目化学习种子实验校"。与项目化学习从相遇、相识再到相知、相伴，这本凝结了众多教师"设计——实践——反思"之心路历程的项目化学习案例集，呼之欲出。案例集的出版，不仅凸显了我校教师素养的专业高效和建校十年来的教育积淀，更体现出学校对项目化学习的高度认同和实施推进的掷地有声。

什么是项目化学习？它有怎样的教育学意义？学校如何推进实施，教师怎样迎接改变？课堂和学生的变化真的在发生吗？……这些问题，是我们在初识项目化学习时的种种疑虑。也是今天，我们在实践、反思与迭代中不断追问的问题。

一、问题缘起：变与不变

在瞬息万变的当下，教育需要应对未来的"变与不变"。身处科学技术日新月异的时代、正在经历新冠疫情的我们相信："变化"乃世界之常态、未来之不变。"教育者，非为以往，非为现在，而专为未来。"教育的本质就是要培养面向未来的人。新的时代，教育如何培养有能力应对未来的人，让学生既能真正掌握知识技能又能解决生活中所面临的真实问题，为应对未来世界的挑战做好准备。

教育改革之路走到今天，学校需要实现教育的"减负提质"。2021年，"十四五"开局之际，习近平总书记就"培养担当民族复兴大任的时代新人"重要议题为教育发展指明了方向。7月，中共中央办公厅、国务院办公厅印发《关于进一步减轻义务教育阶段学生作业负担和校外培训负担的意见》指出：学校教育是学生接受教育的主阵地。"双减"政策之下,学校如何构建高质量的教育体系实现减负提质,让师生有足够内驱力适应当前和未来的变化?

项目化学习是一个提倡学生主动参与到真实问题解决中,自主探索和建构项目并找到解决方案的过程。学生在浓厚的学习兴趣引导下,不仅能在历经复杂、真实问题的探究过程中理解掌握相关知识和技能、学会解决真实问题,同时还能发展适应未来社会的必备品格和关键能力。2020年,上海市教委出台《上海市义务教育项目化学习三年行动计划(2020—2022年)》(以下简称《计划》),项目化学习成为深化教育改革的重要手段,在全市范围内得到大力推进。

作为一所传统名校的附属初中,我校始终致力于"培养创造未来的人";顺应时代,实现教育变革,全面提高教育质量不仅是学校的责任担当,更是一种文化自觉。面对瞬息万变与充满不确定的未来,我们相信教育仍然需要按照它的逻辑自然成长。在"十四五"开局之年"双减"政策之下,我们坚持以饱满昂扬的热情积极拥抱教育变革。作为首批上海市义务教育阶段项目化学习种子实验校,我们在积极实践项目化学习的同时也在不断反思、追问、求解,力图在传承人类优秀经验的同时,为创造未来做好准备。

二、历史溯源:心向往之

项目化学习最早可追溯到19世纪末美国教育学家杜威提出的"做中学"理论。杜威提出建构性作业的概念,提倡学生应该在体验生活中主动学习,主张"教育即生活,学校即社会",这一理论可被认为是项目化学习一次从(学科教学的)"附属地位"到"主导地位"角色蜕变的过程,是从关注项目化学习形式到关注内涵的转变。但直到其学生克伯屈在1918年给出了项目化学习的广义定义,并提出"通用(目标)模型",项目化学习在教育领域的发展与普遍应用才有了可行的理论依据。20世纪30年代,克伯屈的项目化学习理念经中国留学生推荐,传入中国,影响了我国当时的小学教育。20世纪后期,更多的学者从多视角深层次揭示项目化学习的思想内涵,在实践中积极探索其在各种教育环境中的应用,使得项目化学习从"是什么"到"怎么做",已经有了非常明确的概念,项目化学习的内涵、目标与价值也有了明确定位,项目化学习理念得到普遍认同,项目化学习方法得到广泛传播。① 21世纪,项目化学习突破欧美局限,在世界范围内受到了关注与推广。在美国,项目化学习的开展力度是全国性的。新加坡从2000年开始推行……韩国教育工作者也已经把项目化学习作为一种教学策略进行探究。从印度到南美,越来越多的国家和地区对项目化学习产生了兴趣。②

就在项目化学习的势头在国际持续上升之时,20世纪90年代,项目化学习以翻译国外报道的形式,开始在我国基础教育领域中渗透。2012年以来,越来越多的中国教育工作者开始关注、研究、实践项目化学习。近几年,随着素养导向的基础教育课程改革的不断深化,我国项目化学习的理论研究趋向系统化,项目化学习的实践也日益深入,逐渐呈现出结构化的发展态势。国内外研究者就项目化学习带来的教育变革意义达成了高度认同:项目化学习能让学生掌握学术技能和知识内容,培养未来成功所必需的技能,养成学习自主性并能够解决生活中所面临的挑战,以及应对世界所面临的挑战。③

但"国际经验如何转化为本土实践,教育理念和国家政策如何转变为学校课堂教学的常态,大量的理论和现实问题仍有待进一步澄清"。④ 目前,我国项目化学习在借鉴国际经验的同时,已开始结合本土实践进行理论上的重构,并结合理论设计出更符合我国本土情况的项目化学习课程和实施路径。在理论方面,研究者们将来自国外的项目化学习概念和内涵,结合中国国情及实践情况进行了本土化的重构。

关于项目化学习的概念界定,基于巴克教育研究所等国外机构的理论定义:"学生在一定时间内通过研究并应对一个真实的、有吸引力的和复杂的问题、课题或挑战,从而掌握重点知识和技能。项目化学习的重点是学生的学习目标,包括基于标准的内容以及如批判性思维、问题解决、合作和自我管理等技能。"夏雪梅

---

① 刘育东.国外项目学习的历史沿革与发展趋势[J].教育理论与实践,2019(19).
② [美]苏西·博斯,简·克劳斯.PBL项目制学习[M].来赞,译.北京:中国纺织出版社有限公司,2020:10.
③ [美]苏西·博斯,简·克劳斯.PBL项目制学习[M].来赞,译.北京:中国纺织出版社有限公司,2020:5.
④ 夏雪梅.项目化学习设计:学习素养视角下的国际与本土实践[M].北京:教育科学出版社,2018:序言.

博士团队结合三年来对项目化学习的实践探索,提出了学习素养视角下项目化学习的界定:"学生在一段时间内对与学科或跨学科有关的驱动性问题进行深入持续的探索,在调动所有知识、能力、品质等创造性地解决新问题、形成公开成果中,形成对核心知识和学习历程的深刻理解,能够在新情境中进行迁移。"[①] 2020 年,上海市教委结合国家《关于深化教育教学改革全面提高义务教育质量的意见》和上海市多年以来项目化学习的实践研究,出台了《上海市义务教育项目化学习三年行动计划(2020—2022 年)》,将"创造性问题解决"作为推进目标,并从这一角度对项目化学习进行界定:"项目化学习是以校长为核心的教育教学团队,在学校活动领域、学科领域和跨学科领域,设计真实、富有挑战性的问题,引导和指导学生在一段时间内持续探究,尝试创造性地解决问题,形成相关项目成果。项目化学习要把握育人方向,全过程融入爱国主义、社会主义核心价值观、中华传统优秀文化、公民道德等元素,培养学生创造性思维、批判性思维、团队沟通与合作等重要的终身学习能力,促进教与学方式变革和教师专业成长,激发学校办学活力。"

中国的项目化学习实施者们结合实践研究,还创制出本土化的项目化学习设计框架与实施要素。美国巴克教育研究所基于项目化学习概念,为实施项目化学习的教师和学校,提供了项目设计的基本要素框架,被称为"PBL 八大黄金标准",它包括:重点知识的学习和成功素养的培养;解决一个有挑战性的问题;持续性的探究;项目要有真实性;学生对项目要有发言权及选择权;学生和教师在项目中进行反思;评论与修正;项目化学习成果的公开展示。夏雪梅博士团队基于八大黄金标准及中国本土实践,认为素养视角下的项目化学习设计应包含六个维度:核心知识;驱动性问题;高阶认知;学习实践;公开成果和学习评价。北京师范大学的董艳研究团队,则构建出指导项目化学习实施的"非常 1+7 模式":"1 核心"(培养学生对真实问题的探究能力)、"3 导向"(驱动问题导向、探索性学习支架导向和多元评价规则导向)和"4 促进"(真实情境促进、尊重自主促进、反思引导促进和产品生成促进)。虽然研究者们对于项目化学习的构成要素各有不同观点,但我们

[①] 夏雪梅.项目化学习设计:学习素养视角下的国际与本土实践[M].北京:教育科学出版社,2018:10.

仍可以总结出他们在问题驱动、真实问题解决、持续探究、全程评价及公开成果等方面保持着高度一致性,这也为我们的项目化实践提供了更多的理念思路。

随着项目化学习理论与实践本土化进程加快,继 2020 年 10 月上海市教委出台了《项目化学习三年行动计划》后,11 月浙江省教育厅在颁布的《加强初中教育的指导意见》中也提出:"推动项目学习学科化,在常态学科学习中逐渐增加项目学习活动,赋能学科教学。"项目化学习在更多区域和学校开始推进实施,很多区域和学校在实践反思中总结出了各自的项目化学习实施方案。2020 年疫情期间,浙江省教育厅教研室组织编写的《重新定义学习:项目化学习 15 例》出版,以浙江省项目化学习优秀案例为"珠",串成项目化学习的设计与实施之"链",为项目化学习的本土推进提供了重要参考。此外,以《项目化学习的浙江实践》《项目化学习的虹口实践》为代表的研究成果,呈现了区域项目化学习探索的现状、路径与策略。而基于江苏省海安市实验小学项目化学习开展的案例集《项目学习:基于学校的行走》、上海市高安路一小项目化学习实施智慧《传统优质名校如何引发项目化学习的深度变革》、青浦高级中学的课题研究《以项目化学习推动五育融合的探索》、山东省济南市燕柳小学在项目化学习的校本化开发策略《项目化学习驱动高质量、个性化探究》等一系列基于学校实践基础上的提炼与反思,都为项目化学习在学校的真实落地提供了可借鉴可参考的案例与经验。但我们也发现:目前,无论项目化学习实施案例还是学校项目化学习推进方案,大多数来自小学阶段,关于初中阶段项目化学习的案例集还比较少,笔者只看到了上海师范大学附属第二实验学校基于本校实践的研究论文《项目化学习校本化实施的有效策略》及一些零散的初中阶段项目化学习案例。

以上这些,都为我们项目化学习的实施与研究提供了宝贵的经验,更促使我们在不断实践的同时,注重以案例撰写的方式来总结、反思我们的项目化学习,以期为项目化学习的本土实践贡献出自己的方案与力量。

三、学校实践:行必能至

2020 年 12 月,我校成为首批"上海市义务教育阶段项目化学习种子实验校"

之时,恰逢上海初中教育处在新中考的重大变革时期。学校面临新中考科目(新增跨学科案例分析等新中考科目)、新考试内容(考察思维品质、跨学科能力、基于真实问题解决的新题型增多)、新评价体制(学生综合素质评价体制)等新考验。传统的教学方式虽然历经长期的积淀与研究,已经趋于标准化与结构化,但课程内容往往与真实世界有相当大的距离;学生通过习题训练习得的思维方法与技能,因为较少实践与运用,导致高阶思维品质与深度理解能力的缺乏;长时间的分科学习,学生跨学科学习能力比较欠缺,解决真实问题能力也很难提升。项目化学习以解决真实问题为驱动,用高阶学习"包裹"低阶学习,是培育学生核心素养的有效载体。我们深刻认识到:教与学的变革势在必行。项目化学习成为我们重点推进的教学变革内容。

(一) 面临挑战分析

项目化学习既是课程形态又是教学策略。课程形态与教学策略在项目化学习这里是一个事物的两面,难以分离。① 它让学生有综合运用知识的机会,有相互合作共同生活的机会,有接触真实的沸腾的社会生活的机会,是学校教育不可或缺的组成部分。但是,学校引入项目化学习,也面临着挑战。

1. 教师能接受吗

项目化学习通常是跨学科的,与学科内的问题解决学习相比,项目化学习更为弹性、多路径,且不确定。这就需要教师打破传统的备课模式,充分考虑核心知识的提炼、驱动问题的设计及全程评价设计等六个维度的内容。这么复杂严谨且综合的教学设计,长期分科教育培养出来的教师们该如何应对?

项目化学习的设计与学习过程均要持续较长的时间,跨越较大的空间,涉及众多学科与事物。与目前分科教育下各学科习得的知识相比,学生在项目化学习过程中所得到的知识又是不同于现实知识体系的。在课时有限的情况下,要花费这么多时间在项目化学习方面,中考压力下的教师们乐于实施吗?

对于项目化学习,教师们存在着各种各样的难为,他们不敢轻言尝试,踯躅不

---

① 郭华. 项目学习的教育学意义[J]. 教育科学研究, 2018(1).

前甚至不为。

2. 学生能适应吗

项目化学习主张学生通过自主学习、合作探究、动手实践去创造性解决新问题,从而形成对可信知识和学习历程的深刻理解。初中阶段的学生,绝大多数已经经过五年小学阶段的教师主导的分科学习,习惯了孤立的、脱离社会现实与强计划性的教育与学习。他们是否有意愿、有毅力、有责任去开展项目化学习,是一件令人担忧的事情。

3. 学校能持续推进吗

项目化学习以解决真实问题为导向,学生在经历信息搜集与加工、方案设计和产品制作的过程中逐渐形成复杂问题解决能力、系统性技能、创造能力以及社会性技能等。[①] 而对这些能力与技能如何进行实时评价,以优化项目化学习的推进?项目化学习的整个过程是动态的、实践性的、以学生为主体的,是一次教与学方式的大变革,而我们目前仍以知识传承体系为主的教学方式要用什么样的课堂形态来应对变革?在肩负中考压力和家长期待的初中学校,我们力图打破分科教学的局限,又该用怎样的课时和组织形式来推进项目化学习的实施?

总之,项目化学习的实施和推进对包括从管理者到学生每一个人产生影响,需要学校在课程设计、教学范式、课堂样态和教研方向等各方面发生适应性变化,是一项复杂的系统性工程。但我们相信,项目化学习可以在继承历史中创造未来,具有独特的育人功能。

(二) 实施路径探索

针对实施项目化学习对学校可能带来的挑战与困境,学校采取以点带面的实施路径:即由种子教师先行先试,带动更多教师实践,进而推广到全校。

1. 种好示范田——先行先试

种子教师先行先试,团队合力打造项目化学习课程范例。2019 年起,学校抓住项目化学习在上海市及闵行区大力推行的良好时机,先后派出 5 名教师参加闵

---

① 崔春华.项目化学习:样态、挑战与学校生态系统构建[J].教育视界,2020(9).

行区举办的项目化学习培训,1名教师成功申报首批上海市项目化学习种子教师。学校创建由教学副校长李娜牵头的,以种子教师为核心的项目化学习研究团队。研究团队在种子教师的带领下,聚焦项目化学习设计问题,集体打造项目化学习示范课程。

整本书阅读是当今语文教改的一个重要趋势。但在课时和分科教学限制下,要有效落实、深度回应这一趋势,语文教学面临着巨大挑战。初二年级的整本书阅读指定书目是法布尔的科普类名著《昆虫记》。种子教师段熙将科普知识与语文阅读相融合,将阅读赏析与文学创作相结合,在我校即将迎来建校十周年的背景下,打造出以"《校园风物志》创作"为驱动性问题的语文整本书阅读的项目化学习课程。在创作《校园风物志》向学校十周年献礼的问题驱动下,学生从文本阅读入手,开展持续多样的"阅读赏析—科学观察—文学创作"学习活动,最终基于阅读分析、科学观察,学生实现符合科学逻辑的文学创作与表达。

种子教师从自己的教学困境出发,选择了整本书阅读课程先行先试,旨在探索项目化学习在备受推崇的跨学科教学领域的可行性和有效性。在跨学科教学已成为初中阶段教学改革的必然趋势下,项目化学习天然的跨学科性特征,推动着我们以此项目为抓手,以关键概念的提炼这一核心问题为突破口,以层层递进的学习支架的设计为策略:

① 关键概念的提炼。在跨学科项目化学习中,关键概念的选择是最重要的,这直接决定了项目化学习的性质。[①] 在"《校园风物志》创作"这个项目中,基于语文学科"阅读赏析与科学表达"这一核心素养和科学学科"如何科学观察"这一关键技能,提炼出"基于科学观察基础上的文学表达"这一核心概念。整个项目的设计与实施围绕着这一概念展开,教师结合校庆十周年这一主题,设计出"迎校庆,创作《校园风物志》"的驱动性问题。学生在创造性地解决真实问题的过程中提升科学品质和人文素养,使学生在链接自然世界中反思人与自然的关系,增强保护自然的社会意识与担当。可见,指向核心素养的关键概念,不仅可以让学生在问题解决中深刻理解与运用学科核心知识,还可以提升学生的学习素养和必备品

---

① 夏雪梅. 项目化学习设计:学习素养视角下的国际与本土实践[M]. 北京:教育科学出版社,2018:189.

质,进而打消教师对项目化学习会降低学习质量的顾虑。

②学习支架的设置。项目化学习主要通过"问题解决、创见、系统分析"等高阶认知带动低阶认知。经历了五年分科学习和知识系统训练的初中学生,能适应吗?这就需要教师在项目化设计时,通过学情分析预估困难,创设出学生自主问题解决的学习支架。在这个项目中,教师通过问卷调查分析出学生对科普类读物的阅读现状、科普类文章的写作困难等学情,针对性地设计出科普类读物阅读支架、科学观察思维导图及作品评价量规等学习支架,使学生在跨学科的项目化学习中通过学习支架层层递进完成作品创作。这不仅能让初中学生在科学与文学融合项目中自主解决真实问题,更可以建立起完成项目的信心,构建积极的学习心理机制。

基于以上实施路径,研究团队还打造出美术学科项目化学习课程"改造校园植物牌"、数学学科项目化学习课程"建造校园模型"。三个项目化学习课程聚焦核心知识的提炼,注重学习支架的设置,起到了很好的示范作用。教师也在实践中对项目化学习有了更深入的理解。

2. 发展迈大步——全面推进

在三个学科项目化学习课程探索的基础上,项目化学习在我校更多学科中推进。语文学科持续推进整本书阅读的项目化学习课程,打造出"《校园未来导览图》设计"项目;数学学科与艺术学科融合,设计出"校庆十周年 LOGO 设计"跨学科项目;英语学科基于教材,推出"我是学校国际引荐官"项目;历史学科与语文学科打造出"我来设计词人盛宴"的跨学科项目;物理学科与工程类融合出"Steam"类项目课程"降噪耳机设计"……项目化学习在我校实现了全学科覆盖性实施。随着项目化学习在学校的全面推行,项目化学习课程的驱动性问题设计和课时组织问题成为新的挑战。

①驱动性问题的设计。驱动性问题的设计问题表面上看是如何设计足以引起学生学习兴趣和指向核心概念的任务问题,其背后实际还涉及链接学生兴趣与核心知识的项目化学习主题选择问题。建校十年来,我校始终注重学生问题意识的培养,设计出"学生问题蓄水池"的培养模式。在项目化学习实施过程中,我们发现,"学生问题蓄水池"中的问题大多源自学生基于生活与学习中遇到的困惑,这符合项目化学习基于真实问题解决特征,更能指向学生兴趣。于是我们充分利

用"学生问题蓄水池",将学生困惑设计成项目化学习的驱动性问题。基于这些驱动性问题,设计出以下几种项目化学习课程类型:

一种是可以与学科核心素养相结合的学科类或跨学科类项目化学习课程。比如基于学生的"掉在地上的食物可以食用吗"、"怎样实现有效洗手"等问题,科学学科教师从科学学科核心素养出发,设计出基于科学实验的"怎样让同学们主动洗手"项目化学习课程。这类课程将真实生活问题与学科知识相结合,既回应学生兴趣又推进学科学习,是项目化学习开发中的重要途径。

一种是将社会关注热点问题相结合,开发出活动类项目化学习课程。例如,学生在日常生活中关注社会养老问题,提出如何智慧养老问题。社会学科教师将其打造为"现代社会如何智慧化养老"的项目化学习课程。这类课程关注社会热点,突破了教材与学校的局限,是培养学生面向未来,成为未来合格公民的重要抓手。

有趣的驱动性问题能够引发学生的探究热情,指向核心知识与关键概念的驱动性问题又促进项目化学习提升品质。在全面推进项目化学习的过程中,学校形成了"打造学生问题蓄水池(学生善于发现问题,学会提出问题)——教师基于学生问题与核心素养标准,设计项目化学习课程(教师深研问题,建立核心素养与项目之间的联系)——教师搭建脚手架与学生自主研究相结合的项目化学习过程(师生深度互动,开展项目化学习实践)——学生形成项目化学习成果——教师撰写项目化学习案例(教师深度反思,实现项目迭代)——教师开展新一轮课程设计(项目迭代落地)——学生学习项目化学习课程,实现核心素养提升"的项目化学习课程设计基本路径。我们将这一实践过程概括为"源生·生成"。

② 项目课程的组织。基于项目化学习课程实施特点和学校实际,制定出学校项目化学习课时组织方案。项目化学习强调学生通过小组合作,自主探究项目,形成自己的成果。在实践中,我们发现,在初中阶段高强度的学习压力中,学生依靠边角料时间进行的项目化学习很难在预计时间内完成,或效果大打折扣。为此,学校在课时组织方面进行了不断完善:ⓐ课时保障。项目化学习课程列入正式课表,课程实施的时间得到了有力保证。项目化学习课程根据类型不同分别在国家核心课程、拓展课与探究课实施时间中进行。ⓑ质量把关。研究团队把关项目化学习课程设计。教师充分利用寒暑假进行项目化学习课程设计,并将课程设

计提交研究团队,在充分考虑学生学习时间、课程设计的科学性等各方面因素的基础上,集体决定其实施空间与时间。ⓒ迭代完善。学校统一规划出项目化学习推进时间线。在推进项目化学习课程设计与实施中,重视撰写案例反思、引进专家引领等课程改进工作,为项目化学习课程的迭代完善提供了重要路径。

3. 创新不止步——纵深发展

随着越来越多的教师对项目化学习课程的认同,项目化学习课程在我校的发展开始突破一个又一个项目点状推进的方式,逐渐融入课程的整体实施中。学校以横向学科、纵向年级两个维度力图将项目化学习课程序列化。

① 横向学科。以教研组联合为抓手,开展融合学科教研,打造基于学生兴趣和核心素养的学科和跨学科项目化学习。如打造出基于阅读的语文与英语学科整本书阅读项目化学习课程,设计出基于科学实验类的物理、化学学科项目化学习课程,创设出基于人文素养与社会关怀的社科类项目化学习课程,建构出指向艺术素养的跨学科项目化学习课程。

② 纵向年级。以设计混班混龄的项目化学习课程为路径,在项目化学习实施中凸显小组合作与互助。除基于教材打造的学科类项目化学习外,越来越多的项目化学习课程是通过混班混龄的实施环境来进行的。在打破年龄的课堂里,学生不仅可以通过小组合作自主完成问题解决,还可以学会与不同年龄段的组员进行对话,更好地实现"学会做人"、"学会合作"。

项目化学习开始摆脱边缘化的实施状态,成为学校深化教育改革的重要路径。为保障项目化学习的可持续性发展,学校还建构出日趋完善的支撑体系。

(三) 支撑体系建设

1. 师资建设:从难为到可为

"学校任何变革的成功都有赖于高水平的教师。"[①]师资建设是项目化学习持续发展的关键要素。教师在长期的传统教育中,早已习惯了"分科教学"、"知识中

---

① [美]苏西·博斯,约翰·拉尔默. 项目式教学[M]. 周华杰,陆颖,唐玥,译. 北京:中国人民大学出版社,2020:11.

心"的教学方式,而项目化学习需要教与学的深刻变革,需要教师掌握跨学科知识。面对教师在项目化学习开展中的难为,学校通过以下两种策略,让教师成为推进项目化学习的坚实基础。

① 以研为媒,打造课程播种机。项目化学习课程实践的质量,来源于教师的热情与理解。面对这一新的教学变革领域,我们力图通过形式多样、层次丰富的研修活动,打通教师思、学、研、行的渠道,引领教师做项目化学习课程的研发者。

第一阶段,层层推进的理论研修。种子教师将所学所得,通过学校项目化学习工作坊的形式在研究团队中进行推广,并聚焦关键问题(如何设计驱动性问题、学习支架如何设计等)进行集体研修,厘清基本概念和实施框架,构建示范性课程,明确推进方法与方向。接着,学校通过组织夏雪梅博士专家讲座和由种子教师带领全体教师共读夏雪梅博士团队的项目化学习理论书籍的形式,实现全员学习,为项目化学习的全面推进奠定扎实的理论基础。

第二阶段,基于实践的课堂研修。在全面推进项目化实施的过程中,注重开展以课堂为载体的课例研讨活动。在"改造校园植物牌"这一项目化学习实施过程中,教师以"如何结合中国传统建筑风格,打造校园植物牌"为驱动性问题,开展课堂实践活动。之后,项目化学习工作坊团队围绕"关键概念的提炼、驱动问题的设计、学习支架的设置"等问题对这节课进行综合研讨。研讨中,来自语文学科的教师认为该项目还未能充分在课堂中渗透中国传统建筑风格,艺术学科的教师认为项目还没有能够结合校园建筑艺术与文化的特点……涵盖几乎所有学科的项目化学习研究团队,在基于课堂实践的集体研讨中碰撞出智慧火花,实现了跨学科的教学研修,这正符合项目化学习多学科融合的特点。

第三阶段,指向迭代的课程研修。在理论和课堂实践研修的基础上,教师们通过撰写课程案例反思的方法来努力实现项目迭代。学校为进一步提升教师们的理论水平和实践能力,不仅通过研究团队来改进案例,还邀请以夏雪梅博士率领的项目化研究专家团队进行一对一案例辅导,积极参加夏雪梅博士团队领衔的国家课题"项目化学习的中国建构与质量评估"的研究实践。一些教师还根据实践中产生的困惑,通过申报区级课题进行专题理论与行动实践研究。

② 团队为舟,肥沃课程孕育土壤。推进项目化学习的实施,建立全体教师思、

学、研、行的机制,需要建立课程研究共同体,以有凝聚力的团队力量,实现项目化学习持续性发展。

厘清理论框架,做好示范引领。结合相关项目化学习文献的搜集与研究,学校项目化学习研究团队制定出学校项目化学习课程设计单,并以此为抓手开展项目化学习的设计与实施。针对在项目化学习课程实践中随时可能出现的新问题,研究团队形成定期教研机制,确立了"三个1"的教研机制,即:充分利用假期进行理论学习,布置1项研究任务(撰写案例、阅读相关书籍等);每月1次专题式集体教研活动;固定每周一为项目化学习团队研讨时间,可随时根据新问题、新情况开展小组教研。"三个1"的教研模式,将理论学习与实践反思相结合,将集体大教研与小组分散研讨相融合,是项目化学习设计与推进的坚实基础。

构建各类团队,加强学术指导。种子教师与研究团队通过积极加入夏雪梅博士领衔的项目化学习国家课题,实现研究团队与校外专家的对话,引发课程团队的深度思考。在课题研究中,研究团队与实施教师合力,定期开展研讨与交流,彼此分享分析问题的新视角、新理念。团队与专家、团队与团队、团队与个体教师的对话与交流,使学校项目化学习的推进既能及时更新理念与方法、跟进时代发展的变化,又能为教师提供思考与研究的契机与路径。

2. 评价机制:从携同到协同

更多教师的倾情投入是保障项目化学习持续发展的重要因素。学校制定多维度评价机制,引领教师主动投入到项目化研究团队中。

制定奖励机制,引导教师专注研究。学校通过顶层设计,制定详细的项目化学习课程实施奖励机制。从专家评估、学生反馈、案例获奖及示范引领等多角度开展的项目化学习课程实施评估,激励教师专注课程研究与实践,提升课程品质。

挖掘多维宣传渠道,分享专业成长体验。除奖励机制外,学校还注重教师在项目化学习实施中专业获得感的提升。学校微信公众号对项目化学习开展情况进行及时报道;优秀教师在研究团队内分享自己的项目化研究经历;积极举办市、区各级课堂展示……,让教师看到改变真实发生;召开定期工作总结会,展示研究成果……让教师们全方位认识到项目化学习给学校带来的变化,让教师们从被动带入到主动加入实施团队中。

3. 资源共享：从教材到世界

项目化学习是学生围绕真实情境中的问题展开探究的过程，传统的教材可以为学生提供必要的知识和支持，但社会是一个大课堂，学生在项目化学习开展过程中，需要教材也必然突破教材的局限，需要更多社会资源的支持。为保障项目化学习的顺利推进，教师在项目化学习课程设计时要充分挖掘教材资源，学校则需要在建设好内部学习资源的同时，挖掘可能的社会资源。

学校充分利用紫竹高科技园区的地理区位优势，挖掘家长资源、大学资源和社区资源，积极构建链接家、校、社的资源共享平台。例如，在"设计降噪耳机"这一项目实施时，学校充分挖掘社区资源，将高科技人员引进校园开设讲座，为项目化实施提供了重要的学习资源。

学校还注重项目化学习实施的过程性资料整理、汇编工作，力图打造项目化学习资源库，以期为项目化学习的推进积累丰富的实践经验。

(四) 初步成果呈现

从课程实施路径到支撑体系，两线并行的项目化学习推进策略使我校开展项目化学习虽然起步较晚，却取得了阶段性的成绩。

1. 区域示范促迭代

2020年10月，种子教师以项目化学习启动课为例，开设区级示范课。

2020年12月，三位先行教师分别在三个会场开展"情系校园——向十周年校庆献礼"为主题的项目化学习区级示范课活动。

2021年6月3日，上海市义务教育项目化学习三年行动计划专题工作坊第二轮第四场在我校举行。本次专题工作坊在"源生·生成"的大主题下，聚焦在项目化学习实施中，"学生没有创造性，教师怎么办"这一关键问题，创设项目化学习情境，开展工作坊体验交流活动。来自市项目化学习实验区和实验校、华东师大教育集团的老师们带着问题卡片，分别走进四个工作坊，开展沉浸式项目化学习交流。工作坊不仅展示了成果，更获得了各方项目化学习同仁的指导，提供了广阔的项目化学习交流平台，为下一步项目化学习的推进提出了更多更好的建议。

学校项目化研究团队重视区域展示后的及时复盘：召开工作坊研讨会，邀请执教教师进行经验交流；研究团队就活动中的环节积极提问，提出自己的建议和想法；工作坊主持人在研讨中进一步阐释活动迭代设想；研究团队在集体复盘中完成对项目化学习案例的迭代，在交流对话中实现共同进步。

2. 案例反思共成长

对实践的反思是项目化学习取得进步的关键。自项目化学习开始实施之时，我校就鼓励和重视教师通过撰写案例反思的形式进行项目迭代。

2021年3月和12月，共计17篇项目化学习教学案例通过项目组收集至夏雪梅博士领衔的项目化学习专家手中。项目组专家通过阅读案例撰写文字反馈，先后两次到我校与项目化实施教师进行现场反馈交流。

2021年7月，我校段熙老师的《〈校园风物志〉创作》项目化学习案例被"预见学习"收录并展示。刘雪婷老师的《制作上海红色地图》案例被"预见学习""庆祝建党百年"专题收录。

2022年1月，由我校推荐的4个项目化学习案例在上海市义务教育项目化学习三年行动计划第一批189个市级项目案例评选中脱颖而出，获得两项一等奖，二等奖及三等奖各一项。

2022年2月，我校张尹、桂小雨老师的《知文论史，我来创绘"词人盛宴"》项目案例在《光明日报》主办的《教育家》杂志发表。

2022年5月，我校推荐的6个项目化学习案例在上海市义务教育项目化学习三年行动计划第二批案例评选中再创佳绩，获得一项一等奖、一项二等奖及四项三等奖。

项目化学习案例的撰写为老师们进行项目化学习课程的设计与实施提供了更多思路。教师们经过案例反思，对项目化学习的设计逻辑与知识能力的综合深化内涵有了更深刻的理解，推动着项目化学习的迭代和持续发展。更多的教师在教育教学中，将项目化学习实施与案例反思相结合，作为一项教育课题进行着长久的耕耘与研修。

3. 解决问题练本领

学生的真实问题解决能力，在项目化学习课程中得到全面提升。初二学生针对疫情期间居家学习中的亲子关系问题,开展了《初中生家长摄像头监控子女学习引发的亲子冲突现象初探》的项目研究,获得了全球CBT创新大赛完赛奖、闵行区研究性学习成果一等奖。在学校即将迎来校庆十周年的日子里,学生开始对"校庆导览图"、"校庆纪念品创作"、"校刊"等校园相关项目展开研究。2021年11月,学生自主创办的《花儿》杂志,已经在学校成功创刊,英文版校刊也呼之欲出。项目化学习的全面推进与实施,营造出学生自主研究、乐于创新的校园文化氛围。

专家引领、研修助力、评价引导、团队努力共同凝结成项目化学习推进的合力,让学习、实践、创造三体合一,推动学生在应用中创新,在创新中继承。素养导向的这场教育变革正在我校十年的教育积淀中茁壮成长。

四、未来愿景:教育自觉

1996年,联合国教科文组织为应对21世纪对教育提出的挑战,提出了"教育的四大支柱",即学会认知、学习做事、学会共处、学会成为你自己,为回答21世纪需要培养什么样的人指明了方向。2014年联合国教科文组织发布的《全民教育全球监测报告》中明确指出:"教育质量不仅仅是帮助学生掌握基础知识,还需培养学生作为全球公民所必需的可迁移技能,如批判性思维、沟通能力、问题解决和冲突解决的能力等。"[①]今天,百年变局和世纪疫情交织叠加,昭示着未来已来。教育是面向未来培育人的事业,教师承担着培养未来合格公民的重任。面对未来,我们准备好了吗?

泰戈尔说:"命运的主宰者是自己,而自己的主宰者是意识。"对教师而言,最有价值的意识是终身爱学习、终身爱教育的人生追求与教育创新的能力。项目化学习是面向未来的一场教与学的重大变革,这已成共识。它带给我们的,恐怕不止是先进的育人理念、严谨的课程设计、多样的学习策略、科学的教学评价……更重要的是我们作为教师,在面对风卷云舒的新时代,应该具有的终身学习的意识,应该抱有的不懈求索、不断精进、积极修炼的教育自觉。

---

① 滕珺.21世纪核心素养:国际认知及本土反思[J].教师教育报,2016(4).

希望项目化学习能真正促进人的健康成长。让我们同筑教育梦,一起向未来!

本书编写组

2022.6.6

情系校园

——校庆十周年系列项目化学习案例

《校园风物志》(自然篇)创作

段 熙

一、项目概述

《〈校园风物志〉(自然篇)创作》这个项目是根据部编版八年级上册语文教材第五单元的名著导读——《〈昆虫记〉科普作品的阅读》设计展开的,引导学生在阅读《昆虫记》的同时,能够借鉴法布尔观察、研究、思考的方法,创作科普类文章。《昆虫记》是八年级语文教材中推荐给学生的第二本名著,归属于说明文单元。这本书将科学与文学完美地结合在一起,引人入胜,让学生在获取科学知识的同时,发现科学探索是如此有趣,提升科学素养;进而从对自然的观察反观人类自己,思考人与自然的关系,提升人文素养。在这个项目中,学生需要扮演科普作家,合作制作《校园风物志》。在本项目实施的过程中,学生可以利用网络平台边阅读,边观察,边写作。用阅读所得指导自己观察方案的制定与持续的修改,不断丰富自己的观察结果,在过程中不断生成片段的文字,并依据评价量规不断完善,最终形成兼具科学性与文学性的科普作品。

二、挑战性问题

(一) 本质问题

如何文学性地呈现观察的结果?

(二) 驱动性问题

在十周年校庆即将来临之际,我们可以通过创作一本《校园风物志》向十周年献礼,让更多的人了解我们的校园,了解我们的校园文化,也可以让校友们回忆起校园生活的点点滴滴,看到校园的新发展。那么我们如何创作一本兼具科学性与文学性的《校园风物志》?

三、项目化学习目标

(一) 知识与能力目标

1. 了解科普类文章的基本特点。
2. 掌握阅读科普类文章的一般路径。
3. 能够基于自然观察的结果获得对生活与人生的认识。

(二) 高阶认知

创见:通过阅读《昆虫记》发现如何改进自己的作品,完成一篇兼具科学性和文学性的作品。

(三) 学习素养

1. 探究性实践:精读文本,探究法布尔科学观察的方法。
2. 社会性实践:积极倾听他人的观点并回应。
3. 调控性实践:有计划地完成项目,并不断完善和修改自己的作品。

四、项目评价

1. 小组合作评价表

表1 小组合作评价表

小组合作评价表
在本次活动中,我们进行了高效的讨论吗?还可以如何改进?

(续表)

是不是每个成员都贡献了自己的想法与创意？你觉得贡献最大的是谁？
我们的合作有没有遇到什么困难？我们是如何克服的？
当别人否定我的意见时，我的做法是什么？

2. 小组作品评价量规

表2 小组作品评价量规

评价指标（权重）	五星	四星	三星	两星	生评		师评
					自评	他评	
观察（*6）	从观察对象的特征可以看出作品借鉴了《昆虫记》，使用了科学的观察方法，并有一定的创新，呈现了全面、细致、深入的观察；能够发现有价值的问题，呈现科学的深入的探究过程	从观察对象的特征可以看出作品借鉴了《昆虫记》，使用了科学的观察方法，呈现了较全面、细致的观察；能够发现自己感兴趣的问题，呈现了科学的探究过程	从观察对象的特征可以看出作品使用了合理的观察方法，呈现了一定的观察结果；能够发现问题，呈现了合理的探究过程	作品中呈现了一定的观察结果，但观察的方法不完善；没有发现问题，没有探究			
表达（*6）	创作的文章出色地兼具科学性和文学性；能够清楚、全面、有章法地介绍对象；能够生动、趣味地描写对象，具有极强的感染力；能够捕	创作的文章兼具一定的科学性和文学性；能够较全面、有一定条理地介绍对象；能够生动形象地描写对象；能够融入项目过程中的感受，	创作的文章能够较全面地介绍对象；能够运用一定的写作手法来表达；能够抒发自己的情感	创作的文章能够介绍对象，但是不够全面、清晰；表达不够生动，没有写出自己的感受			

(续表)

评价指标（权重）	五星	四星	三星	两星	生评		师评
					自评	他评	
	捉项目过程中真切而细腻的感受，写出自己对生活、对生命的深入思考	写出独特的思考					
形式（*4）	作品排版布局合理，版式有创意；色彩搭配和谐统一、美观大方；图片、照片与主题一致，对象明确具体；制作精美	作品排版布局合理；色彩搭配和谐统一；图片、照片与主题相关；制作精良	作品排版有一定的设计，色彩搭配恰当；配有图片、照片辅助说明；制作完整详实	作品排版不合理；色彩搭配不恰当；无图片、照片说明或图片、照片不能凸显主题；制作粗糙			
技术（*4）	制作了纸质作品与电子作品，能够使用多种先进的信息技术，如动画、编程等，有创意地呈现作品及丰富的相关资料	制作了纸质作品与电子作品，能够恰当地使用信息技术，呈现了作品及相关资料	制作了纸质作品，使用了一定的信息技术来呈现作品	只有纸质作品，且作品中没有使用任何的信息技术			

五、项目实施

（一）项目准备

1. 研读《昆虫记》及相关的教学目标，制定教学设计及评价计划。
2. 确定实施团队为八年级(5)班。
3. 设计制作项目宣传海报。
4. 设计项目活动任务单，以引导学生完成项目，收集项目过程性资料。

5. 通过问卷星发布问卷,评估学生需求,了解学生阅读科普作品的基础水平和需求。

经统计,绝大多数同学对科普作品相当有兴趣,少部分同学因为觉得不容易理解,所以对科普作品兴趣一般。大部分同学读过超过20篇(本)以上的科普作品,但是只有少部分同学真正创作过科普作品。

(二) 入项

1. 理解项目的背景和目标

(1) 展示项目宣传海报,明确项目任务

① 介绍活动背景:华二附初十周年校庆献礼。

② 明确学生的角色:科普作家。

③ 项目成果:《校园风物志(2020年度)》。

(2) 展示《清华园风物志》

《清华园风物志》是历代清华校友、在校师生、有志于就读清华的广大中学生和社会青年、特别是历年新入校的学生和青年职工了解清华大学历史和环境的优良教材;对于临时参观、游览清华校园的中外来宾,则是详实的导游性读物。

由这段介绍思考:我们的《校园风物志》有何用途?应当有何特点?

(3) 如何开展本项目

PPT呈现项目启动调查问卷结果:对创作科普类的文章还比较陌生。

赏析《昆虫记》片段,讨论:我们可以从《昆虫记》中借鉴什么?

……人去楼空之后,动物们便前来占领这片清静之地。莺在丁香丛中筑巢;翠雀在茂盛的柏树中隐居;麻雀把破布和稻草搬到瓦片下;金丝雀从南方飞来,在梧桐树梢头歌唱,它那柔软的窝只有半个杏那么大;红角鸮每晚发出单调的鸣唱,如同笛子一般;还有象征雅典娜的纵纹腹小鸮,每天都能听到它呜呜咽咽的叫声。房子前面有一个大水塘,里面的水来自向村里的喷泉供水的渡槽。到了繁殖的季节,方圆一公里内的两栖动物都会在这里聚集。黄条背蟾蜍就常在这里约会,它们有的能长到盘子大小,背上有一条窄窄的黄色条纹。当暮色降临的时候,产婆蟾在池塘边沿跳来跳去,雄性的后腿上挂着一串串的卵,每个卵都像胡椒那么大。

这些慈爱的父亲远道而来,只为了把珍贵的卵袋放到水里,然后它就藏到石板下,发出铃铛般清脆的鸣叫声。还有雨蛙,它们不是躲在树叶间呱呱叫,就是忙着潜水,姿态优雅。五月的夜里,池塘变成了一个嘈杂的交响乐团,蛙声震耳欲聋,吵得人寝食难安。……①

2. 小组活动

活动一:填写《小组合作分工表》。

讨论创作理念;

为小组起一个个性化的组名,做个性化的分工;

选择范围,确定要写校园的哪个角落。

活动二:讨论评价量规指导我们可以如何做,各小组制定推进项目的方案,体现小组的创作理念。

1. 屏幕呈现小组讨论要求:

方案要体现出小组的创作理念,要有条理;

要反映出小组探究、创新的愿望;

表达要清晰;

2. 屏幕展示小组方案,评选最佳方案。

(三) 实施过程

活动一:共读《昆虫记》(本活动将持续在整个项目中)

子问题1:《昆虫记》写了什么内容,有何阅读感受?如何阅读科普类文章?

1. 各小组利用课余时间阅读全书,做批注,在阅读过程中,随时将自己有感而发的心得与疑惑拍照上传线上平台,同学们可以在线上进行阅读心得交流。

2. 每位学生在阅读过程中注意采集并推荐最有价值的5条心得。

3. 学生自读语文教材《蝉》这篇课文,以思维导图的形式共同分析《蝉》的写作思路。并归纳这类科普作品的阅读方法。

4. 选择书中自己感兴趣的某几种昆虫,分析法布尔是如何介绍的。制作图文

---

① [法]让·亨利·法布尔.昆虫记[M].戚译引,译.天津:天津人民出版社,2016.

并茂的书签,拍照上传,学生可以选出最喜爱的作品。可以将书签送给自己的老师或同学。

活动二:制定《校园风物志》目录

子问题2:《昆虫记》启示我们,风物志的目录怎样编写更合理?

1. 小组合作:梳理法布尔研究经历,查阅相关资料,制作法布尔研究大事年表(手绘),并向全班展示。

2. 调查:调查相关科普著作的体例,分析不同体例的优劣。

3. 小组讨论:选择合适的体例,给出理由。全班讨论商定。

4. 全班共同讨论修订目录。

活动三:观察探究方案设计与实施。

子问题3:如何制定我的观察和表达方案?

1. 小组讨论:基于每个成员对书中的具体章节的分析,一起归纳总结法布尔观察、探究的方法。包括他是如何观察对象的,以及针对一个问题,他是如何进行探究的。

2. 借鉴法布尔的研究方法,制定并不断完善自己的观察探究方案。

3. 每个小组选择2—3种动物或植物进行观察,撰写观察日志。

4. 各小组搜集相关资料,拍摄视频、照片等。

活动四:《校园风物志》创作。

子问题4:科普作品中的主观表达和客观对象有何关系?

展示小组阶段成果:

1. 每个小组派一个代表汇报本组阶段成果。

每个小组需要提前根据评价量规选出1—2份优秀作品,汇报时需要展示小组每个成员的亮点以及优秀作品的创作过程(包括如何观察、如何思考、如何表达)。如果在评选中遇到困难,也可以在展示时提出。

其他小组在聆听他人展示时,可收集本组没有发现的亮点,以打磨本组的作品。

2. 小组讨论交流,完善评价量规。

小组讨论:如何让评价量规中的"写作"指标更好地指导《校园风物志》创作?

学生边讨论,边在线上通过共享文档修改评价量规。

全班交流修订的理由,完善评价量规中的"写作"部分。

3. 小组集体修改作品,展示交流。

每个成员将自己作品的亮点加入本组作品中,根据完善后的评价量规,通过共享文档共同打磨本组作品。

4. 选1—2个小组展示交流本组作品中最关键的修订。

学生作品之初稿节选:

琴亭赋事

20220519丛子扬

我悄然来到琴亭边,即将应考,脑中思索的是翻滚了数遍的古代历史事件,白日昏沉,我仿佛走进了故事之中。

我似是一位觐见的臣子,心怀忐忑地走入殿堂中,确是去会见王的。

……

夜已至,侍臣为我献上咬完满口干涩的海棠果,和闻起来甜尝起来极苦的桂花。

路两旁亮着油灯,传来蟋蟀的零星鸣声,一会用腹部发声,一会又用鸣器鸣唱,让人觉得声音发自前后左右,难以捉摸。

最终,会见王的时刻到了。高大的银杏赫然在前,我必须仰头才能正视它的顶冠——那令人吃惊,其余枝具凋零,唯有那一枝上一簇簇仍在的银杏花瓣。真是令人惊异!视线向下,树干的外表竖直放着陈旧的木板,用草绳拴上,但草绳零碎易断,却能使木板服帖,颇有些"辅车相依,唇亡齿寒"的意味,这想必应是老树了——可这位年迈的王是2019年刚从张江本部移植过来,却如此老旧,应是珍贵之物了吧,也足以见两校区之间情谊之深。

我想,无论是女贞的"竭尽全力",还是石楠的"依附生活",抑或是银杏的"辅车相依",都是本草在素雅的一面之下,对生活的另一种诠释。

王抽动着唇,似要说什么,可那张口的一瞬间我才惊醒,笑罢——我只是在给这深邃的琴亭无中赋事罢了哩!

学生作品之修改后节选:

琴亭赋事

即将应考,脑中思索的是翻滚了数遍的古代历史事件,为了使自己冷静下来,便走出教室,独自踱步,猛然抬头,琴亭赫然出现在眼前。白日昏沉,世间万物在闷热的天气中显得那么肃穆,我仿佛走进了故事之中。

我似是一位进谏的臣子,心怀忐忑地走入殿堂中,确是去会见王的。

……

夜已至,侍臣为我献上咬完满口干涩的海棠果,和闻起来甜尝起来极苦的桂花。

路两旁亮着油灯,臣子也离台陛越来越近,乐师的乐曲演奏得越发和谐动听——那是蟋蟀的杰作,一会用腹部发声,一会又用鸣器鸣唱,让人觉得声音发自前后左右,难以捉摸。臣子正了正衣襟,怀着紧张又激动的心情,继续向前走去。

最终,会见王的时刻到了。高大的银杏赫然在前,我必须仰头才能正视它的顶冠——那令人吃惊的,其余枝具凋零,唯有那一枝上一簇簇仍在的银杏花瓣。真是令人惊异!视线向下,树干的外表竖直放着陈旧的木板,用草绳拴上,草绳零碎易断,却能使木板服帖,颇有些"辅车相依,唇亡齿寒"的意味,这想必应是老树了——可这位年迈的王是2019年刚从张江本部移植过来的,"王"的晚年应是十分安逸的,不仅沐浴在晨辉之中,还与虚怀有节的紫竹为伴,应是珍贵之物了吧。

我想,无论是女贞的"竭尽全力",石楠的"依附生活",还是花叶胡颓子的"誓死拼搏",抑或是银杏的"风流儒雅",都是本草在素雅的一面之下,对生活的另一种诠释。

王抽动着唇,似要说什么,可那张口的一瞬间我才惊醒,笑罢——我只是在给这深邃的琴亭无中赋事罢了哩!

作业布置

小组继续观察,继续打磨作品,在学期结束时提交终稿。

每位同学围绕以下几点进行总结反思:

观察与表达哪个更为重要呢?

我遇到了什么困难?解决了吗?

我可以在哪个环节再改进一下?

(四) 成果展示与评选

1. 线上、线下展示、评选

（1）将制作好的《校园风物志》内页电子版发布在微信公众号及项目平台上，实物成品放在班级图书角。

（2）全班展开线上、线下最喜欢的作品展示、评选。

2. 课堂内展示项目完成过程，评选最佳团队

将完成的作品提交学校，制作展板，放在校园的相应位置。

六、项目成效

1. 学习如何进行科学的观察、探究，思考生活与人生

学生很少有写作科普类文章的机会，在这个项目中，学生最初都还分不清科学性说明和文学性描写的区别，认为细致的描写就是说明，但是随着阅读的深入，学生都能不同程度地制定出观察的方案，知道从哪些角度对对象进行说明介绍。在观察的同时积极发现有价值的问题，并做一定的探究。基于观察探究的结果，思考对生活、人生有何启示。在这个过程中，学生可以感受到科学是有温度的。

2. 培养了观察生活、思考生活的意识

学生在平时的记叙文写作中，更多地是观察身边的人与事，如果写景物，也更多地是人移情的结果。而这个项目让学生能够理性地观察，发现身边随处可见的花草树木也有其奇妙之处，从而反观自己的生活。

3. 提升了学习迁移能力

我们平时一直在做的读写训练其实就是让学生能够把阅读所得迁移到写作中来。比如这个项目中，让学生通过阅读来制定自己的观察探究方案，其实就是梳理《昆虫记》单篇的说明思路，来为自己的创作列出大致的提纲，让学生学会有条理地说明事物。

七、项目反思

"《校园风物志》(自然篇)创作"这个项目是我开始接触项目化学习之后设计的第一个项目。我对项目化学习的理解是随着项目的实施渐渐深入的,所以反思、调整持续在我的整个项目之中。

我设计的初衷是用这个项目来指导学生进行《昆虫记》的整本书阅读,但是在入项之后就发现,其实这个项目并不能覆盖《昆虫记》阅读的各个方面,所以在实施的过程中做了适当的调整,把这本书兼具科学性和文学性的表达作为切入口,指导学生通过阅读,学习观察探究的方法,并基于观察探究的结果进行深度的思考,关注生活与人生。

在项目实施的过程中,我总结了几条经验,可以指导今后的项目设计与实施:

首先,要充分发挥评价量规在项目实施过程中的作用。在这个项目中,自入项起,评价量规就起到了重要的作用,学生通过评价量规了解自己的最终成果的各项要求,了解要努力的方向。在项目实施过程中,通过对评价量规进行细化、修订,将自己对学习所得进行迁移。

其次,项目实施过程不一定是一个线性的过程,可以根据项目的实施需要进行合理的安排。比如本项目采取边阅读、边观察、边写作的方式,活动一贯穿于整个项目之中,因为根据单篇来制定观察探究的方案不一定能做到周全、合理,随着阅读篇目的增加,可以不断地修正、补充自己的观察探究方案。

最后,要灵活运用线上平台与信息手段。线上平台与信息手段在疫情之下,强势进入了教学活动中,虽然现在已经复课,但是线上平台与信息手段的利用可以极大提升效率。比如在项目准备时,通过问卷星平台替代了传统的 K-W-L 表,更加环保,也减轻了统计的工作负担。在学生进行小组合作时,线上平台可以打破时空的局限,即使在课余时间也可以进行充分的交流。小组合作修改文章时,共享文档为多人同时修改提供了极大的便捷。

专家点评

　　文学的表达有时是浪漫、富有想象的,科学的观察则可能是现实的、严谨的。如果要形成一部兼具科学性和文学性的科普作品,这可是一个富有挑战性的任务。《校园风物志》这一项目带领学生走向理性的观察、思考,同时又能以文学的形式来表达。

　　《校园风物志创作》是根据部编版八年级上册语文教材第五单元的名著导读——《〈昆虫记〉科普作品的阅读》设计和展开的。《昆虫记》是八年级语文教材中推荐给学生的第二本名著,归属于说明文单元。这本书将科学与文学结合在一起,引人入胜,可以让学生在获取科学知识的同时,发现科学探索是如此有趣,并提升科学素养;从对自然的观察进而反观人类自己,思考人与自然的关系,提升人文素养。

　　在这个项目中,学生作为科普作家,借鉴法布尔观察、研究、思考的方法,合作制作《校园风物志》。在本项目实施的过程中,学生可以利用网络平台边阅读,边观察,边写作。用阅读所得指导自己观察方案的制定与持续修改,不断丰富自己的观察结果。学生的作品也在不断修改和完善之中,最终兼具科学性与文学性。

　　这一项目基于整本书的阅读,鼓励学生将其中的科普写作方法迁移到对校园风物的撰写上,有真实的对于自我、学校文化理解的价值。学生也经历了充实的学习之旅。学习科普类文章的特点,总结法布尔的观察、探究的方法,将这些都融入到风物志的写作之中。不过目前的子问题分解还比较偏向知识导向,没有凸显真实的问题解决路径。建议子问题围绕驱动性问题展开。比如围绕风物志是什么,如何撰写风物志,如何突出风物志的科学性,如何突出风物志的文学性这几个方面展开探究。

　　在项目开始的阶段,就能关注到评价量规的作用;在整个项目过程中,也一直在对评价量规进行调整,这都是非常好的,有助于帮助学生明确项目成果的方向。评价量规在项目实施中进行了修改和完善,考虑得比较周到,从多个维度,如观察、表达、形式、技术等方面进行了评价,可以进一步考虑这一量规对最后总成果风物志的适切性。比如从项目本质问题来看,对于风物志形式和技术的考察是否适合放在本项目中进行评价。

——上海市教育科学研究院普通教育研究所　上海学习素养课程研究所　夏雪梅

我是学校国际引荐官
——初中低年级英语跨单元项目

刘 蕾 陆 瑶

一、项目概述

"我是学校国际引荐官"是基于上海英语牛津教材低年级的读写、口语教学设计开展的项目化学习活动。华二附初即将迎来十周年校庆,在该活动中,学生变身校园引荐官,他们以日常课堂中学到的观察方式、英文表达方式为支撑,通过了解学校历史发展、观察学校设施、学习丰富多彩的课程、参与体验学校各种科技文化活动、和老师进行互动等,挖掘华二附初独特的学校特质和文化内涵,从学生视角呈现其热爱华二附初的若干理由,并结合英语口语表达和写作,合力制作宣传册和宣传视频,利用校庆的契机将学校展示给上海乃至整个世界。《上海市中小学英语课程标准》指出:要培养学生具有基本的人文素养和科学素养。这为该项目提供了学科方向指导。同时,六、七年级英语课本中许多单元主题涉及如何用英语介绍自己最喜欢的地方、季节、美食、宠物、人物、活动等,要求学生用英语有逻辑地表达自己的喜好和观点,并用丰富具体的细节来支撑,这也为该项目的实施做了语言准备。

在该项目学习过程中,学生锻炼了英语写作能力、英语交际能力和口语表达能力。在各种富有创意的展示活动中,学生积极参与创造性和综合性实践,培养与提高了挖掘细节、创意表达、脚本撰写、视频拍摄等能力;在观察和体验中,学生不断丰富自己喜欢学校的理由,体验学校各种氛围和活动带给大家的成长,一起"追求卓越"。学生对学校的介绍也在不断修改和完善之中,最终形成校园引荐宣传文本和视频。该项目实施过程如下:

入项活动：头脑风暴：怎样才算是一份好的校园引荐？

子问题1：引荐的主题和内容是什么？

子问题2：怎样用英语进行合适得体的引荐？

子问题3：如何让我们的引荐更有吸引力？

出项活动：视频、手册展示活动。

二、挑战性问题

（一）本质问题

1. 如何增进学生对学校文化的理解，促进文化的传播与交流？
2. 如何用英语进行有效的表达，使语言输出更具吸引力？

（二）驱动性问题

适逢学校十周年校庆，将会有很多人前来参加，包括外国友人。作为一所国际闻名的学校，推荐和介绍学校给中外友人，让他们更好地了解我们学校尤为必要。我们是学校的小主人，正是最有力的发声者，是校园风采最好的展示者。作为校园国际引荐官，我们如何创作一份有吸引力的校园引荐，让参观者们能够在短时间内迅速了解学校的特色和亮点，给他们留下深刻的印象呢？

三、项目化学习目标

（一）知识与能力目标

了解英语说明性文本的语言特征；

学会进行说明性文本创作；

了解口语与书面语的差异；

掌握汉英翻译的基本技巧；

掌握电子辞典的使用方法。

(二) 高阶认知

在引荐文本的创作过程中,对什么才是合适的校园引荐内容和形式有自己的创造和见解。挖掘热爱学校的 N 个理由,提高对学校文化的认同感和使命感。

(三) 学习素养

探究性实践：精读国内外优秀校园引荐文本或观看相关视频,了解说明性文本的特征。

社会性实践：积极倾听他人观点并回应,能够互相合作和分享。

审美性实践：通过海报设计或者视频制作等优化输出方式。

四、项目实施过程

(一) 项目准备

1. 理解项目的开展背景

华二附初即将迎来十周年校庆,但是学校宣传视频目前主要是基于学校层面,以老师视角和中文方式介绍,不够生动和全面。经过前期学生问卷调查,统计显示：绝大多数学生没有看过学校官方宣传视频,因为他们觉得这个太严肃,和自己在校体验的活动、课程、接触的老师还是有所差异；一多半的同学觉得既然是介绍学校的视频,从学生亲身体验角度展示会更具说服力和吸引力；接近一半学生认为作为一个享有国际盛誉的学校,应该有英文版本的校园介绍。

学校是学生的,教育教学应该"以学生为中心",所以应该从学生角度出发,让他们通过体会自身经历的学校文化氛围、参与的校园活动、接触到的老师等,用英文推荐自己的校园,让观众感受到学校真实的魅力。

学生角度的校园引荐可以从哪些角度展开？又适合用哪些形式展现呢？项目启动前,老师也对学生的背景知识做了一个问卷调查。结果显示,在引荐角度方面,绝大多数同学选择了学校活动、学校课程、学生荣誉等内容。学校设施和师资力量等虽然选择率较低,但也超过了半数。在呈现形式上,绝大多数同学选择了视频和海报,文字的选择率较低,思维导图的选择率最低。

2. 展示项目内容,明确项目任务

(1) 通过学生前期收集丰富的图片和文字资料,介绍华二附初的历史和文化,初步思考如何合理取舍,简明扼要地介绍学校特色。

(2) 教师播放世界一流大学如哈佛、牛津大学的宣传视频,让学生体会如何才能做出有趣的吸引人的校园引荐。

(3) 介绍华二附初建校十周年校庆计划,提出驱动性问题,作为校园的小主人,自选角度向校庆来访者引荐校园,让他们看到学生眼中的校园是什么样子。

(4) 项目展示成果:《我是学校国际引荐官》的文本、宣传册或者宣传视频。

3. 英语知识的铺垫

通过收集和整理六年级和七年级牛津版英语课本的内容,梳理和这次项目有关的章节,进行相应复习和学生自主学习指导。

(二) 入项活动

1. 根据小组成员特质分组

因为每个学生擅长的领域不一样,所以根据观察力、体验力、英文写作能力、口语表达能力、协作能力、绘画、计算机技巧等方面填写自己擅长的方向,并根据不同的能力均衡分组,确定每位学生在小组中的角色分工,并为小组起一个个性化的名字。

2. 小组讨论

初步讨论每个小组引荐角度和评价量规。评价量规将指导我们如何做,如何做得更好。各个小组明确项目学习活动的进程和时间节点,以及最终呈现的作品和要求。

讨论要求如下,学生将按要求初步制定评价量规:

(1) 小组成员之间分工是否合理;

(2) 方案是否体现学校的文化氛围、学校特质,介绍是否有条理;

(3) 小组在探究和挖掘学校成就方面,是否反映了自己的理由;

(4) 方案是否有创新点,引起其他人的兴趣。

3. 展示各小组方案,明确各组项目目标。

(三) 子问题1：引荐的主题和内容是什么

1. 学生讨论

在学习及搜集资料基础上，小组讨论可以从哪些视角引荐校园，并分别介绍什么内容。学生产生了一些困难：英语表达能力弱，引荐的主题单一、无趣。

2. 知识和能力建构

（1）英语能力：通过六、七年级牛津版英语课本整理的章节表和知识表，每个小组充分地进行学习和重新梳理，整理有用的话题和句型。

（2）呈现形式：介绍思维导图的8种常见形式，引导学生用思维导图的形式更形象直观地展现自己的思路。

（3）素材选择：引导学生对素材进行取舍，选择能够突出引荐主题、有特色有亮点的内容，不用面面俱到；注意搜集能够体现学生视角的一手资料。如没有，可以直接通过发放问卷、组织采访、拍摄照片或视频等方式直接搜集资料。

3. 探索与形成成果

（1）思维导图：学生用思维导图打开思路，展示全面认识校园的视角；分小组活动后，聚焦某一方面，进一步用思维导图呈现细节。

图1 学生思维导图

（2）具体内容：各个小组根据组员的兴趣、能力特长基本分为三个方向：学校历史和硬件设施、校园活动、师资力量。

① 方向一为研究学校历史和硬件设施。引荐理由：华二附初是由闵行区人民政府、紫竹科学园区、华东师范大学三方合作共建，由华东师范大学第二附属中学承办的公办初级中学，是华东师范大学和华师大二附中的教育实验基地。它拥

有最先进的硬件设备：建有教学楼、实验楼、行政艺术综合楼、体育馆、餐厅、游泳馆、音乐厅和宿舍楼等各类建筑单体19栋，设有先进的物理创新实验室、多功能实验室，包括DIS数码仿真实验室、化学创新实验室、数码互动实验室、机器人实验室、智慧小镇创新实验室、地理创新实验室、天文台、学生电视台等。强大的后盾和良好的环境为学生学习提供追求卓越的坚强后盾。

② 方向二为探究学校文化氛围和多种多样的校园活动。引荐理由：华二附初根据"德智体美劳"五育并举，全面发展和提升学生综合核心素养的要求，一年四季都有不同的适合每位学生发展的校园活动，为学生个性化探究和创新精神的发展提供支持。寒暑假，有"创新·体验·探究·成长"为主题的冬令营、夏令营活动；科技嘉年华，19个科技体验项目为同学们提供了科技的饕餮盛宴；春季、秋季社会实践从校内逐渐延伸至校外，学生不仅踏进学校的百草园，访遍了植物园、自然博物馆，关注、感知人类文化中先进的、科学的、优秀的、健康的"宝藏"，探究自然的奥秘，还走进学校各学科探究实验室，在实践中体会"严谨、求真、奉献"的科学精神，并走出校园开展探究活动；学校定期开展紫竹讲坛，将校外优秀教师、专家请到校园中进行互动式教学，介绍相关领域的学科前沿热点研究，传授科技创新的理论与方法；每年都举办体育艺术节，不仅强身健体，还可以陶冶情操；此外每个月都会由教研组举办各类学科活动，比如古诗文吟诵、英语演讲、配音比赛、24点比赛、社会考察与实践等活动，丰富学生体验。活动种类繁多，涵盖学生学校生活的方方面面，促进学生健康成长和追求卓越。

③ 方向三为学富五车、热爱学生的个性化的老师。引荐理由：一个学校的教学质量靠的不仅仅是硬件、活动，更多的是因为有一群学富五车、热爱教育、热爱学生的老师。华二附初就有这样一群朝气蓬勃，把教育事业作为毕生追求的教师。他们或者幽默，或者不苟言笑；他们或者慢条斯理，或者雷厉风行；他们或者爱好广泛，或者动静皆宜；他们或者畅谈天地，或者专注一科……但相同的是，他们都深受学生喜欢，一言一行影响着学生，和学生一起学习，娱乐，成长，一起追求卓越，一起成为更好的自己。

(四)子问题 2：怎样用英语进行合适得体的引荐

1. 学生讨论

英语水平只有六年级、七年级，具备介绍校园的英语能力吗？中文文本翻译成英语需要注意什么？英语口语表达（视频脚本）和书面语写作（宣传手册文本）有什么共性和区别？有没有可以利用的英语学习工具或者相关的英文资源能够提供参考？

2. 知识和能力建构

教师重新梳理牛津版英语课本六、七年级相关的话题文章和语言，为产出的英语翻译文本、写作文本和口语表达（视频脚本），提供学科指导。

（1）重新梳理牛津版英语课本。牛津版英语课本中多角度、多方位地呈现了对人、环境、活动、健康、饮食、采访、职业等话题的描写。通过梳理牛津版英语课本中的话题和内容表达，唤起学生的英语记忆，给他们提供正确、充分的英语表达脚手架来搭建英语的表达。

表 1　牛津版英语课本知识点梳理

Module	Unit	Reading	Listening and speaking	Writing	Language
6A					
Module 1 Family and friends	U1 Family and relatives	A family tree	Family and relatives	My family	wh-questions, how questions, adverbs of frequency
	U2 I have a good friend	Good friends and friends of the Earth	Winnie's visit to Garden city	My good friend	adverbs of frequency and time, present perfect tense
Module 2 Places and activities	U4 What would you like to be?	Interviewing a doctor	Different jobs	What would you like to be?	wh-questions, yes\no questions, simple present tense, simple past tense
	U5 Open Day	Open day program, On open day	Planning a open day	An invitation, open day at my school	simple future tense, prepositions
	U6 Going to school	Travelling time to school	Going to different places	On the way to school	how questions, connective

(续表)

Module	Unit	Reading	Listening and speaking	Writing	Language
	U7 Rules around us	Rules and signs	In the shopping center	Class rules	modal verb: Must
6B					
Module 1 City life	U3 Dragon boat festival	Quyuan and the dragon boat festival	Rice dumplings	An email	how questions, preposition: by, gerund: like, enjoy, adverbs to show positions
Module 2 Changes	U5 What would I be like	My possible future. What will you be like?	Growing bigger	A report on my future	adjectives to describe people, simple future tense, modal verb, adverbs of sequence
7A					
Module 1 Relationships	U3 Friends from other countries	Foreigners in Garden city	Pen friends from different countries	A letter to your pen friend	prepositions: near, far away from, wh-questions, present perfect tense
Module 2 My neighborhood	U4 Jobs people do	People's jobs; different people and different jobs	Jobs and uniforms	A survey on jobs	wh-questions, yes\no questions, simple present tense, simple past tense
Module 3 Diet and health	U9 Growing healthy, growing strong	To be a healthy child	Good habits or bad habits	A report on habits	so\neither, connective; if, modal verb: used to, quantifiers to describe amounts
	U10 International Food Festival	Different foods for the festival	At the international food festival	Kitty's letter about the festival	wh-questions, how questions
7B					
Module 1 Garden City and its neighbors	U1 Writing a travel guide	Shanghai — an interesting city	Tour suggestions	A travel guide	wh-questions, modal verbs, connective
	U2 A visit to Garden city	Relatives and their jobs	Visiting Garden city	A report about jobs	prepositions: into, along; so...neither

(续表)

Module	Unit	Reading	Listening and speaking	Writing	Language
Module 2 Better future	U5 What can we learn from others?	The happy farmer and his wife	Model students	Learning from model students	connective: although
	U7 In the future	Our hopes	Talking about the future	Life in the future	simple future tense, agreement and disagreement
	U8 A more enjoyable school life	My ideal school	The ideas about the future of our school	Changes of the classroom	modal verb: would, reflexive pronouns to identify people
Module 3 The natural elements	U10 Water festival	Preparing for the water festival	A game about signs	Water safety	connective: when, imperatives, prepositions: near, at

(2)汉英翻译。学校历史、荣誉、师资等相当一部分资料可以在官网、公众号等平台上获得中文资料。教师除了对内容的筛选做出指导外,也对这些官方介绍在翻译引用时所要遵循的必要的翻译方法和要求进行介绍,引导学生注意中英文表达的区别;向学生提供《中华人民共和国国家标准 公共服务领域英文译写规范 第6部分:教育》以供参照,总结翻译方法,引导学生对校园信息的翻译标准、规范。

(3)写作与表达。阅读不同校园介绍文章或者观看其他学校宣传视频,并结合牛津版英语课本中关于"我最喜欢的……"的主题单元内容,总结引荐文稿的文本特点。内容上,注重观点和事实的相互支撑;结构上,注重条理清晰,详略得当,亮点突出;语言上,总结英语表达观点和喜好的常见句式。注重口语表达和书面语的区别,注重口语表达中的语音语调。

例如,在介绍老师或者同学时都涉及人物描写,因此教师提供了"描写人物外貌""描写人物情感""描写人物性格"三个小专题的英语写作指导,给学生提供写作技巧和词汇的支持,并向学生推荐优秀英文写作书籍进行参考。以下为"描写人物外貌"主题部分提供的参考词汇示例。

表 2　人物外貌描写参考词汇

Age	in one's twenties; middle-aged; a young boy/girl; an old/elderly lady …
Height	short; below average height; of average height; above average height; tall …
Build	skinny; thin; thinly-built; slim; slender; strong; fit; well-built; a little heavy; plump; stout …
Hair	straight hair; short curly hair; long wavy hair; blond hair; neatly-combed hair; messy hair; a pony tail; bald …
Other features	fair skin; dark skin; a round face; a square face; cold black eyes; bright eyes; rosy lips; a heart-warming smile; a beard; silver-framed glasses; broad shoulders; a thick moustache; a double chin …

（4）工具使用与资源整合。介绍电子辞典（如 CASIO 电子辞典），对其功能进行大致介绍，引导学生学会利用工具自主学习；另外，教师引导学生浏览国外名校官网，学习国外一些学校的英文介绍，通过模仿借鉴，产出流畅地道的英文表达。

3. 探索与形成成果

（1）学生小组讨论及创作。学生根据搜集的材料及掌握的信息，根据自己小组选择内容开始形成英文引荐文稿，并进行修改和评价。

（2）小组讨论。围绕如何用英语正确撰写合适的引荐文本/视频脚本，讨论并修订英语文本评价量规。小组讨论过程中，教师进入小组提供支持，提醒学生注意语言的地道性、准确性、多样性等，最终明确每组文稿的修改细节和任务。英语文本评价量规见表 3。

表 3　英语文本评价量规

	4	3	2	1	分数
内容主题	主题明确；内容丰富；富有个性化特征	主题较明确，少部分离题；内容较为丰富；有一定的个性化内容	主题较分散；大量内容不能服务主题；个性化内容少	主题不明确，内容完全离题；内容单一；没有个性化特征	

(续表)

	4	3	2	1	分数
语言	语法和词汇准确；句式丰富	语法和词汇大体正确；句式较为丰富	有较多语法和词汇错误；句式较单一	语法和词汇错误很多；句式单一	

小组学生部分文本如下：

校园航天活动

① 航天科普进校园

航天巡展进校园，内容涵盖中国航天"箭、星、船、器"四大领域，为学生们科普航天发展，培育航天理想。

The aerospace tour exhibition entered the campus. The exhibition covers the four major fields of China's aerospace "arrows, stars, ships and instruments", so as to popularize science, develop aerospace and cultivate Aerospace ideals for students.

2021.10.11—17

② 筑梦星空，开启未来

孙艺萌同学受邀在上海航天技术研究院见证"华曜星"号入轨。这颗交通VDES试验星收集到的部分数据将有机会进一步开放给学生用于科创研究。

Sun Yimeng was invited to witness the entry of the "Huayaoxing" into orbit at the Shanghai Academy of Spaceflight Technology. Some of the data collected by the traffic VDES test satellite will have the opportunity to be further opened to students for scientific and creative research.

2021.10.14.

(五) 子问题3：如何让我们的引荐更有吸引力？

1. 学生讨论

如何让我们的引荐在短时间内给参观者留下深刻印象，使其了解我们学校的特色和亮点呢？

2. 知识和能力架构

（1）注重书面呈现内容的可视化。分模块展现自己的内容，结构清楚，条理清晰。书面呈现形式要图文并茂，图片要精选，直接表现主题；图片可结合校园元素，如金钥匙、龙梯等；手绘和电子制图均可。

（2）注重视频制作的技巧。使用合适的软件，适当使用特效，提高视频质量；注重背景音乐的恰当使用和音量的控制；注意视频中主人公出现的时机和形式。

3. 探索与形成成果

围绕如何让我们的引荐更有吸引力这一问题，在原来的评价量规基础上进一步修改与补充。由于学生的作品有宣传手册和视频两种形式，评价量规也略有差异，除了内容主题、英语语言表达两个共性的方向外，手册更侧重图文设计和排版，而视频更侧重视频制作的技术层面，语言上也更侧重英语口语表达。具体见表4和表5。

表4　小组手册评价量规

	4	3	2	1	分数
内容主题	主题明确；内容丰富；富有个性化	主题较明确，少部分离题；内容较为丰富；有一定的个性化内容	主题较分散；大量内容不能服务主题；个性化内容少	主题不明确，内容完全离题；内容单一；没有个性化特征	
语言	语法和词汇准确；句式丰富	语法和词汇大体正确；句式较为丰富	有较多语法和词汇错误；句式较单一	语法和词汇错误很多；句式单一	
手册设计	设计图文并茂、美观协调	设计较为美观协调	设计单调	只有文字介绍，没有设计感	

表5　小组视频评价量规

	4	3	2	1	分数
内容主题	主题明确；内容丰富；富有个性化	主题较明确，少部分离题；内容较为丰富；有一定的个性化内容	主题较分散；大量内容不能服务主题；个性化内容少	主题不明确，内容完全离题；内容单一；没有个性化特征	

(续表)

	4	3	2	1	分数
语言	语法和词汇准确;句式丰富;有良好的语音语调	语法和词汇大体正确;句式较为丰富;语音语调较为规范	有较多语法和词汇错误;句式较单一;语音语调有较多错误	语法和词汇错误很多;句式单一;语音语调不准确	
视频制作	画面清晰稳定;声音响亮清晰(有字幕)	画面整体清晰稳定;声音较清晰	画面有较多不稳定且不清晰的地方;声音不够清晰	画面既不清晰也不稳定;声音完全不清晰	

各个小组根据文本和前期拍摄内容形成"我是学校国际引荐官手册"或者"我是学校国际引荐官视频"。

以上文提到的"校园航天活动"为例,该小组同学基于文本,在制作海报时,在中央区域加入了火箭造型,海报上点缀星星、宇宙飞船等航天元素图案,并将主要内容模块以云朵的形状呈现。通过对比文本和海报发现,整个海报既有丰富的信息量,也兼具设计感和未来感,更加清晰明了、引人注目。

(六) 出项活动

1. 展示与分享

在项目化学习结束时举行一次优秀引荐内容展示和分享会。参与人员有本班任课教师、家长和其他年级感兴趣的同学、教师。届时每组人员都需要展示作品并做口头汇报,最终通过评价量规产生各具特色的奖项。最后将作品提交给学校,制作展板,放在相应位置。部分文稿如下:

专家面对面讲座系列

My favourite school activity — Face to Face with the Experts

Among all the activities held in our school, what impresses me most is "Face to Face with the Experts" which was held last semester. Professor Zhou, one of our classmates' fathers, came to our class to give a speech on global warming. I was astonished by the environmental problems of the planet we are living in and was interested in the notion "Carbon peak, carbon neutral" mentioned in Professor Zhou's speech, so I decided to learn more about it.

At first, I didn't know where to start. It was Professor Zhou who taught us the procedure of carrying out a scientific research. In addition, he introduced me many related websites and sent me some latest papers on global warming. With the information from the Internet and the guidance of Professor Zhou, I presented my findings on a PPT and shared my ideas in class. When I communicated with Professor Zhou about the result, he pointed out some of my problems and answered my questions. After many modifications, fortunately, I was selected to represent our class to give a report to all the students in our grade.

Thanks to the activity, I not only increased my knowledge about global warming but also improved my self-learning ability. In addition, it builds up my confidence to give a free speech in front of a big crowd of students. I do think it is a very meaningful activity.

除文字外，学生还辅助新颖的讲座图片和学习笔记以及感受反思等，图文并茂呈现自己的作品，作品非常具有吸引力和感染力。

2. 反思与迁移

学生在项目学习活动中沉浸式地投入和体验。一方面，教师结合牛津版英语课本资源搭建学习支架，重新梳理英语说明性内容的表达形式和词汇。另一方面，通过学习外国知名学府官方介绍和开放日视频，知道如何绘制引荐内容思维导图。从了解认识校园的角度，根据自己组内讨论的介绍内容和方向独立完成思维导图、英语选取、英语表达、修改、成文、视频制作等相关任务。

学生在该项目中，经历了从"项目化想法"到"项目成果"的形成过程，了解了介绍项目的一般流程。入项阶段，学生对如何生动有趣地用英语介绍学校了解甚少。随着项目化学习的不断深入，学生逐步经历项目化学习的一系列过程：问题提出——项目分析——英语习得——内容取舍——英语介绍——宣传视频和宣传手册制作的完整过程，体会从提出想法到视频和宣传册成品，需要经历调查研究、学习归纳、取舍优化等环节,且每个环节对最后结果都产生重要影响。

部分学生反馈如下:

学生A:这次项目化学习活动改变了我对英语学科项目化学习的看法和理解。我本来觉得就是一个英语学习和表达的课程。在实际活动中我明白:做好一份校园引荐不是词句的堆砌,而是一个取舍和重新规划的过程,把最有亮点、最有意思的东西介绍给大家,引荐才会更有吸引力,更特别。

学生B:通过这次项目化学习,我对英语语言的运用和表达有了更深刻的理解。不同的场景下即使同一个英语句子的表达也会有差异,或者严肃,或者活泼。这次我们需要选用活泼有吸引力的英语语言和素材介绍我们自己的校园,增加了我的英语知识和对遣词造句的认识。

学生C:通过这次项目化学习,我明白任何一个项目的完成都需要大家合作,群策群力才更有力量。

学生D:会写英语引荐语不代表介绍和引荐的内容就具有吸引力。好的引荐需要勾起大家的好奇心,好奇我们学校到底有什么魅力,这就需要合理的布局和引人入胜的语言介绍;有吸引力的引荐不能是平铺直叙,把所有内容都摆上来,而是像做菜一样,要有主料和配料,突出主料的色香味,主菜做到极致才更吸引顾客。

学生E:有魅力的介绍不能只有文字,得有图片、动画,有实况直播,让人身临其境才是最精彩的。

学生F:好的英文引荐需要我们观看大量外国优秀学校介绍,进行参照和模仿。因为英语毕竟是我们的第二语言,要体会英语文字的奥秘才能更好地输出,才能用更多生动的词语、更多地道的多样性的英语来表述。例如,中文的"好"这个字,用"good"来表示,大家就会觉得原来是一般般啊;但是一看到"attractive""charming"这样的词来形容就会心里想,真的吗?我要继续看看。语言的博大精深需要我们进一步研究和体会。

五、项目反思

"我是学校国际引荐官"通过运用上海牛津版英语课本中所学到的英语知识，创造性问题解决，引导学生体验校园生活，通过英文表达自己的校园感悟，激发学生热爱校园的情怀。项目的各个学习活动是随着项目化学习的进程动态生成资源形成的。在这个过程中，我对学科类项目化学习的理解也不断深入，并不断反思、调整和完善项目活动的各个环节。

要及时捕捉学生生成的问题，激发学生自主学习和探究的动机。本项目来源于学校的实际情况——十周年校庆。学生曾提出问题：为什么作为一个知名学校，我们没有英文版本的学校介绍呢？如果有英文介绍，以我们初中的英语知识水平，可以完成丰富地道的英语表达吗？学校这么大，如何取舍细节作为介绍内容呢？因此我想通过"我是校园国际引荐官"项目化学习，让学生自己在项目活动中主动寻找答案。六、七年级英语课本中许多单元主题涉及诸如学生如何用英语介绍自己最喜欢的地方、季节、美食、宠物、人物、活动等方面。用英语有逻辑地表达自己的喜好和观点，并用丰富具体的细节来支撑是初中低年级学生英语写作学习中的重点和难点。因此我们重新梳理了课本知识，让学生通过牛津版英语课本重新审视自己的英语所得，了解中西方文化的共性和差异。

文稿和项目成型并不是一个线性过程。在项目实施的过程中，学生遇到各种各样的困难，最主要的还是介绍的条线不清楚，英语表述有语法错误，中国式英语，视频剪辑和拍摄不到位等问题。虽然从结果来看他们的项目完成度并不完美，但正是这些不完美，让他们更加深刻地体会到从"项目化想法"到"项目成果"形成过程的不易，学会小组合作，通过各种途径查找资料。

明确评价量规的作用。评价是项目化学习活动中的核心内容，是非常重要的价值和引导导向，可以引导学生在项目化学习过程中不断修订目标和方向。在项目实施过程中，一方面学生以评价量规为方向搜集素材，组织开展自己的项目，当面对纷繁复杂的素材难以选择时，评价量规可以更好地帮助他们；另一方面，在实践过程中，学生也不断对评价量规细化、修订和完善，最终对怎样才算是一个好的引荐有了更加清晰的认识。最终的出项也通过评价量规方式给出明确评价,利于学生反思和下一次活动。

本次项目活动实施,我们也总结了一些经验:

项目活动任务应有更多优秀例子的输入和模仿,能够让学生明确自己的努力方向,以使自己的校园英语引荐更加生动、有趣和富有吸引力,调整并完善自己的项目活动。学生是项目学习活动的主角,老师只是引导者和协助者。在项目实施过程中,应该给学生搭建更多的脚手架,充分利用学生熟悉的教材,引导学生进行知识的迁移,同时引导学生设计个性化的采访提纲。大部分时间都应该交给学生,让他们充分发挥主观能动性,在集体合作中让他们体会到自我学习、互补学习、共同进步的快乐。

专家点评

英语的项目化学习一直很难,难在两点:第一,如何创设真实的必须要用英语表达的问题情境,让学生有用英语来表达的必要、内动力,而不是用中文也能解决的问题。第二,项目化学习的驱动性问题往往都有一定的复杂性、思维的挑战性,这就对学生的英语能力、词汇句型、用英语思维、英文写作等都提出了要求,而义务教育阶段的学生往往难以胜任这样的英语要求。这个项目较好地解决了这两个难题。对第一个难题,作为国际引荐官的角色,就必须要用英语来表达,而不能用中文的语言,面对国际友人,需要了解国际上通行的表达方式和要求,需要以日常课堂中学到的观察方式、英文表达方式为支撑,通过了解学校历史发展、观察学校设施、学习丰富多彩的课程、参与体验学校各种科技文化活动、和老师进行互动等,挖掘华二附初独特的学校特质和文化内涵,将其进行创造性的转化。对第二个难题,教师设计了相当多的语言支架来破解难题。这是这一项目的进步之处。原先项目的定位是活动项目,活动项目是难以支持学生完成这一比较富有挑战性的任务的,造成的结果就是学生照抄照搬一些固定的内容,而在迭代中转化成英语项目后,围绕三个子问题——引荐什么,如何进行得体的引荐,如何让引荐更富有吸引力——层层深入地支持学生逐步深入的英语思维和表达。这一英语项目的开展并没有脱离教材,而是将教材中的相关内容进行重构,成为项目中学生的思维工具,进一步促使学生活学活用教材。在每一个子问题的探索中,都有相关的学习资源,如翻译、其他学校的网站、类似的文本等供学生进行更深层次的探索,同时又促进学生自主思考。在后续的迭代中,还可以进一步考虑学习资源与驱动性问题、项目成果之间匹配的适切性问题。

——上海市教育科学研究院普通教育研究所　上海学习素养课程研究所　夏雪梅

改造校园植物牌

赵晓健

一、项目概述

本项目的教学内容由上海教育出版社八年级艺术学科的第六单元"天人合一的景致意象"中第 2 课《园林秀色》的内容引申而来。在本项目的学习中,学生实地考察我校花园,发现百果园最具江南园林风格,花园中有凉亭假山、小桥流水,唯独植物牌的设计与花园整体风格不符,遂提出可以将最具江南园林风格的要素——花窗"以框设景"的特点融入我校花园的植物牌设计,同学们可以用自己所学的美术知识美化校园,将传统文化的精髓融入现代生活之中。

项目过程中学生作为设计师,通过网络查找资料、实地考察、拜访专家学者等方式,设计出符合我校花园风格的植物牌造型,最后通过校园植物牌设计宣介会,宣传江南园林的相关知识,制作出优秀作品,并实际运用到花园的植物牌制作中。

在本项目的探究过程中,同学们不仅综合运用美术的学科知识,还将课程学习内容与真实的生活情境相结合,解决校园植物牌的美化问题,训练设计思维,提高观察生活的能力、表达能力、实践创新素养和团队协作能力,从而真正落实学科核心素养和学习素养。

二、挑战性问题

(一)本质问题

传统艺术的精华如何为现代生活所用?

（二）驱动性问题

在校庆十周年来临之际，我们可以通过改造校园植物牌向校庆献礼，用我们的创意方案，为我们可爱的校园添砖加瓦。那么作为一名设计师，我们如何利用江南园林花窗的元素来改造校园植物牌呢？

三、项目化学习目标

（一）知识与能力

感受江南园林建筑中花窗所体现的艺术美，分析传统艺术与现代生活的关联，了解花窗设计、植物牌设计的基本要素。

运用小组合作、探究学习、主题式学习等方式，学会运用所学的美术知识、结合百果园的植物特征，设计出具有江南园林花窗风格的植物牌。

尝试运用传统花窗的特点与植物牌相结合进行创意设计和制作，依据评价量规，探索"科学性＋艺术美"的设计表达。

（二）高阶认知

问题解决：通过改造植物牌的活动，学生能用学习到的美术知识结合校园中的植物特征，设计并制作植物牌，解决校园植物牌的美化问题。

创见：设计并改造一个新的具有江南园林花窗风格的植物牌。

（三）学习素养

1. 团队合作：合作探究，共同创作艺术作品。
2. 沟通能力：在设计方案优化与完善的过程中，进行沟通、制作、交流、互动。
3. 自主学习：建立学习共同体，以学生为中心进行项目实施。

四、项目实施过程

（一）实施过程

初识江南园林——了解文化价值——明确学习任务——完成小组分工——

开展学情调查。

(二) 入项活动

1. 教师带领学生学习江南园林的相关知识,了解传统文化的艺术价值

学习课本《园林秀色》的相关内容,教师播放江南园林的介绍视频,结合本学期语文课本中《苏州园林》一课,同学们通过阅读、观察与欣赏,总结出江南园林的特点,并用自己的语言加以描述。

(1) 在校园中实地考察,创设问题情境。

从经典园林看到我们身边。教师播放校内各花园的照片及视频,学生选出最具有江南园林风格的花园——百果园,并进行实地走访观察。经过实地考察对比,学生发现一个问题:花园中缺少江南园林最具特色的花窗元素,挂在花木上的植物牌设计也与花园风格不符。教师于是提出驱动性问题:在校庆十周年来临之际,我们可以通过改造校园植物牌向校庆献礼,用我们的创意方案,为我们可爱的校园添砖加瓦。那么作为一名设计师,我们如何利用江南园林花窗的元素来改造校园植物牌呢?

组织学生对驱动性问题进行讨论。学生在对驱动性问题进行讨论的过程中,认为这个问题可以这样一步步来解决:了解江南园林的花窗具有怎样的特点? 如何设计这样的花窗? 如何将花窗融入到植物牌的设计与制作中?

(2) 根据自我认识与任务规划,完成小组分工。

学生组建合作小组:6—7人一组,共6组;每位同学在小组分工自我规划表中写出自己擅长的角色,并辅以理由;每个小组选出组长,明确分工,并完成K-W-L表。K-W-L表内容包括:

我知道的有关江南园林花窗和植物牌设计的相关知识。

我想在本次项目学习的过程中学到什么?

在研究学习的活动中,我需要得到什么帮助?

在这次学习中,我学会了什么?

2. 知识与能力的建构阶段

(1) 子问题1:江南园林的花窗有怎样的风格及特点?

初识江南园林,学生对江南园林的意境营造及花窗的造型特点了解甚少,在教师的引导下,通过深入的实地考察、阅读书籍、观看视频,学生自己总结传统江南园林从哪些方面营造意境,并完成学情调查表。学情调查表内容包括:

对江南园林的了解,你是实地走访,是观看相关视频,还是阅读了相关书籍?

自古至今有很多对江南园林的描述,请记录下你印象最深的一句/一段话。

用自己的语言,简单描述江南园林的特色。(例如:有太湖石堆叠而成的假山。)

用简笔画方式,简单画出你看到的花窗样式。(至少3个)

通过学情调查表,可以得出结论:江南园林的意境营造主要从以下三方面入手:

① 境由心造,心随境转:空间分隔、空间联系、空间延伸。

② 传统的自然观:天人合一,身居闹市却得山水之趣。

③ 托物言志:一草一木,一亭一轩,皆有意趣。

学生通过欣赏图片,探究并总结江南园林中花窗造型、纹样的特点及寓意。

(2) 子问题2:如何在植物牌中设计这样的花窗?

学生在了解了传统花窗造型、纹样特点之后,跃跃欲试,想结合现代生活的素材来设计花窗。

学生先模仿传统的花窗纹样尝试设计,再通过教师的示范操作,学生总结出设计方法,步骤如下:

① 寻找具有美好寓意的事物。

② 对其进行写生、变形,加以设计绘制成纹样。

③ 将纹样与窗框相结合,设计具有江南园林特点的花窗,并用卡纸雕刻。

(3) 子问题3:植物牌必备的要素有哪些?

在设计雕刻了花窗之后,要进一步设计植物牌,同学们需要对植物牌的必备要素进行探究。

通过实地考察,学生以小组为单位走访花园,通过观察、查阅资料,讨论出植物牌的必备要素包括整体造型和植物介绍两部分,同学们主要设计的是植物牌的整体造型部分,在设计时可以将植物的枝干、叶片、花朵、果实、颜色等特点融入造型设计之中。于是以小组为单位,确定每个小组所要改造的植物牌对象(银杏、白玉兰、红花檵木、南天竹、枫树、垂丝海棠),与此同时,同学们对所选植物做了现场写生、采集植物制作标本等工作。

(4) 子问题4:设计植物牌的方法步骤是什么?

知道了植物牌的必备要素,确定了所要改造的对象,对于植物牌的设计,同学们有了初步的想法,但无从下手。师生共同探究讨论、归纳总结出了植物牌设计的步骤:

① 写生:对植物写生,表现出植物叶片、花朵的特征。

② 图案化处理:将写生的作品进行图案化处理,设计出植物专属的纹样。

③ 适形:将植物图案素材组织在传统花窗造型中。

④ 定稿:确定线稿,完成初步设计。

3. 成果修订与完善阶段

每位同学独立设计好自己的植物牌之后,如何进一步完善作品呢?这里借助了两个方式:

(1) 组内共同讨论,依据评价量规优化设计方案。

小组成员内部讨论,依据评价量规优化设计方案,组员群策群力,共同完善一个设计方案。利用PICS ART图片处理软件,为植物牌添加背景图片,营造江南园林的意境。在此过程中,进一步修改完善小组方案。

(2) 组间互动交流,进一步完善作品。

第一环节,选取3组有代表性的设计方案进行展示,小组发言人介绍作品的设计思路,讲述创作背后的故事。每个小组自述之后,其他小组选派代表,依据设计评价量规,进行组间互评。第二环节,小组结对,两两互评,彼此交流经验,并提出修改意见。再次进行组内交流讨论,优化设计。若对他组提出的建议有不同意见,请给出本组对于设计方法或理念等方面的回应。选1—2组为代表进行公开的交流讨论,以及优化之后的作品展示。

(三) 出项活动

1. 成果展示与宣讲

在公共区域进行作品展示,将同学们设计好的植物牌作品实物放在教学楼一楼大厅展板上,进行为期一周的展示,作品展示的同时,同学们将在课间对江南园林的相关知识进行宣讲。

在课堂上进行校园植物牌设计宣介会,请每组的发言人对本组作品进行详细介绍,包括:小组名称的由来;小组改造植物牌的植物特点;植物牌的设计思路等。

2. 作品制作完成并投入现实使用

(1) 为红花檵木改造植物牌的小组学习成果

组名:驭行天下

小组成员:柳夏妍(组长)、狄姝含、陈昊飞、方驭、吕承蒙、肖子棋

设计思路:设计采用圆中带方的外框造型,遵循中华民族中庸平和之道,以平和包容的态度对待每个人的不同。

内部纹样带有花、叶子等不同部分,象征着同学们不同的闪光点,使校园生活精彩纷呈。同时也结合花窗棂条图案化的特点,红花枝叶呈现出古色古香简约的风格,带给人们丰富的观感。

花窗采用中空设计,象征着小组对未来驭行天下的理想,给人留下想象的空间。

图 1 红花檵木植物牌

(2) 为白玉兰改造植物牌的小组学习成果

组名:璞玉元琢

小组成员：刘皓宇（组长）、黄佳钰、吴怡岑、李一帆、刘乐康、舒克、王楷源

图2　白玉兰植物牌

设计思路：白玉兰是上海市市花，温婉大气，古朴典雅，高洁雅致。设计中融入了传统花窗的构造，将白玉兰的花朵造型运用镂空的方式进行图案化处理。

将市花与江南韵味儿结合，体现古朴的同时，也展现出校园欣欣向荣的氛围。

（3）为枫树改造植物牌的小组学习成果

组名：一叶知秋

图3　枫树植物牌

小组成员：余博闻（组长）、杨策、尹慧怡、张欣怡、黄实昀、谭周毅、王嘉昊

设计思路：以冰裂纹为花窗主体纹样，设计出一幅江南花窗的框架，冰裂纹通透空灵，纹理交错，逶迤远去，煞是好看，看上去是透明的冰，层层叠叠，是一种化腐朽为神奇的残缺之美。在其中添加以直线简化的枫叶纹样，填充和镂空对称并存。同时运用具有光影效果的背景，阳光透过枫叶，营造了一种朦胧唯美的意境。

（4）为南天竹改造植物牌的小组学习成果

图4　南天竹植物牌

组名：竹林七贤

小组成员：陈睿杰（组长）、彭昕玥、孙欣妍、王蕴、吕锐、饶径舟、翟彦博

设计思路：南天竺有着吉祥好运的寓意，把植物枝条设计成圆形，如花团锦簇，代表着希望我们的学校变得越来越好，在这里的学生可以收获好运不断进步，最终成为优秀的人。一串果实挂在画面左上方，果实累累，寓意学业有成。

文字介绍部分以叶片作指引标，整体画面充满绿意与生机，昭示着我们青少年大步向前走，努力向上的精神。

（5）为垂丝海棠改造植物牌的小组学习成果

组名：雅棠

小组成员：肖睿远（组长）、刘佳玲、张丝竹、李思源、罗宇轩、谢宇恒

图 5　垂丝海棠植物牌

设计思路：将垂丝海棠花朵下垂、枝繁叶茂的特点与花窗风格相结合，边框由几何化的花朵和叶子装饰，简约大气，具有一种古朴雅致的美感。中间垂下的花朵恰好位于花窗横竖方向的黄金分割点，吸引观者的目光，使人眼前一亮。整个植物牌设计虽然简约，但艳美高雅，正如陆游诗云："虽艳无俗姿，太皇真富贵"，富有诗情画意。

（6）为银杏改造植物牌的小组学习成果

图 6　银杏植物牌

组名：金银时光

小组成员：李远哲(组长)、王淳萱、刘哲远、陆渐鸿、张楷丰、张云喆、樊泓萱

设计思路：植物牌整体造型将银杏叶片外形特点用直线条概括，中间将镂空的银杏叶设计为植物信息展示区，叶片和果实连在一起，紧密围绕在中间最大的银杏叶旁，叶片涂实，果实镂空，就像江南园林中的花窗窗棂，既有支撑，又有通透。

片片银杏叶，悄然落下，或热烈或诗意，或纯净或浪漫，都将在一个地方栖息。象征同学们团结在一起，就能绽放出绚烂的色彩。

(四) 项目学习评价

本项目式学习的评价分为观察探究、作品设计、作品完成、成果展示四方面，2—5分四个星级，采取学生自评、学生互评、教师评价等全方位多主体的方式评估学生作品和学生表现，学生自始至终对评价量规了解得很清楚，并按照评价量规完善作品、调整学习状态。

表1 学习及成果评价量规

评价指标（权重）	五星级（5分）	四星级（4分）	三星级（3分）	两星级（2分）	生评		师评
					自评	互评	
观察探究 *6	能够完整地归纳江南园林的建筑特点、花窗特点、植物牌的必备要素，并出色地完成学习任务单	能够归纳江南园林的花窗特点、植物牌的必备要素，并完成学习任务单	能够归纳江南园林的花窗特点，并完成学习任务单	完成学习任务单			
作品设计 *8	作品兼具科学性和艺术美，能够体现出植物牌的特性，并将江南园林花窗的特点融合其中，体现出江南园林的意境美	作品兼具科学性和艺术美，能够体现出植物牌的特性，也有江南园林花窗的特点，但缺乏意境美	作品有简单的科学性和艺术美，对植物牌的特性和江南园林花窗的特点，仅能体现出一方面	作品只是简单地体现出植物牌的特性，没有体现出江南园林的特点			

(续表)

评价指标（权重）	五星级（5分）	四星级（4分）	三星级（3分）	两星级（2分）	生评 自评	生评 互评	师评
作品完成 *2	作品整体美观，设计有创意；线条流畅，绘制精美；色彩搭配和谐统一；图文排版合理；有完整的设计说明	作品整体美观，设计缺少创意；线条流畅，绘制精美；色彩搭配和谐；图文排版合理；有完整的设计说明	作品整体美观，没有创意；线条流畅，绘制简单；色彩搭配单调；图文排版简单；有简单的设计说明	作品美观度欠缺；线条毛躁，绘制简单；色彩搭配不舒适；图文没有排版；没有完整的设计说明			
成果展示 *4	将项目完成的过程清晰、详尽、流畅地呈现出来，能够有创意地介绍作品，呈现方式上有亮点；能够详细介绍每个成员的工作情况；能够将如何解决困难的过程呈现出来	将项目完成的过程清晰地呈现出来；能够充分地介绍作品；每个成员的工作都有介绍	呈现了一部分过程；能够详细介绍自己的作品，帮助大家理解	没有过程介绍；没有将作品介绍清楚，给大家的理解造成了一定的困扰			

（五）反思与迁移

同学们已经熟练掌握了江南园林中花窗元素的造型特点，为了让同学们延伸传统艺术的精华在现代生活中的运用，老师提供了一个新的类似问题情境——

拓展思考：江南园林的花窗元素，还可以运用在美化校园的哪些方面？学生在教师的引导下，经过头脑风暴得出结论：

在教学楼走廊"名人名言"的宣传栏上，运用花窗元素来美化。

利用江南园林意境美的特点，改造单调的书包柜。

利用江南园林的传统纹样，改造年级组老师们的书柜。

……

五、项目成效与反思

本项目从课本中来，到生活中去，在探究的过程中，将美术的学科知识运用到真实的生活情境中，将传统艺术的精髓融入到现代生活中，解决了校园植物牌的美化问题，培养了学生的实践创新思维，提高了学生的观察能力、表达能力、动手能力、团队协作能力。

1. 团队协作，创设学习环境

同学们各有所长，在分组前，老师做了简单的摸排，让同学们自己介绍在项目中擅长的、感兴趣的、想学习想提高技能的方面，然后统筹分工。

在实施开始分组后，每一小组会确定一种植物作为植物牌改造对象，为组内的生生对话设定了共同目标，每位同学都根据自己的想法设计植物牌，然后经过共同讨论，取长补短，最终完成小组的代表作品。

活动后期，增加组间合作环节，每小组选派代表两组互换，形成研究共同体，相互优化作品，共同进步。

最终，同学们设计的植物牌制作成实物并挂在了树上。再次来到花园中，看到自己设计的植物牌被投入使用，同学们既兴奋又激动，表示"很开心很荣幸，为学校添上了一笔自己的色彩，感觉离梦想又近了一步"，"我们设计的作品能够以更好的形式呈现给更多同学，让他们感受到自然美，感受到江南园林的意境美，还可以用自己所学的知识为学校做一份贡献，很荣幸"，"总体还不错，达到了预期效果，但仍有改进之处"。

2. 搭建学习支架，促进成果优化

同学们在植物牌的设计绘制过程中，难免遇到困难，产生畏难情绪。教师及时了解情况，并利用iPad绘画设计软件来弥补手绘的不足，让同学们既学习了新知识，又学会了使用iPad软件技术，还可以优化自己的设计作品。在此过程中，同学们主动学习，主动发问，学习氛围大大改善。

总体来看，本案例基本上达到了预期目标，反思研究中的不足，也为我们未来的项目化学习开展指明了方向：

(1) 如何更好地结合教材？如何在日常教学中融入项目化要素？

本项目的实施过程是建立在教材基础之上的，先学习教材内容，再由教材内容延伸到现实情境，学生学以致用，发现问题，提出问题，项目启动。在后续迭代的实践中，可以在"学以致用"还是"以用促学"的教学方式上有更多的探讨。

(2) 如何以问题驱动学习？如何抓住问题的本质？

项目化学习是通过问题引发学生的思考和探索，教师在设计活动时，一定要抓住问题的本质，才能更准确地引导学生的行动/学习方向。

此项目在设计之初，项目主题定为《我在校园修花窗》，就是问题的本质产生了偏移，在学习的过程中不断推敲，最终定为《改造校园植物牌——设计具有江南园林花窗风格的植物牌》，修正了方向，之后的活动内容才得以正确进行。

(3) 如何激发学生的创造性？

艺术学科有别于其他学科，在激发学生创造性方面，需要一个相对宽松的学习环境，这有利于学生发散思维，主动表达想法。在本项目的实施中，改变教学环境，走出教室实地观察写生，给学生一定的时间和空间，让他们亲自去感受、去探索、去发现。在植物写生的过程中会有各种想法和实践行动，有一个小组采用拓印的方式进行写生，试验了材料袋中的各种纸笔，有成功有失败，小组成员反思交流，才得到最满意的效果。

在实践过程中，教师的适当引导，对奇特想法的适度肯定与鼓励，也是支持学生大胆创新、勇于实践的精神支撑。除此之外，教师也要加强自身学习，为学生搭建多种学习支架来辅助创造性的实现。在本项目式学习活动中，iPad的绘画软件可谓是神来之笔，在帮助作品营造意境美方面帮了大忙。

专家点评

这个项目是结合八年级艺术学科园林的相关内容来开展的，学生需要以一名设计师的身份来经历校园植物牌设计与修改的过程，从而创造性地完成制作具有江南园林风格的植物牌这一有挑战性的任务。

作为一个艺术类的项目，这个项目有一些值得我们借鉴的地方：第一，艺术链接真实生活，让学生将艺术理解和艺术欣赏融入解决真实生活问题中。学生对于江南园林风格的理解和欣赏并没有停留在字面上，而是融入解决校园植物牌这一真实问题情境中。学生所制作出来的植物牌在一定程度上体现了他们对江南园林风格的理解。第二,注重提供多种资源,搭建学习支架。教师为了丰富学生对富有江南园林风格的花窗的理解,组织学生借助实地观察、书籍、视频等多种资源和支架,并带领学生分析园林风格和花窗的一些关键特征,让学生进一步明晰好的样例是怎样的。第三,注重保护学生的创造性。从学生多样的创造性成果中,我们可以看到,教师非常鼓励学生有自己独特的、富有创造性的想法和实践。

如果从项目迭代的角度来看,本项目还可以再进一步思考的问题是:如何更好地整合学科逻辑和项目逻辑?如何强化学生的设计思维?学生作为一名设计师,首先需要思考自己要设计的是一个怎样的产品?有什么要求或者标准?如何达到这样的标准,等等。而在本项目中,学生一开始就进入到了解江南园林的花窗有怎样的风格及特点等,较早进入了学科的知识中。其实,学生首先要以一名设计师的身份来分析问题,同时考虑到校园植物牌的美观和科学性。美观这一部分的学科知识可以延迟来讲授,"以用促学"。

本项目的教学内容由上海教育出版社八年级艺术学科的第六单元"天人合一的景致意象"中第2课《园林秀色》的内容引申而来。在本项目的学习中,学生实地考察学校花园,发现百果园最具江南园林风格,花园中有凉亭假山、小桥流水,唯独植物牌的设计与花园整体风格不符,遂提出可以将最具江南园林风格的要素——花窗"以框设景"的特点融入学校花园的植物牌设计中,可以用自己所学的美术知识美化校园,将传统文化的精髓融入现代生活之中的设想。

项目实施过程中,学生作为设计师,通过网络查找资料、实地观察、拜访专家学者等方式,设计出符合学校花园风格的植物牌造型,最后通过校园植物牌设计宣介会,宣传江南园林的相关知识,制作出优秀作品,并实际运用到花园的植物牌制作中。

在本项目的探究过程中,同学们不仅能综合运用美术的学科知识,还能将课程学习内容与真实的生活情境相结合,解决校园植物牌的美化问题,训练设计思维,提高观察生活的能力、表达能力、实践创新素养和团队协作能力,从而真正落实了学科核心素养和学习素养。

——上海学习素养课程研究所 李倩云

你是未来预言家吗
——向《海底两万里》更深处漫溯

汪丽萍

一、项目概述

本项目根据部编版七年级下册语文教材第六单元的名著导读——《〈海底两万里〉快速阅读》这一教学专题展开设计,引导学生快速有效地进行整本书阅读,推动学生产生真实的阅读和深度思考。用"如何创作出引人入胜的未来校园绘本故事"这一驱动性问题,引发学生对未来校园的文学想象力和科学创造力,提升学生的科幻写作能力和文学创作兴趣。让"学生在积极的语言实践活动中积累与构建起来,并在真实的语言运用情境中表现出来的语言能力及其品质"得以提升。

教材中本单元教学导语是:探险,是人类对未知世界的探寻,也是对自身的挑战。而科学幻想,依据科学技术原理、发展趋势以及科学假说,展示了人类对未来的大胆想象。本单元主要选取探险与科幻方面的文章,虽然是不同的文体,但都在引导学生触摸探险者的精神世界,激发其探索自然世界和科学领域的兴趣与想象力。单元中名著推荐阅读的《海底两万里》是一部科幻小说,作品中的幻想大胆新奇,并以其逼真、生动、美丽如画的描述令人读来趣味盎然,惊人之处在于其不仅想象夸张动人而富有科学意义,而且在小说发表 25 年后,人们制造出真实的潜水艇,与小说描写的大同小异,让书中所写的故事成为现实。在这样的阅读背景下,希望我们的学生也能基于现有认知展开科学幻想,大胆预测未来校园时空,并学会用生动有趣、简明有力的文学语言表述出来,以读促写、以写带读,实现深度阅读,提升科幻小说的创作能力。

二、挑战性问题

（一）本质问题

如何用简明生动的文学语言描绘出基于现有认知的合理科学想象，用故事的形式探究人与未来世界的关系？

（二）驱动性问题

儒勒·凡尔纳用他的科幻能力预知了未来世界，那假设你二十年后接受学校的邀请参加校庆，会见到怎样的情景，会发生什么有趣的事呢？如何基于校庆背景创作一个引人入胜的科幻绘本故事，让读者对未来校园充满期待？

三、项目化学习目标

围绕"知识""技能"和"实践"三个大概念，明确以下学习目标。

（一）知识与能力目标

1. 明确科幻小说的特点："科学""幻想""小说"，掌握科幻的三要素："逻辑自洽""科学元素""人文思考"。
2. 了解科幻小说常用的表现手法——联想和想象，以及小说中景物描写、人物刻画常用的写作手法及其表达效果。
3. 分析小说语言风格，学习简明扼要、富有表现力的叙述技巧。
4. 掌握快速阅读的方法，学会提取关键信息。

（二）高阶认知

1. 学习想象作文的方法：确立情境与主题→在现实基础上进行大胆想象→合理设计和生动描绘。
2. 掌握核心能力：提取关键信息，用简明的语言，生动有序地描绘景物、叙述故事,图文并茂,激发科学创造力和文学想象力。

3. 项目实施过程中,提升信息提取与整合能力、小组分工与合作能力、问题生成与解决能力、创见思维与多元表达的能力。

(三) 学习素养

1. 体验性实践:获得阅读体验,表达阅读感受,展开合理想象。
2. 探究性实践:对他人的成果进行基于量规的评论评价。
3. 社会性实践:讨论《海底世界导览图》和《未来校园绘本故事》的要点,分成项目实施小组,形成小组分工和职责表。
4. 调控性实践:制定完成阶段成果和最终成果的日程表;修订与反思项目化学习的过程,调整项目实施方向或途径。
5. 设计《海底世界导览图》和《未来校园绘本故事》的外观,让它更符合所要表达的主题。
6. 技术性实践:运用网络信息搜寻软件收集资料并整合资源、制作演示文稿、文本图片处理、视频制作等,完善项目汇报形式。

四、项目实施过程

(一) 项目准备

当时学校正在举办读书节,项目组结合其中一项与新疆泽普二中共读一本书活动,开展沪疆两校师生共读《海底两万里》,交流读书心得。

教师提供小说阅读策略和《海底两万里》一书中描写海底世界的精彩片段给学生欣赏和讨论。

本项目需要对学生的过程性学习、实践和项目成果及汇报形式进行评价,以实现学生的深度阅读和创作能力的迁移。根据学科特性和项目设计,学生需先讨论小组分工合作事项。

教师提供《组员分工记录表》。

表1　小组分工表

小组命名:				
成员		步骤		
		1. 梳理任务清单
2. 进行任务分解分工
3. 制定任务实施计划		
任务名称	负责组员	完成时间	所需材料	备注

(二) 入项活动

1. 明确终极任务：作者儒勒·凡尔纳用他的科幻想象力预知了未来世界。那假设你二十年后接受学校的邀请参加校庆,会见到怎样的情景,会发生什么有趣的事呢？如何基于校庆背景创作一个引人入胜的科幻绘本故事,让读者对未来校园充满期待？

2. 提供子问题：儒勒·凡尔纳用他过人的想象力和高超的叙述能力为读者营造了一个神奇的海底世界。那如何绘制基于小说内容的《海底世界导览图》,助力海底观光旅游事业的开发？快速阅读,提炼名著关键信息和航海路线,明确项目任务。

3. 将绘制的《海底世界导览图》印制成明信片,写上祝福语或阅读收获,寄往新疆泽普二中,交流心得,促进深度阅读。

(三) 子问题1: 如何绘制基于小说内容的《海底世界导览图》,助力海底观光旅游事业的开发？

组织学生围绕子问题1展开讨论,对问题进行分解,形成思考路径和问题链,在现实活动中学习运用简明的语言描绘想象场景。

1. 学生现状

问题①：选择海底世界的哪个主题进行导览？（森林、海洋动物、奇观……）

任务：确立主题。

问题②：书中哪些章节涉及相关主题的描写？

任务：提取文字信息，学会归纳整理。

问题③：游览顺序怎样设计，如何配图？

任务：绘制导览图。

问题④：如何图文并茂、简明生动地呈现故事情节？

任务：美化、优化《海底世界导览图》。

学生根据问题引导，推动项目化学习过程，并记录相关内容，如小组命名及理由、小组分工和阶段成果表述等。

2. 教师脚手架搭建

作为整个项目的第一阶段，入项时我们在驱动性问题下提出了子问题"如何绘制基于小说内容的《海底世界导览图》，助力海底观光旅游事业的开发？"激发学生阅读兴趣，助力实现快速阅读，提炼名著关键信息，提升学生的思维与实践能力。

在项目启动后，结合学校读书节，项目组又加入了与新疆泽普二中同学共读一本书活动，给项目带来了新的思考，同学们围绕如何实现共读的价值，如何交流共读的心得等问题展开讨论，经过头脑风暴，大家一致决定，要将绘制的《海底世界导览图》与新疆同学交流分享，评选出最佳作品印刷成明信片，写上项目学习感言寄往新疆泽普二中。有了这一任务的驱动，同学们开展项目学习的积极性、期待性更高了。

3. 学生成果

（1）个人成果：阅读《海底两万里》，梳理"鹦鹉螺号"潜水艇的航行线路图和沿途文字信息，为团队设计《海底世界导览图》提供帮助。

（2）团队成果：小组合作一起完成一张《海底世界导览图》。

绘制要点是从小说中提取景点关键信息，文字简明，辅以科普知识，基于小说描写绘制配图。随后用 Classin 教学平台连线新疆泽普二中，就共读《海底两万里》整本书做阅读交流，投票选出最优作品，制作成明信片，寄往新疆泽普二中，分享学习成果。学生在公开成果展示交流活动中记录他人建议和观点，边思考边完善。学思并行，实现成果迭代。

如某小组同学选择了《海底两万里》作品中所描述的海底森林、海底珊瑚礁、海底火山和南极等自然风光作为主要景点,设计导览路线,提取关键信息并结合科普知识对导览点进行清晰描述,同时根据描述绘制图片,图文并茂,简明生动。

(四) 子问题2:一个引人入胜的科幻绘本故事需要包含哪些内容和要素?

1. 学生现状

项目第一阶段,学生已经通过小组合作,完成了对《海底两万里》的深度阅读,并从中提取关键信息,选择海底世界的某一主题绘制成了一张《海底世界导览图》,对一个引人入胜的科幻故事需具备哪些要素有了一定的认识,同时对"如何用简明生动的文学语言描绘出基于现有认知的合理科学想象,用故事的形式探究人与未来世界的关系"这一本质问题有了初步感知。但还存在的问题是:有哪些是迫切需求并有可能在未来实现的基于现有科学认知的合理想象,学生还不是很明确,用简明而富有表现力的文学语言进行描绘也是他们面临的困难。

2. 教师脚手架搭建

(1) 再次明确驱动性问题:如何基于校庆背景创作一个引人入胜的科幻绘本故事,让读者对未来校园充满期待?教师提供经典科幻绘本故事,了解学生的切入视角和审美取向,给学生提供一定的参考样例。

(2) 发放KWL表,请学生填写关于未来校园绘本故事创作的相关内容。对目前从《海底两万里》这本书中学到的已知内容、想要知道的部分,在小组内分享,形成小组共同的问题清单。

头脑风暴:形成《未来校园绘本故事》初步的成果要点及评价量规。

表2 作品评价量规

评价指标	4—5分	2—3分	1分	自评	互评	师评
作品内容	选材恰当有新意,故事完整有可读性;主题明确,贴合20年后校庆背景;配图合适,与文字相辅相成	选材恰当,故事完整;主题比较明确;整体符合20年后校庆背景;配图比较合适,能对文字起到一定补充作用	选材不够恰当,故事缺少吸引力;主题和20年后校庆背景结合不紧密;配图和文字关联不大			

(续表)

评价指标	4—5分	2—3分	1分	自评	互评	师评
语言表达	语言生动流畅,简明有力,兼具科学性说明和文学性描述	语言比较流畅形象,有表现力,比较简明,科学性与文学性兼顾欠缺	语言不够流畅,缺少表现力,不够简明,科学性与文学性都体现不足			
科学逻辑	思路清晰,结构合理,科学幻想符合逻辑,大胆新奇有趣味,能引人入胜	思路连贯,结构较合理,科学幻想比较符合逻辑但缺少新意,不够引人入胜	思路基本清楚,结构基本完整,但描述缺少逻辑和科学幻想			

（3）学生分成若干个项目小组，自主选择创作主题，明确各组项目目标，小组合作梳理科幻小说创作要素和路径。每个项目小组明确自己绘本故事的主题，列出任务清单、绘本初步提纲、目录，进一步细化完成绘本的日程表。项目小组成员根据主题分别采集素材，进行观察、调研、资料搜集或绘制插图、文字初稿、汇报形式确定、音乐寻找、PPT制作等活动。

（4）教师提供分析框架，明确学习活动的进程和时间节点，以及提交材料的要求。学生根据问题清单和分析框架分析现实认知和合理想象之间的关系，根据以下线索调整故事构思与设想：

① 选择哪些场景进行描述？

② 故事按照什么顺序呈现？

③ 每一个场景突出哪些细节？

④ 塑造故事人物的什么形象？

⑤ 语言如何表达才能让故事引人入胜？

⑥ 未来与现在有着怎样的联系？

如某小组从校园生态系统、全能超级教室、新型运动空间、复合阅读空间、跨学科可持续实践空间等若干科学元素展开预想，讲述故事并描绘情境。

（5）教师带领学生分析故事主题与语言形式，把握简明生动的语言有序描绘想象场景的核心概念。

学生用思维导图等形式设计初稿,确定故事人物、环境、情节,并根据所学的知识与技能进一步修订,形成故事第二稿,明确什么是引人入胜的绘本故事。

合成《未来校园绘本故事》的完整版,汇总所有素材,根据主题再次调整、完善。

根据评价量规,项目小组内和项目小组间对主题、素材、情景之间的关系和语言形式进行评价和交流。教师进入到项目小组内,对主题、素材、情景之间的关系和语言形式提出修改建议。

3. 学生成果

(1) 个人成果:提出自己对未来校园的设想,并选择某一处建筑空间或自然空间,对其功能和外观进行科幻想象,生动描绘出来。

(2) 团队成果:小组合作完成一本《未来校园绘本故事》,创作包含如下要点:

故事主题——要表达的是什么?(人文、科技、自由、卓越、感恩……)

故事内容——人物、情节、环境。

阅读对象——这本故事书是给谁看的?适合的阅读对象是谁?相应的内容可以如何表现?

成果汇报形式——除了绘本外,还可以任选一种电子形式,如演示文稿+配乐+口头讲解,也可以制作视频来介绍团队成果,时间控制在3—5分钟。

故事整体要体现基于现有科学认知的合理想象和独特创造,语言力求简洁有趣、生动形象,配上合适的插图,探索人与未来世界的关系。

(五) 出项活动

1. 与新疆泽普二中共读师生 600 多人通过 ClassIn 网络授课平台举行一次《海底世界导览图》成果汇报交流活动,投票评选最佳成果(以便印制成明信片)。

依据汇报活动评价指标共 94 人参与评价。

表3 成果汇报评价量规

评价指标	五星 4—5分	三星 3分	一星 1分	自评	互评	师评
A. 小组合作	小组展示分工合理,人尽其责	以个别成员呈现为主	小组分工不明晰,仅有个别成员参与任务			
B. 作品内容	能结合主题并融入科普知识生动描述;明晰表达关键信息;能以图文形式再现神秘的海底世界	能根据主题对关键信息作概述;能运用技术手段进行简单分析	主题表达不完整,仅仅罗列路线与导览点;科学与文学知识体现不够			
C. 展示方式	用图文并茂或者多样的方式呈现;新颖、有趣、有吸引力	最终展示形式呈现比较完整	最终展示准备草率,方式单一			
D. 现场表现	语言表达能力强;熟练、自信;注重仪表	语言表达能力较强;不太熟练、较自信	语言表达欠佳;不够熟练、自信;声音比较轻			
E. 掌控程度	能与在场其他小组成员互动;时间控制在3—4分钟	现场互动不明显或略微超过4分钟	无现场互动;展示时间过长或过短			

2. 印制成明信片

某学生在明信片上写道:"因一场奇幻的海底冒险,让昆仑山脉的白雪与东海之滨的浦江水交汇;因一次美妙的云端共读,让沪疆两地的我们灵魂相遇。活动会结束,但我们共同成长的时光不会磨灭。很高兴,我们共同走了这一程。"

还有学生写道:"明信片的封面图是我们小组经过构思、整理、绘制、修改,一步步完善而成的,它的意义已经完全超越一张普通的明信片,而且将寄往与我们共同开展此次阅读活动的你们,虽相隔千里,但我们有理由相信这种收获会跨越山海。"

3. 举办"发行记者会"

举办《未来校园绘本故事》"发行记者会",阐明自己的创作理念和未来设想。参与人有本班任课教师、家长和其他年级感兴趣的同学、教师。届时每组人员都要准备好《未来校园绘本故事》手绘版或电子打印版,并进行口头汇报(配 PPT)或视频,最终按评价量规产生各具特色的奖项。

值得一提的是,除了《未来校园绘本故事》绘制或者打印,有学习小组还精心设计了"校庆二十周年庆典邀请函"和手写的邀请信。让我们对项目最初设定的那个"二十周年校庆"场景有很强的代入感并充满期待。

五、项目反思

(一) KWL 表中的 L(学到了什么)部分让人惊喜

在填写这部分内容时,除了学科知识与技能,学生整体的思维品质和学习能力甚至学习观念也有很大的进步。他们在交流时表示:

"在项目化学习中,我们对项目拥有完整充分的发言权和选择权去进行一个完全按我们自己的想法去完成的项目。对我们的创造性思维能力和探究精神有很大的提升锻炼。对于团队合作能力,学习的个性化表达,以及对知识的融会贯通能力也是一个很好的锻炼机会。"——咸鱼翻身小组

"我们在这次项目化学习的过程中,不仅对《海底两万里》的知识内容有了更加具体、深刻、系统的了解,从中还培养了合作精神,提升了发现问题并解决问题的能力,在合作中共同进步、共同成长。"——潜海小组

"汇报结束了,但是我们的学习还没有结束,项目化学习让我们体验到与以往不同的学习方式,老师会带我们去图书馆,就近翻阅书籍,查找资料,我们也学会了筛选和提炼信息,在制作过程中产生的问题也基本是靠组员的共同努力来求证和解决,这种体验让我们主动地想去完成学习任务。"——新建文件夹小组

(二) 社会性实践和审美性实践反思促成长

通过这次的项目化学习,可反思总结如下问题:本次团队合作中同伴之间有分歧吗?如何解决的?下次遇到类似的问题如何处理?本次绘本中的构图如何?语言描写是否达到引人入胜的效果?图、文之间的匹配性如何?下次如何更好地进行改进?对照《海底两万里》的构思,分析自己对未来校园提出的科学幻想的可

行性。绘本作家这个职业的体验感如何?

　　小组学习成果(作品)是显性的,但这不是项目化学习的全部,这仅仅是学生综合学习能力的一个缩影,在完成项目的过程中,学生不断地遇到问题又积极地解决问题,这种生成与创见是项目的隐性价值。所以项目中任务设计不是目的,"问题"的解决才是教学目标。

　　学生根据小组合作评价表进行反思和评价。

表4　小组合作评价表

在本次活动中,我们进行了高效的讨论吗?还可以如何改进?	
是不是每个成员都贡献了自己的想法与创意?你觉得贡献最大的是谁?	
我们的合作有没有遇到什么困难?我们是如何克服的?	
当别人否定我的意见时,我的做法是?	

　　学生在最后的感言中表述:在本次项目化制作的过程中,小组成员沿袭之前《海底两万里》项目化学习中积累的经验,迅速明确分工,分头进行项目学习筹备工作。大家纷纷化身凡尔纳,打开想象的翅膀,乘坐时光飞船,穿越到了未来校园。未来的校园会是怎样的呢?我们的学习和生活环境会有什么样的变化呢?带着这些疑问,我们开启了探索之旅。形成了一个不够完美的绘本故事,但在人类历史的发展过程中,许许多多的发明创造都经历了从无到有的过程,那些伟大科幻小说中的无数幻想情节,也都在日后得以实现,这些足以证明想象的魔力,想象是创新的起点。由此不难推断,我们今天所畅想的未来校园,可能就会出现在不久的将来。而我们,也能将文学创作与科学幻想进行更巧妙的衔接。

(三) 项目化学习与传统教学之间的差异

　　1. 一个好的驱动问题应该兼具趣味性和挑战性,它的提出需要提起学生的好奇心和进一步探究的兴趣。由于教师和学生都是第一次开展项目化学习,过程中有很多设想不能落地,比如驱动性问题设定的是:如何基于校庆背景创作一个引人入胜的科幻绘本故事,让读者对未来校园充满期待?任务目标是创作《未来校园绘本故事》,提升学生的科学想象力和文学创作力。但实施过程中发现绘本故事的语言一般都比较简洁凝练,故事虽短小但情节完整并且寓意深刻,加上项目第二阶段时间比较短,这对学生来说挑战太大。所以,项目进展中途师生讨论,提供了另一种可供选择的成果形式,就是绘制《未来校园导览手册》。但项目化学习这种方法是以激发学生的兴趣和好奇心出发,引导学生回答一个复杂的问题,由此,要让学生在一个真实的、贴近生活经历的体验中进行持续的探究和学习。在此过程中,学生可以习得新知识与新技能并加以应用。比照传统教学《海底两万里》整本书阅读,也许很多教师都会让学生梳理书本内容,绘制思维导图等,但这也仅仅停留在《海底两万里》的故事本身,活动的作品看似差不多,但学生的成长是不一样的。

2. 语文课程的教学目的是让学生了解语言、学会阅读,同时促进其学会思考和表达。传统语文课堂中基本以阅读和提问的方式去实现教学目标,有时候难以调动学生学习兴趣。项目化学习过程中,我们以倒推的方式去设计学习活动,用如何完成这个产品来驱动学生的学习,用真实的生活情境或职业体验来带动知识技能的学习和运用。所以,其实一开始如果把驱动性问题定为"基于20年后校庆背景,如何创作出引人入胜的《未来校园导览手册》"也是个不错的设想。有了前期成果《海底世界导览图》绘制经验,加上同学们对"未来校园"的想象力,绘制《未来校园导览手册》就比较容易实现。但在撰写"未来校园"各景点的介绍词时,又存在一个难点,即文学性和科学性如何整合?归根结底,都落到了语文学科的语言表现力和核心素养问题。所以项目的实施过程虽然遇到了一些困难,但学生语言运用能力和创作能力得到了提升。

3. 项目化学习的整个过程是开放的、动态的。学生在一段时间内,通过研究解决一个真实的、有挑战性的、相对复杂的,同时又有吸引力的问题,从而掌握多个方面的知识和能力,并在完成项目的过程中实践这种知识和能力,获得新的认知和能力。一个项目中,好的驱动性问题还可以拆分为几个小驱动性问题,引导学生逐步探索。问题是本体,任务设计是手段,本项目以任务驱动问题解决,以情境和活动优化任务设计,最终都是为了让学生去真正阅读名著并有效思考、学以致用,获得阅读成长,促进学生的深度阅读和学习,培养学生语文学科的核心素养,加强学生在语文学习中获得的语言知识与语言能力,提升思维方法与思维品质,为终身学习奠定坚实的基础。

专家点评

这是一个较为优质的选题,体现出了恰到好处的有趣性和挑战性。幻想和预言,对初中学生来说充满魅力。这是一个很有张力的选题,可以让学生驰骋时空之外,又着眼生活现实;对标世界名著,落地身边校园,给科学幻想和人文思考以足够的场景,同时也兼顾到问题解决的可行性和多样性。

设计者和实践者对项目化学习理念的理解不断爬升,是促成这个项目不断向深处漫溯的主因。一方面是对项目化学习的理解日益深透,一方面是对学科教学的把握逐渐娴熟,两者的结合体现在对"知识能力建构"这一项目化学习中最有难度、最为关键的部分有了流畅的设计和推进。这在项目反思中也有充分"暴露"。

如果项目还可以生长,后期可注意以下两个方面:

1. 子问题的分解和衔接需考虑层次性和覆盖面。子问题目前只有两个,还不够平衡和饱满。在下次的迭代中,可以沿着目前的问题逻辑,加入诸如这样的子问题:作为20年后的校庆活动的策划人,你有哪些设想?这样,在制作《海底两万里》海底世界导览图(子问题1)和科幻故事创作(子问题2)之间,就有了过渡、衔接和迁移。目前的文本中,教师在指导学生形成"未来校园"科学元素的环节中提供了分析框架,建议可单独作为一个问题来探索,因为这部分涉及学科核心知识和能力的落实,即探讨现实认知和合理想象之间的关系。

2. 评价指标应结合素养培育。《未来校园绘本故事》的成果要点和评价量规,在"评价指标"一栏中还可以加入"合理想象",对应于"科学逻辑"。因为这是一个初中语文学科项目,在知识与能力的目标中,需要学生掌握科幻小说的特点。指标设计要基于学科素养,以终为始促进素养落地。

——上海市教育科学研究院普通教育研究所　上海学习素养课程研究所　吴宇玉

校园模型的设计和搭建

吴龙梅

一、项目概述

学校建校将近十周年,准备开展十周年庆系列活动,本项目准备搭建校园模型向建校十周年庆献上贺礼。本项目基于 STEAM 理念,融合科学、劳技、工程、艺术、数学以及编程等学科知识,八年级的学生扮演工程师等角色测量、设计并搭建校园模型,为学校十周年庆活动奉献富有创造性的成果。

项目划分为三个子项目,包括建立测高模型,继而测量所有建筑物高度;选取合适比例尺,设计平面图纸;搭建校园实物模型和 3D 动画模型。

学生以小组合作的方式进一步深入认识全等、比例和相似在测量建筑物的高度和搭建建筑模型中的应用,按照一定比例尺画图,并能用简洁的语言阐述自己小组的测高模型以及模型展示交流,使学生在活动中提高学习数学的兴趣,提升数学核心素养,并能够深刻体会数学在社会生活中的广泛应用。

二、挑战性问题

(一) 本质问题

如何搭建模型与现实的桥梁?

(二) 驱动性问题

在学校十周年庆活动中,会有很多宾客来参观校园,但校园面积很大,宾客们不太可能参观到所有建筑物和景点,在这种情况下,我们是否有办法让宾客们一览全局?

三、学习目标

(一) 项目总目标

在认识和了解搭建模型需要的必要程序后,采用自主学习、实践探究、交流合作等学习方式,体会"提出问题——设计方案——实地测量——改进优化——推广方案——形成模型"的学习流程,达到解决实际问题的目的,同时体会数学的严谨性与数学的美。

(二) 知识与能力目标

1. 子问题1:建立测高模型

数学:了解全等三角形和相似三角形以及比例的性质,会利用它们的性质来计算实际建筑物的高度;提高计算准确度。

科学:在查找、分享、对比、分析、选择、交流中了解测量高度的多种模型以及不同模型的优缺点。

劳技与工程:各种测量工具的熟练使用。

艺术:学会绘制出清晰、直观和美观的模型图,学会从审美的角度使其增加美感。

2. 子问题2:设计平面图纸

数学:学会利用测量所得的数据,选出合适的比例尺,画出平面图形。

劳技与工程:体会设计方案——动手操作——改进优化——形成作品的工程技术流程。

艺术:学会绘制出清晰、直观和美观的模型图,学会从审美的角度使其增加美感。

3. 子问题3:搭建校园模型

数学:学会从平面图纸上选取合适的比例,根据实地大小搭建模型。

科学：学会搭建模型的各种技巧。

劳技与工程：体会设计方案——动手操作——改进优化——形成作品的工程技术流程，学会根据平面图纸完成模型的搭建。

（三）高阶认知

问题解决：学会从现实活动中发现问题，分析问题、解决问题。在模型建立的过程中，共同讨论解决方案，进行实地测试，通过测试进一步改进方案，并在多种方案中选择合适的方案。

（四）学习素养

探究性实践：在实施测量过程中能够提出问题，利用相关数学知识建立模型。

创造性实践：在建立测量建筑物高度的模型时，提出新颖的测量方法。

社会性实践：在项目过程中能够互相合作和交流，从他人的意见或建议中获得新的想法。

四、项目评价

本项目基于为十周年校庆活动献礼搭建校园模型的真实问题，通过让学生设计、实践、测量、探究、选择、制作模型等活动完成项目化学习，经历时间较长，过程比较复杂，相关活动很多，也相应地设置了每个活动和阶段性成果对应的评价量规。

1. 小组分工记录评价表

我们的小组名称是：＿＿＿＿＿＿＿＿＿＿＿＿＿＿＿＿＿＿＿＿

我们的小组格言是：＿＿＿＿＿＿＿＿＿＿＿＿＿＿＿＿＿＿＿＿

表1 小组分工记录表

分工	小组长1人	测量人员1—2人	分析师1人	工程师1人	发言人1人
成员姓名					
自我评价(5分)					
伙伴评价(5分)					
教师评价(5分)					
小组协作完成任务综合分(20分)					
小组特色加分(10分)					
小组总分					

1. 加分说明：组名有创意，小组格言公认精彩，最多可加10分。
2. 综合评分：经同学和老师观察，大多数组员之间互相协作，互相学习，在原本不擅长的领域有进步，视情况讨论赋分。

2. 小组任务评价量规

表2 小组任务评价量规

	4分	3分	2分	1分
任务理解	显示了对内容、过程和任务要求的深入理解	显示了对内容和任务的切实理解，但可能忽视或误解了一些支持性观点或细节	显示了对内容和任务的理解，但还有一定偏差	显示了对内容还基本没有理解
任务完成	完全实现了任务的目标，包括深思熟虑的、富有见地的解释和推测	完成了任务	完成了大部分任务	试图完成任务，但几乎或根本没有成功
沟通结果	有效地沟通了我们的想法和发现，提出了有趣又引人思考的问题，超额完成了任务	有效地沟通了我们的发现	沟通了我们的想法和发现	没能完成调查任务，并且/或者无法良好地沟通我们的想法

(续表)

	4分	3分	2分	1分
合作过程	有效地使用了全部时间。每个人都参与了合作过程和作品制作并做出了贡献	大部分时间都合作得很好。通常能够互相听取和接受他人的想法	有时能够进行合作。合作中不是每个人都付出了同样的努力	没能在一起进行合作，或者我们无法有效地相互配合。不是每个人都参与了小组活动
问题解决	问题没有阻止我们。积极主动、同心协力地解决问题	一起努力克服了我们所遇到的问题	本来可以更有效地进行小组活动	有些成员比其他的成员做得多一些。或者小组中没有人能好好工作

3. 展示活动评价量规

表3 展示活动评价量规

评价指标	五星(5分)	三星(3分)	一星(1分)	自评	互评	师评
A. 小组合作	小组展示分工合理，人尽其责	以个别成员呈现为主	小组分工不明晰；仅有个别成员参与任务			
B. 学科内容	能结合主题并融入数学知识进行生动描述	能根据主题对关键学科词语进行解释	主题表达不完整；学科知识体现不够			
C. 展示方式	用图文并茂或者多样的方式呈现；新颖、有趣、有吸引力	最终展示形式呈现比较完整	最终展示准备草率，方式单一			
D. 展示细节	语言表达能力强；熟练、自信；注重仪表	语言表达能力较强；不太熟练、较自信	语言表达欠佳；不够熟练、自信；声音比较轻			
E. 掌控程度	能与在场其他小组成员互动；时间控制在3—4分钟	无现场互动或没有把控好展示时间	无现场互动；展示时间过长或过短			
简述：请用描述性的语句列出"亮点"和"改进"各两点			小计			

(续表)

亮点： 1. _____ ； 2. _____ 。 改进： 1. _____ ； 2. _____ 。	得分总计

说明：每项指标按"五星"层级分别评分；总分按照自评得分＊0.3＋互评得分＊0.3＋师评得分＊0.4的权重计算。

4.《测高模型》评价量规

表4 《测高模型》评价量规

| 评价指标 | 五星级
（5分） | 四星级
（4分） | 三星级
（3分） | 生评 | | 师评 |
				自评	互评	
数学知识应用	数学知识应用合理、贴切、正确	数学知识应用正确、合理	数学知识应用正确			
可操作性	所用工具常规、好找，测量方法可操作性强	所用工具不太好找，但可操作性强	所用工具常规、好找，测量方法可操作性一般			
精确度	没有误差	误差很小(3%—5%)	误差较大(>5%)			

5.《校园模型》评价量规

表5 《校园模型》评价量规

| 评价指标 | 五星级
（5分） | 四星级
（4分） | 三星级
（3分） | 生评 | | 师评 |
				自评	互评	
数学知识的应用	数学知识应用合理、贴切、正确	数学知识应用正确、合理	数学知识应用正确			
模型外形	外形美观、协调	外形协调	外形较协调但有些瑕疵			
与实物比例	非常合适	很合适	基本合适			

五、项目实施

(一) 入项

1. 本项目的开展背景

问题：学校准备进行建校十周年校庆活动，届时会有很多宾客来学校参加活动，可能会因为时间的问题，他们无法参观完整的校园风景，你有什么办法向客人们展示美丽的校园？

师生共同商量之后确定，搭建一个校园模型。

以下问卷结果初步呈现了学生对搭建模型的基本认识：

(1) 你测量过较高的建筑物的高度吗？

(2) 你觉得在测量建筑物时，会遇到困难吗？会是什么困难？

① 对于高的物体，由于测量工具有限，测量不准确。

② 无法上到顶楼。

③ 不知道用什么方法。

④ 没有合适的测量工具。

……

(3) 你见过的实体模型有哪些？

(4) 你搭建过实体模型吗？

(5) 搭建模型过程中遇到过困难吗？主要是什么困难？

① 比例不对，导致模型变形。

② 材料问题、比例问题、手工问题。

③ 结构的稳定性。

④ 图纸看不明白。

……

学生在讨论的过程中，也提出了一些问题，比如：

(1) 搭建校园模型需要做一些什么准备工作？准备什么材料？

(2) 如果高度不能直接测量，那应该怎么办？

（3）校园模型放在什么地方展览？做成多大比较合适？

（4）为了宣布我们的项目正式开始，我们做个海报宣传一下是不是更好？

……

2. 展示项目宣传海报，明确项目任务

（1）请同学讲解宣传海报中的设计元素，进行讨论、修改，最后定稿。

（2）明确学生的角色：测量工程师、平面图纸设计师、建筑师。

（3）项目成果：华二紫竹教育园区校园模型。

（4）功能与用途：供来学校参观的宾客了解学校的全貌，让历届校友看到校园的变化。

（二）子项目一：建立测高模型

1. 寻找起点

同学们经过讨论之后，觉得测量建筑物的长度和宽度都是比较容易的，最困难的就是测量建筑物的高度。所以我们就从测量建筑物的高度入手开始学习测量。经过商量，大家一致认为可以先从测量操场的旗杆入手，原因是：①旗杆周围的场地比较开阔，②旗杆的形状比较单一。

2. 寻求合作　精确分工

在测量的过程中，都需要做哪些事情？需要哪些人员？同学们经过讨论之后，基本确定测量过程需要组长、测量人员、记录人员、图形设计人员、分析师。学生自由分组并根据自己的特长进行小组分工，发放小组分工表格明确分工与任务，使得每个组员都有自己的任务。

【设计意图】整个测量过程需要多人合作完成，因此需要以小组的方式进行，自愿分组，精确分工，可以培养他们的沟通、协作等社交能力，并能保证整个测量过程顺利进行。

3. 头脑风暴　确定雏形

小组成员采用"头脑风暴"的形式集思广益，对在测量中需要注意什么，怎样保证测量数据尽量准确，如何减少测量的误差等问题进行充分讨论，对要测量的旗杆给出不同的测量方案。

在各自组长的带领下,组员们勇于交流,大胆提问,碰撞出思维的火花。经过激烈的讨论,每个小组都诞生了属于自己的独特方案,请他们填写下表中"模型图示"和"需要测量数据"这两栏。确定好方法之后,从教师提供的工具中,选择适合自己方案的工具,有些学生还根据需要自制了一些测量工具。如A组学生方案包括了原理、模型图示、需要测量数据、计算公式、优点与缺点。

表6 测量旗杆高度的方案及简要分析

A组方案	
原理	
模型图示	
需要测量数据	
计算公式	
优点	
缺点	

【设计意图】为了提高实地测量的效率,特意在课堂上安排预先设计方案这一环节。在这一环节中,学生们需要表达自己的想法,理解对方的设计意图和方案,说服别人认同自己,从中也让他们体验一下想象和实际操作之间的区别。小组方案的生成,不仅是个人的想法的体现,更是大家团结一致,充分发挥团队协作精神的结果。在此期间,教师可以回答同学们提出的疑问,但对他们的方案不作过多的评价,以免限制他们的思维。

默言组学生表现描述:这一组测高模型设计非常简单,就是利用等腰直角三角形,测量出地面上的一边来得出旗杆的高度。组长得意洋洋地说,他们的方案肯定是最简单有效的方案。

4. 实地验证 方案优化

图纸或模型设计好之后,学生带着设计好的模型和工具去实地测量。教师请学生们在测量的同时,思考他们的模型背后的原理。在测量过程中,学生们不时会提出问题,再次讨论,甚至出现争论,也会在遇到困难进行不下去时寻求教师的帮助,之后对原始模型进行修改。

【设计意图】如果只是在教室设计好图纸,不进行实施,无疑是纸上谈兵,看不到设计方案的优缺点,所以一定要让学生去实地考察、测量,去发现自己方案的不足之处,并进行修改。这个过程能充分体现小组成员的合作能力以及协调能力,小组内部要有能起决定作用的组长把控整个测量的进度。同时,实地测量也会让学生体会到数学是可以和实际生活紧密联系的,从而提高学生学习数学的兴趣。

默言组学生表现描述:A组的同学带着自己的方案到达操场之后,发现旗杆下面还有一个升旗台,无法直接利用旗杆构造等腰直角三角形,他们小组成员赶紧商量调整方案,有的同学提出就从升旗台底部开始构造等腰直角三角形,测量出来的数据减掉升旗台高度就可以了。结果他们发现,升旗台是绕着旗杆的一个正方形大平台,无法测量到升旗台的最底部。小组继续讨论,甚至其他小组的人员也有参与进来提建议的,最后他们得出的方案是,摆一个跟升旗台一样高的桌子,在桌面的高度寻找45度角。

5. 展示模型　分析利弊

经过实地测量之后,小组再次进行分析、讨论,修改原始方案,小组成员经过一致确定,完成最后方案。展示环节以小组为单位,推选出讲解员上台展示,讲解模型并分析模型的优缺点,以及改进的方案。

讲解需涉及的内容:

(1) 原始方案的原理和展示模型图示。

(2) 需要测量的数据以及测量之后的计算公式。

(3) 测量中遇到了哪些困难,能否解决?

(4) 经过实地测量之后,对方案进行了怎样的改进?

【设计意图】展示环节要求讲解员的讲解条理清晰、语言表达准确到位,从原始模型到测量时遇到的困难,再到方案的修改以及最后方案的确定。在向其他小组讲解的同时,也是对自己小组方案的一个梳理过程。这样的成果展示,会给学生带来成功的体验,更能提升他们对数学学习的积极性。

默言组学生表现描述:当这个小组讲解过后,其他小组的成员提出了问题:如果测量的地方不够宽,找不到那个 45 度角,怎么办呢?(教师点评:好问题,请设计方给出解答。)

这个小组中有一个数学比较好的同学,马上想到了定理:在直角三角形中,30 度角所对的直角边等于斜边的一半,所以可以算出长直角边是短直角边的根号 3 倍,我们可以去找 60 度角。(教师点评:非常棒,我们把测量角度变大,两直角边之间仍然是存在数量关系的。)

其他小组成员继续提问:那如果说在非常狭小的空间,60 度角也不行呢?(教师点头附和:是呀,怎么办呢?)

这下把这个小组的成员难住了,方案面临着被否定,他们很着急,好像也想不到办法。

教师友情提示:九年级第一学期数学中有一章《锐角三角比》的内容,你们去查阅一下,看看能不能找到你们想要的答案。

一天后他们给出了解答,通过自学九年级的《锐角三角比》,他们发现,在直角三角形中,一旦角度定下来,两条直角边都有固定的数量关系。这样小组的测量模型就非常完美了,不再受实际地况的限制。

6. 及时总结　问题延伸

在肯定学生们的测高模型的同时,再次提出问题:如果我们想测量科技楼楼顶上圆球的高度怎么办?你们的模型是否还可以继续使用?如果不行,应该再做怎样的调整?请同学们继续讨论并改进自己小组的测高模型。

【设计意图】通过问题延伸,让学生再次进入数学建模过程,根据实际情况调整方案。同时,也能让学生认识到数学建模过程是循环往复的,通过不断地理解情境、修正模型,能更深入地解决现实问题,在此过程中,也发展了学生的数学建模素养。

7. 交流展示成果

展示六个小组准备的展示画报,小组成员分工合作,各显身手,把自己的专长充分发挥出来。六个小组的讲解员也向大家展示并解释自己小组的成果,他们的讲解详细,台风稳重,在展示的过程中也随时回答同学们提出的各种问题,整个讲解过程得到了听课老师的高度评价。

8. 记录本环节中有趣的故事

A小组组长：老师，我们小组的想法是用无人机将长绳升至旗杆顶端来测量旗杆的高度。（很理想化的一个操作）

我：嗯，可以，你们小组谁负责提供无人机呀？

小组同学互相看看，都摇头。（自我否决了）

过了一会后，他们小组的代表又来找我，很兴奋地说：老师，我们小组商量了一下，决定用氢气球来代替无人机，这个很容易准备的。

我：嗯，不错。你能把你们具体的操作方式说说吗？

小组长：我们想在气球的底部拴一根绳子，让氢气球飘起来，把绳子带上去，这样我们只需要测量绳子的长度就可以了。

这时下面七嘴八舌地开始议论，首先提出问题的是另外一组的组长："测量旗杆高度，绳子应该是垂直的，你的绳子怎么能保证是垂直的，而不是被风吹得弯曲了呢？"

A小组成员马上就有人接话："我们可以在绳子的底部悬挂一个重物，来保证绳子是垂直的。"

其他同学："那你的氢气球还能飘得起来吗？"同学们哄堂大笑！

A小组成员得意地接话："我们可以多用一些氢气球呀！"

其他同学："那你们人是不是都会带着飘起来，哈哈……"

"就是，那还怎么能保证气球正好是在旗杆顶端呀，这样测量的误差也太大了吧？"

A小组的同学被问得沉默了，他们自己也觉得这个测量方法被pass了。我看着他们沮丧的样子，鼓励他们再想想办法，不要放弃。（其实当时我自己也没有想到能解决的方法。）

第二天（是第二天哦，说明他们没有放弃，一直在思考，在想办法解决这个问题），A小组成员来找我，兴奋地说他们找到解决办法了，在气球的底部绑上一块磁铁，先把氢气球升高，超过旗杆高度，然后向下拉，磁铁就会吸附到旗杆的顶端，这样就可以准确测量了。

我听了也非常开心，说太棒了，你们测量过了吗？

他们拿出测量的数据给我看,不错,误差在可接受范围之内,一种很棒的测量方法就这样诞生了。

虽然没有用到相关的数学知识,但是这个方法的诞生,却包含了孩子们从原生态的想法,一步步提出问题,一步步解决问题,到最后成功测量出数据,在这个过程中他们分析问题、解决问题的能力在逐步提升。相信他们自己收获也会很大。

PS:我自己的最大感受就是,在项目化过程中,不要轻视学生们的幼稚的想法,甚至是天方夜谭的想法,更不要放弃,让他们自己去探究,没准就会给你一个惊喜!

(三) 子项目二: 绘制校园平面图

1. 分配任务

把所有学校建筑物分成两大板块,分两次任务分发给六个小组。

第一大板块:女生住宿楼、男生住宿楼、国际部大楼、教学 A 楼、教学 B 楼、教学 C 楼。

第二大板块:行政楼、体育馆、音乐厅、实验楼、游泳馆、足球场和篮球场。

把六大板块任务做成六个小纸条,让六位小组长来抓阄,抓到哪一个,就去测量那一个建筑物的高度。

【设计意图】由于每栋建筑物的形状不同,测量难度也会有不同,通过抓阄的方式,可以公平分配任务,不会引起小组之间的矛盾。

2. 测量所有建筑物的高度,并绘制相应建筑物的平面图

每个小组拿到测量任务后,在组长的带领下,都能快速测量出建筑物的长、宽、高,也能绘制出相应的平面图纸。在各组完成任务之后,大家坐下来讨论,发现图纸上出现了以下几个问题:

(1) 大家画平面图纸时,没有按照上北下南的方向去画,导致大家画出的平面图,方向上不一致。

(2) 各小组只画出了自己负责的建筑物的高度,没有标识出周围的建筑物,以及建筑物之间的小路的宽度。

(3) 每个小组负责的建筑物大小不一,选取的比例尺也不相同。

几个小组长带领大家一起,经过一番讨论之后,作出相应的调整:

(1) 测量的所有数据保留一位小数。

(2) 对建筑物周围的小路的宽度也要相应地测量,并作出标识。

(3) 选取合适的比例尺,画出平面图纸。

在所有的小组都完成测量工作,并画出平面图之后,由六位小组长共同完成校园平面图的绘制。

在设计整个平面图纸的过程中,除了要求建筑物精准的长宽高数据之外,还需要建筑物的方位,以及如何选取合适的比例尺来完成整个校园的平面图纸。这方面的知识,对于学生来说是非常欠缺的,指导老师也不擅长。为此同学们经过讨论之后,请到了一位做测绘工作的家长,来开设了一个相关的讲座,给了我们很多的指导。在学习的基础上,马上应用于实践,从而完成了整个平面图纸的设计。

(四) 子项目三: 搭建校园模型

1. 完成预算　申请经费

根据场地的大小,选取合适的比例,挑选适合的材料,进行了市场调研,对比价格之后,预算组的学生又进行了严格的成本核算和控制,最后给出需要的费用。通过网上查找经费申请书的格式,由预算组的学生写出项目经费申请书,提交校务会审批。下面是经费申请书:

校园模型搭建项目经费申请书

校园模型搭建项目简介:学校建校将近十周年,数学组准备组织学生通过搭建校园模型向"建校十周年庆"献上贺礼。本项目以"如何搭建理想与实际的桥梁"为基本问题,八年级的学生扮演工程师等角色测量、设计并搭建校园模型,为学校十周年庆活动奉献富有创造性的成果。

项目学习涉及到的数学知识点有比和比例、全等三角形等内容,学生还可以在项目学习中自学相似三角形和锐角三角比等今后会学到的内容作补充,综合利用以上数学知识去设计测量高度的模型,讨论并评价各个模型的优劣势,领悟不同环境、不同样式建筑物应该有不同的测量方式,在完成测量的基础上,进行校园模型的搭建,可以是实物模型,也可以是3D模型。

学生以小组合作的方式进一步深入地认识全等、比例和相似在测量建筑物的高度和搭建建筑模型中的应用,按照一定比例尺进行画图,并能用简洁的语言阐述自己小组的测高模型以及模型展示交流,使学生在活动中,提高学习数学的兴趣,提升数学核心素养,并能够深刻体会数学在社会生活中的广泛应用。

该项目计划用时两个月,拟搭建华东师范大学第二附属中学附属初级中学校园模型,向建校十周年庆献上贺礼。

现申请 3 570 元经费,用于项目建设,经费预算明细请见附件。

核算人:江子扬等六位组长

申请人、项目负责人:吴龙梅

2021.3

附件:校园模型搭建项目经费预算表

栏目	项目	预算金额(元)	测算及说明
1	基本支出	3 570.75	
2	一、材料经费	3 570.75	
3	(一)主要搭建材料	3 070.75	
4	3D打印耗材	3 045.75	3.1元每立方厘米(约),按照建筑0.4 cm的厚度进行计算,982.53立方厘米*3.1元每立方厘米(价格来源某3D打印代理商,单价加入耗材费用和人工费用)
5	万通板	25	5平方米*5元/平方米
6	硬板卡纸	200	50*4
7	颜料	200	黄、绿、蓝、红
8	小零件	100	树,草皮
9	合计	3 570.75	

预算说明:此预算中包含了两个模型方案,一个是用3D打印机打出校园模型,另一个是用硬板卡纸做出简易模型。

【设计意图】这个过程旨在让学生体验一个完整的项目所需要的流程。经费不多,但是需要学生调研很多东西,比如需要多少材料,材料的性价比,尤其是在3D的打印成本很高的情况下,他们在成品薄厚程度、质量和价格上权衡再三,经过大量的计算,给出了合适的价格。

2. 搭建模型

由于我们的提议,校方经过考量,也意识到搭建一个校园模型的必要性,所以请来了专业的团队,允许我们参与整个的搭建过程。在这个过程中,同学们问了很多问题,也提了很多自己的想法,同时也学到了很多课本上没有的知识。

(五) 出项

将制作好的模型放在学校十周年庆的展览馆里,我们测高模型的展示交流过程和平面图纸的设计成品,都会发布在微信公众号及项目平台上。课堂内展示项目完成的过程,评选最佳小组。

六、项目成效

(一) 培养学生勇于实践,敢于探索的精神

在项目化学习过程中,我们看到了学生的努力和坚持,看到了他们在困难面前不低头,不服输,团结一致,勇于实践的精神;看到了当小组产生意见分歧时,他们各凭本事阐述观点、说服对方的样子;也看到了小组长协调的能力。我希望也相信,学生们会将这种勇于探索、不服输的精神带到将来的学习生活中去。下面是我节选的一些学生的感悟:

张云起:经过这次项目化学习,我发现项目化学习考验的不仅是校内学习的东西,更是同学们的组织能力、表达能力和其他各方面的东西。这次活动,我求知的欲望被激发,使我更加热爱学习新的知识。我也明白了实践出真知的道理。

邓林:作为扶摇小组的发言人,面对这么多老师和同学,我起初心里有点紧张,但是想到我们已经对这个项目做了很多探究,已经有了比较成熟的测量方案,我就不怕了。通过这次项目化学习,我学会怎样把课本上学到的理论知识应用到具体的实践中,去解决现实中存在的实际问题。解决问题的方法有很多,怎样从

这些可行的方案中寻求最优最可行的方案是我们的探究目标。我们小组成员注重团队合作,齐心协力,顺利完成了老师交给的任务,我为此感到非常高兴。

李轶风:测量离不开实践,提前设计好的方案,在实践过程中,出现了我们事先没有想到的困难。我们想用影子测量,虽然当天阳光明媚,但是影子都被挡住了,方法失效。对方法的改进才是最有意思的过程。

陈乐洋:这次项目化学习让我明白,老师们所重视的并不完全是我们的结果,更多地在于我们的过程,以及我们思维碰撞的火花。这也让我明白,只有将大家的思维整合起来,才能有创新,有突破,有成果。

(二) 提升学习素养　促成高级思维

在整个项目化学习过程中,有不少知识是学生们当前没有学过的,比如相似三角形、锐角三角比、设计并画出平面图纸。但他们都会通过自己的探索,得出相关的知识,并在老师的指导下,自己去查找、去学习、去研究、最后去证实,这些学习素养在项目化学习中得到了很大的提升。比如有一个小组设计的方案是,利用45度角,把旗杆的高度转移到地面上可以测量的长度。当他们遇到场地不够开阔,找不到45度角的时候,是否定方案,还是继续探究?他们没有放弃,马上想到利用60度角,这里用到的定理是:在直角三角形中,30度所对的直角边是斜边的一半,然后再利用勾股定理计算出旗杆的高度。这时也有同学提出,如果60度角也找不到时该怎么办呢?大家开始积极讨论,最后发现:当一个角度一定时,这个角度的对边和邻边之比是一个定值,这个定值怎么去找到呢?又是一个问题。我建议他们去翻翻九年级的数学课本,最后这个小组的同学自学了锐角三角比这一章,并且得到了求任意角度的正切值的办法。这样他们小组的测量方案得到了完善。通过这次项目化学习,学生知道自己可以根据实际的需要,提前去学习、去了解高层次的知识。

(三) 提升教师项目开发的能力

这个项目虽然是以数学学科为主,但是整个过程中也融合科学、技术、工程、艺术等学科的知识,同时也运用了多媒体技术、工程设计技术等手段,也有了考虑整个校园模型搭建的全局意识、成本意识等。项目一开始是由教师提出的设计流程,到后面基本是由学生来主导进度。实施过程中,学生一边提出问题,一边解决问题,同时修改项目的流程设计,在层层递进的实践中,不断提高自身的学习水平,培养探究与优化思维,全面提升综合素养。因此,项目的设计与跟进对教师提出了更高的要求与挑战,教师不仅需要较强的课程设计能力、多学科融合能力、信息技术运用能力,更需要的是在项目实施过程中随时关注学生的问题生成,根据学生的情况来随时调整项目的设计方案和进度的能力,这对教师的专业成长具有很大的推动作用。

七、项目反思

1. 前情调查,了解基础

在本项目开展之前,我采用了问卷调查的形式,了解学生们测量方面现有的基础知识,通过调查发现,学生们基本上没有实际测量过任何物体,也就是说在这方面的生活体验他们几乎是空白。根据这个情况,我没有让他们直接去测量复杂的楼房的高度,而是从在开阔的操场上测量旗杆的高度入手,先学会测量的方法。所以项目开始前的前情调查是很有必要的,这样有利于项目开展,更切合学生实际。

2. 少否定,多探究,促成长

项目化学习的目的之一就是让学生在实践的过程中,学会发现问题,研究问题,并能解决问题。所以在实践的过程中,会有学生提出天马行空的想法,教师不要因为这个想法不切实际,甚至看起来就是一个笑话而去否定,我们应该鼓励他们去实践、去做,让他们在实践中,在动手做的过程中体会自己的想法哪些可行、哪些需要修改甚至否定。这个过程就是学生能力提升的过程,也是他们体现学科素养的过程。

专家点评

本项目以向"建校十周年庆"献礼为契机,让学生经历校园模型的设计与搭建,帮助学生建立数学思想方法与现实生活之间的联系,同时给予学生呈现自己杰作的满足感与自豪感。在整个项目的实施过程中,学生对作为重要数学核心素养之一的"模型思想"也有了深刻的理解。

项目的一大亮点就是在探索的过程中,教师给予学生充分的时间和空间,鼓励学生尝试自主解决问题,形成多样的思路,营造勇于探索的文化氛围。而这一特征在"建立测高模型"的子项目中体现得尤为充分。在"建立测高模型"的过程中,每一小组通过组内交流碰撞诞生出自己独特的方案后,进行实地验证,在验证过程中,思考模型背后的原理,不断提出新的问题,并进行讨论从而修改模型。最后,通过组间交流、同伴评论、学生比较与思考其他小组方案,进一步完善自己的模型。当学生提出天马行空的想法时,教师不急于否定,而是鼓励学生去尝试,在尝试中验证自己的想法,收获惊喜。当学生遇到困难时,教师先给学生提供学习资源,让学生自主学习,学生通过自主学习解决了面临的问题。在这样的过程中,学生的积极性与自信心得到了极大的激发。

稍显遗憾的是,由于时间等现实原因的限制,最后的校园模型实物的搭建是邀请了专业的团队进行的,而学生是作为参与者加入其中。那么,怎样体现学生在项目这部分的成长与收获呢?在这样的情况下,教师应更多地关注学生在参与过程中提出了什么样的问题,表达了什么样的想法,学生的问题和想法是如何促进模型实物的搭建和完善,学生是如何和专业团队进行对话与交流的,通过交流学生是否对问题形成了新的理解,等等。

——上海学习素养课程研究所　瞿　璐

校庆十周年，LOGO 由你来设计

高思婷　杨　冰

一、项目概述

2022年，华东师范大学第二附属中学附属初级中学迎来建校十周年华诞。为弘扬"追求卓越、崇尚创新"的校园文化精神，本项目基于数学与设计的角度，以"发现美、感受美、创造美"为目标，在六、七年级进行教学实践，尝试把数学元素、视觉传达、设计工具以及综合实践相结合，渗透校园文化精神，进行"校庆十周年主题标志"设计。

七年级第一学期《美术》[①]第五章"策划校园文化活动"是学习视觉传达设计和运用视觉传达设计参与学校文化活动的综合实践课程，以艺术课程的知识与技能为基础，以审美体验和创作设计为基本途径，通过一系列实践活动，关注视觉传达设计与综合应用、校园文化的联系，帮助学生形成正确的审美观念与健康的审美情感，掌握设计的基础知识，形成设计的基本技能，通过创造性制作解决艺术设计中的小问题。通过使用绘图工具，将标志设计数字化规范化，渗透"发现美、感受美、创造美"的同时，给予艺术一定的理性思考。

九年级第一学期《数学》[②]第 24 章"相似三角形"中，涉及图形以及图形的运动，构造出具有美感的图形；涉及线段比例，通过黄金分割，构造迭代图形等。通过全面而系统地了解、掌握数学元素（数字、符号、图形等）在设计中的各种应用，

[①] 少年儿童出版社，2008 年。
[②] 上海教育出版社，2008 年。

并建立起运用理性思维和科学思想进行设计的观念。用逐步推进的问题激发学生的兴趣，引领学生进行探究式的学习；在各种富有创意的活动中，促进学生主动查找文献、书籍等；找出数学与艺术的结合点，用数学创造美感，渗透数学的学科德育。

二、挑战性问题

（一）本质问题

如何用规范化的标志设计体现校园文化？

（二）驱动性问题

校庆十周年之际，校庆筹备组面向全校学生征集"校庆十周年主题标志"。

（要求：标志要能够凸显华二附初的校园文化，有创意，有美感，有内涵。）作为一名华二附初学子，你准备如何设计一个"校庆十周年主题标志"呢？

三、项目化学习目标

（一）知识与能力目标

1. 数学：

（1）了解数字、符号、图形等数学元素在标志设计中的应用。

（2）知道黄金分割、迭代等数学图形组合在标志设计中的应用。

（3）经历图形的组合过程，感受标志设计的图形比例和计算方法，感受美感的理性思维。

2. 美术：

（1）了解标志设计的概念和意义。

（2）掌握标志设计的基本设计要素、思维模式和创意方法，学习矢量制图软件的基本操作，知道标志设计的规范化方法。

（3）形成严谨的科学态度，能够深入观察和思考生活中的美和设计。

（二）高阶认知

1. 思维创新，审美提升。
2. 跨学科知识与能力融合。
3. 构建对世界的认知，会用艺术的眼光、思维和语言审视生活。

（三）学习素养

1. 探究性实践：收集关于文化、艺术、自然、生活等方面含有的数学元素，从设计的角度分析，美在哪里（感受美）；在查阅的众多资料中，选取最感兴趣的方面开展研究，整理笔记，制作 PPT，进行汇报，展示研究成果。从数字、符号、图形等数学元素探索设计的形式之美、功能之美、技术之美。

2. 社会性实践：聆听演讲者的发言和同伴的想法；说出自己的认识；承担任务，尊重他人的意见；协作，如果有问题能化解冲突，集体做决定。

3. 调控性实践：做计划、组织安排，有效地计划并实施各种活动，对创新性设计产品进行调试。

4. 审美性实践：在生活中发现美，在分析与互评中感受美，在设计中创造美。

5. 技术性实践：运用设计软件，结合数学元素进行设计。

四、项目实施过程

（一）项目准备：了解项目，团队建设

1. 根据校庆十周年的时间节点，分阶段进行任务驱动，使学生有序进行主动思考、资料查找、分组分工、方案确定等，教师分析整合教学内容以及学生阶段性成果，制定教学计划。

2. 确定项目参与者为六年级学生，在项目的开展过程中升至七年级。

3. 组建项目团队：每个小组 4—5 人，根据每位同学所长分工，组长负责安排任务和统筹。

(二) 入项活动：理解项目，分析要素

活动：展示华东师范大学建校七十周年的一系列设计并思考其创意手法和风格特征。

提出驱动性问题：在建校十周年的背景下，同学们作为一名设计师，怎么来设计这次的"校庆主题标志"呢？

项目方案设计：首先学生需要通过资料查找、头脑风暴，明确设计校庆标志可以采用哪些元素和素材进行设计，要尽可能多地去联想，提供足够的创意基础，学生才能够发散思维，进行无限遐想。结合这些元素与创意设计的方法，学生需要设计出方案并不断调试才能形成最终的成果。根据初步的设想和思考，各小组讨论并研究出几个问题来解决标志的设计思路。

(三) 设计步骤：循序渐进，不断完善

1. 探索校园特色，初识标志设计

* 子问题1：标志设计的基础要素如何寻找？

学习目标：通过网络学习，了解主题标志设计要素、设计方法等。

核心问题：设计"校庆十周年主题标志"，需要考虑哪些因素？

学习活动：通过网络学习，了解主题标志设计要素、设计方法等。运用 KWL 表梳理已经知道了什么、还想知道什么、运用这些知识解决怎样的问题，最终用思维导图等形式对学习成果进行梳理。

学生们在初步设计阶段需要掌握可用元素，需要考虑校园文化和标志设计的关联因素，大部分同学碰到的问题是，关于校园的文化和元素的寻找只能联想到一些简单的图形，比如校徽的图形或者金钥匙之类的，那么参考华东师大七十周年校庆的相关设计可知，其实校园当中的建筑元素，或者校名中的数字元素也可以很好地当作创意切入点来使用，既不会和校徽雷同，又符合校园文化。因此首要任务是对校园特色和校园文化深入挖掘，通过课余时间观察校园，发现校园的特点与文化。各小组通过思维导图，联想到可以从思路源泉、文化元素、数学元素、设计方法、设计理念等方面对标志设计的概念、内容、形式、色彩等进行思维发散，逐步形成融合设计理念与方法，兼具文化元素与数学元素的设计思路。

表1 设计思路评价量规

评价维度＼等级	☆☆☆	☆☆	☆	等级
关于标志设计的思维导图	想法清晰明了,思维导图逻辑性强,排版有创意	有一定的想法,可以用思维导图罗列	有初步想法和设计意图	

* 子问题2：标志设计的文化要素包含哪些？

学习目标：寻找校园中的文化积淀。

核心问题：你知道校园文化包含哪些方面？在华二附初校园内,你发现、探索、寻觅到哪些元素,能够凸显华二附初的精神文化？

学习活动：结合这些内容,请你设计一张小报,图文并茂。使用评价量规,进行组间互评,完善校园中积淀的文化要素。

教师讲解我校校徽的寓意：金钥匙、麦穗、树苗和书等元素结合,象征着学生们将通过金钥匙打开知识的大门从而茁壮成长。在加深对校园文化理解的同时,师生共同分析校徽的图形、结构、配色等,为后续标志的设计引发初步的思考。

在教师的帮助下,学生观察校园并设计了关于校园文化的小报,在这个过程当中,学生能够静下心来慢慢欣赏、观察、理解校园,从校园的一些标志物和建筑物中获得灵感,从精神文化层面关注校训、校风、教风、校歌,从环境文化层面关注校徽设计元素、金钥匙、校训石、龙梯等。在学生收集这些素材和设计小报的时候,就能够令他们产生一定的自主思考,也是为后续的标志设计打下一个良好的基础。

表2 文化要素评价量规

评价维度＼等级	☆☆☆	☆☆	☆	等级
关于校园文化和设计元素的理解	对校园文化的理解非常丰富、全面	对校园文化的理解比较丰富	能够理解校园文化	

2. 分析标志设计,明晰评价指标

* 子问题3：标志设计的创意如何体现？

学习目标：通过对生活中标志的分析，培养学生发现美的能力。

核心问题：有创意的标志具备哪些特质？

学习活动：找5个你喜欢的品牌标志，并说明理由。

在设计中，观察大量的优秀商业作品是学习的一个重要途径，在之前的活动中，学生知道了校庆标志设计的基础元素，如何将元素进行组合设计是目前学生面临的困难和需要解决的问题。学生可以将元素简单堆砌，但是缺少创意融合与图形变化、组合的方式方法。因此通过"我最喜欢的品牌标志"进行寻找、剖析、互动讨论，激发学生对标志设计的初步思考，从优秀作品中学习它的设计方法和创意形式，从而深入思考标志设计的关键要素，以及后续对评价量规的优化。学生们关注到受欢迎的标志主要涉及表现形式（字体、图形、色彩）多样、凸显产品功能、企业文化渗透等。在组内组间交流的基础上，再结合教师对标志设计的形式和技法的讲授，学生较充分地了解了标志的设计方法。

表3　设计方法评价量规

评价维度 \ 等级	☆☆☆	☆☆	☆	等级
关于标志设计的方法	完全了解标志设计的方法，会分析品牌标志	比较了解标志设计的方法，会分析品牌标志	知道标志设计的方法	

* 子问题4：品牌标志设计为什么会发生变迁？

学习目标：通过对品牌标志变迁的分析，学会用发展的眼光看待世界。

核心问题：品牌标志的变迁受哪些因素影响？

学习活动：利用网络资源调研一种品牌的标志发展历史和设计理念，在搜索过程中，将品牌的发展历史总结成相关资料。了解它们的品牌发展历史和标志的演变过程以及每一次变化的核心驱动，知道为什么会变，怎么样变。

一个具有悠久历史的学校实际上也是一个优秀品牌的体现，我们要把学校的标志设计得有特色、不俗气是一件难度不小的事情，纵观现在全球的历史品牌，大部分都是经过了前期到现在十几次的标志变化,这些变化体现着这些企业对于自身文化的传达和升华,也符合了不同时代审美的变化。学生通过调研一些品牌标志的历史发展过程,知道一个标志不是一朝一夕就能出现和流行的,也不是有了成果之后就一成不变,品牌如果想要进步并且获得大众的认可,就要不断地提升自己和提升标志形象来巩固品牌的定位,这样的一个过程也能够帮助学生了解设计领域创新和提升的重要性。除此之外,学生们也发现很多的图形和符号应用到了标志设计中,包括运用电脑软件绘制规范化的图形,在设计中黄金分割比的运用也逐渐增加,人们开始尝试通过计算的方法得到更精确的图形。教师根据学生的发现,适时引导学生思考在设计中数学是如何体现其作用的。

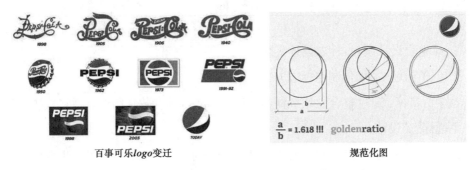

百事可乐logo变迁　　　　　　规范化图

图1　学生成果—"品牌标志变迁"样例

* 子问题5:图形规范化对品牌标志设计起到了怎样的作用?

学习目标:通过分析数学中图形的变形、组合与迭代,学会用数学创造美,感受数学中的美感,培养学生的理性思维。

核心问题:数学中有哪些图形的变形、组合与迭代方式,可以用来对标志进行结构化、规范化?

学习活动:你知道数学中有哪些美的体现?标志设计中会涉及哪些数学元素?图形、数字、黄金分割和艺术有什么样的相关性?请制作PPT进行汇报。

数学在平面设计中也是不可或缺的存在,图形的秩序美感都与之相关,学生们知道几何、图形对称以及黄金分割的一些概念,通过听教师讲解斐波那契数列、黄金分割的美感以及几何空间等知识,通过网络资料查找,制作PPT进行汇报等,挖掘出数学中的艺术元素,为后续图形的设计进行铺垫。同学们了解到,要更好地理解数学与艺术创造的作品,包括在平面设计中,设计师们常常用到黄金分割的比例来制作更标准化的图形。标志中数学元素的体现,除了数学符号、图形等,标准化、数字化过程中也蕴含了数学的比例。学生在了解了这些概念之后,对于生活中的标志设计都能够通过图形的变化来分析设计方法,而不再只是看作一个"图案"。

表4 数学理解评价量规

评价维度 \ 等级	☆☆☆	☆☆	☆	等级
关于设计中的数学理解	掌握黄金分割的概念和应用方法	了解黄金分割的概念和应用方法	知道黄金分割的概念和应用方法	

3. 整合设计素材,标志设计实践

* 子问题6:如何制定标志方案?

学习目标:通过整合设计素材,寻找核心要素,结合数学图形,进行"校庆十周年主题标志"设计。

学习活动:学生经过网络查找资料、PPT汇报小组互评等步骤初步掌握了设计元素和设计方法,在子问题3之前,小组成员已经根据初步设想完成了一个初稿,先尝试设计了第一版草稿,然后用学习到的标志设计的知识来进行修改,通过组内与组间互动,再三权衡,删减了冗余的元素,对标志设计进行简约化,最后根据标志的比例大小、图形运用和规范化改造,完成修改方案第二、三稿。

经过了几次修改之后,标志已经有了很大的变化,接下来教师引导学生利用点格本将图形进一步细化和修整,确定图形的对称性与比例关系,确保所有的线条都具有规整性,也是为之后制作矢量图形提供扎实的基础。

最后,在矢量化的过程中,运用电脑软件制作出相邻两圆半径比值为0.618的同心圆若干,作为规范化工具,最终完成标志设计规范化过程。其中,上半部分的蝴蝶结与金钥匙的形状相似,两个圆形半径的比为0.618∶1,下半部分的盒子的长宽比为1∶1,左半边的数字"1"也运用了规范化工具。

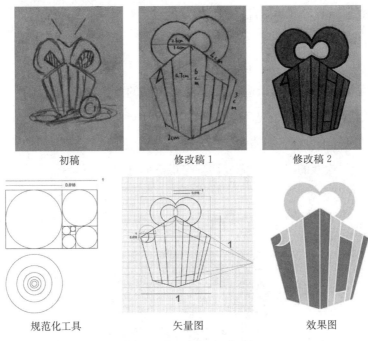

图 2 学生成果二"我的校庆十周年主题标志"设计过程样例

设计理念：标志灵感来源于礼物盒，因此在整体的设计上采用了方形礼物盒的外形，把丝带的位置替换成了数字 10 的元素，蝴蝶结的外形替换成了学校金钥匙的顶部，丝带的颜色选择了明亮的黄色与金钥匙的颜色进行呼应，盒体用红色体现了礼物带给人的开心、喜悦的仪式感，将十周年与学校之间巧妙结合起来，寓意这标志就像一个礼物一样馈赠给我们的学校，也体现了十周年作为一个重要的节点是非常具有纪念意义的。

表 5 "校庆十周年主题标志"设计稿评价量规

评价维度 \ 等级	☆☆☆	☆☆	☆	等级
设计初稿	确定要使用的校园元素，设计图完整，设计理念详细	确定要使用的校园元素，有设计，有设计理念	确定要使用的校园元素，有设计理念	
设计修改稿	完善和细化方案草稿，将图形的比例、大小等进行规范化修改	细化方案草稿，将图形的比例、大小等进行规范化修改	修改方案草稿，将图形的比例、大小等进行调整	

(四)出项活动:成果展示与宣讲

1. 小组成果介绍与展示

每个小组派代表进行作品的介绍,包括创作过程、设计理念和亮点等。各小组讲完之后,其他的组员可以进行评价,发表自己的意见和看法。

2. "校庆十周年主题标志"票选

线下通过标志设计方案路演与观众投票,线上通过公众号宣传的形式来进行投票,选出最受欢迎的作品,并完成调整与规范化过程。

图3　学生成果三"我的校庆十周年主题标志"小组作品样例

设计理念:标志整体以数字10为主要基础元素,通过变形的方式添加了龙和凤的元素,来源于我校的周边马路名称"紫凤路"与"紫龙路",以及园区主干道的雕塑"龙梯"。此外,还加入了"祥云纹""火焰纹"等设计元素,体现出龙凤腾飞、超越自我的寓意。运用渐变的方式体现红色和金色的融合,也是希望未来学校会更加红火和辉煌。

表6　小组合作评价量规

小组评价项目	非常同意 (3分)	同意 (2分)	较同意 (1分)	不同意 (0分)
1. 在本次活动中,我们小组成员协作得很好				
2. 我们小组展示了解决问题的能力				
3. 我们小组成员态度积极				

(续表)

小组评价项目	非常同意 (3分)	同意 (2分)	较同意 (1分)	不同意 (0分)
4. 我们小组完成了设计任务				
5. 我们小组讨论并反思了制作过程				

表7 "校庆十周年主题标志"评价量规和评分指南

评价指标	五星级 (5分)	四星级 (4分)	三星级 (3分)	自评	互评	师评
观察思考	能够完整提取校园的相关元素和文化理念并能够拓展联想	能够适当提取校园的相关元素和文化理念并拓展联想	能够提取校园的相关元素和文化理念			
方案设计	小组每人进行信息收集和初稿设计，讨论并整合可用素材，分工明确，相互配合提出修改意见和方案，完善草稿，确定规范化设计，最终完成作品	小组进行信息收集和初稿设计，讨论并整合可用素材，组内提出修改意见和方案，完善草稿，确定规范化设计，最终完成作品	小组进行信息收集，讨论并整合可用素材，互相能提出修改意见，完善草稿，确定规范化设计，最终完成作品			
项目过程	能够清晰、详尽、流畅地呈现项目完成的过程，作品整体美观，设计有创意，制作严谨，有创作亮点，有完整的设计说明。语言表达逻辑清晰，与成员互动良好，作品理念表达完整	能够清晰、详尽地呈现项目完成的过程，作品美观，设计较有创意，制作严谨，有创作亮点，有较完整的设计说明。语言表达逻辑清晰，与成员互动良好，作品理念表达完整	能够清晰地呈现项目完成的过程，作品美观，设计比较有创意，制作完善，有比较完整的设计说明。语言表达清晰，与成员有互动，作品理念表达完整			
成果展示	将项目完成的过程清晰、详尽、流畅地呈现出来，能够有创意地介绍作品，呈现方式上有亮点；能够详细介绍每个成员的工作情况；能够将如何解决困难的过程呈现出来	将项目完成的过程清晰、详尽地呈现出来，能较有创意地介绍作品，呈现方式上有亮点；能够介绍每个成员的工作情况；能够将如何解决困难的过程呈现出来	将项目完成的过程流畅地呈现出来，能够介绍作品，呈现方式标准；能够介绍组内的工作情况；能够将如何解决困难的过程呈现出来			

五、项目成效

1. 观察生活中的设计之美

学生平时生活中接触到的设计非常多,不仅限于标志设计,但是很少会对这些设计有主动思考和观察的意识,在参与这个项目之前,学生还不知道这些图形背后创作人员付出的努力,但是随着项目的深入,在整个设计过程中,遇到了很多创意灵感枯竭的时候,也遇到了灵感迸发的时刻,学生能够从一开始的构思草稿到对草稿进行非常大的改变和完善,体验到了设计一个标志的过程并不简单,它是一个漫长的思考过程,在这个过程中学生能够经历不同的思维变化,学会了深入思考。

2. 学会有条理地进行设计

设计并不是简单地画几个图形,它有顺序和步骤,项目中的小报和草稿,都是帮助学生梳理思路的一个形式,再通过教师的讲解去正确认识标志设计的方法,去思考自己的作品,这个时候就会发现问题,然后再进行修改。创意在设计中是最难的,但是通过观察分析案例,也能够发现这些创意是有方法的,只是学生平时没有接触和学习。把最后的方案和最初的草稿进行对比,其中的变化对于学生来说是一个非常重要的收获过程,学生学会了有条理有方法地进行设计。

3. 认识到艺术与数学的关联

艺术和数学之间的联系其实非常紧密,学生在此项目之前很少会将两者联系在一起,一些对艺术缺少兴趣的学生很难理解欣赏艺术作品的方式,通过此项目可以让对数学感兴趣的学生改变对艺术的看法,提高学生的兴趣度,通过学科融合也加强了学生对跨学科学习的深入思考。

六、项目反思

我校建校十周年是开展这个项目的契机,我思考能够做些什么具有纪念意义和学习意义的活动,遂想到为十周年设计一个校园标志。关于此类课程的资料来源于《美术》七年级第一学期第五单元的"策划校园文化活动",其中涉及许多视觉传达方面的知识,标志设计是其中较小的一个部分,书本上也没有相关设计方法和延伸拓展,只是要求学生自行设计校园活动的标志,那么我就选择了标志设计作为此项目的主题。但是标志设计除了绘图之外,从草稿到成品以及之后的矢量规范化,其实都和数学有着密不可分的关系,尤其是在制作软件中设计标志,会用到黄金分割的相关知识,最后决定调整为跨学科项目,以艺术与数学关联性作为特点和亮点。

在项目实施的过程中,我总结并作以下反思。

1. 小组分工

学生一开始对此项目的积极性和主动性都比较高,在课堂中选用的案例和素材都是平时比较常见的品牌,分析喜欢的标志能够激发起他们的兴趣和意愿,但是到了小组分工的时候,有些对绘画不太擅长或者创意比较匮乏的学生来说,在小组里的位置就处于边缘化,每个人的分工在这个时候就显得非常重要,显然在此次项目中小组的人员安排没有考虑周到,比如有的小组没有擅长绘画的同学,对于活动的积极性比较低,他们分组的时候通常会和比较熟悉的同学在一起,有的同学就会落单,那么在小组分工的时候,教师应该将每个小组里的人员特长做一个调查,根据每个人擅长的方面来进行适当的调整,保证每个小组里都有角色相同的人存在,这样也可以确保最后的成果不会差异很大。

2. 跨学科知识点的理解

在教授标志设计的概念时,会涉及黄金分割等相关数学知识,其实对于六年级的学生来说,这是一个比较难的知识点,而我们在上课的时候只用了一节课的时间讲解了相关概念,没有规划好重点难点以及精简和细化,缺乏了解学生对概念的理解程度,因此后面在设计标志的时候学生创意会打折扣,效率也会降低,需要教师再去花时间讲授,时间也会被浪费。所以应该在项目前期就给学生提前进行一些概念的讲授,多考虑整个环节的安排是否合理,仔细研究和掌握学生的学情,提高学生的参与积极性和知识的接受度,为整个项目打好基础。

3. 电脑软件的应用

标志设计是属于视觉传达设计中的一个内容,像这种图形设计类的项目是必然要用到软件来辅助的,通常用的是Adobe公司的Illustrator软件,它适合用来处理矢量图形。但是在此项目中由于设备和时间的限制,我们没有提供给每个学生参与软件学习与制作的机会,只是借助了很多视频的操作讲解和教师的帮助来完成最后的成果制作,使学生理解平面设计受到局限,没有很好的激发学生对它的兴趣和探索。作为美术教师,应当合理利用学校安排的拓展课和社团课,把电脑软件的学习作为一个普及的课程,让每一位学生都能够参与学习,开拓新的视野,加强五育并举的实施和落实,激发每一个学生对于艺术的好奇和热爱。

专家点评

"五育并举"政策大背景下,学校美育得到了前所未有的重视。但在美术教育实践中,仍然存在着教学方式单一、重技能轻人文的现象,导致学生只会"依葫芦画瓢",学生感受美、欣赏美和创造美的能力被忽视。美术学习不仅仅是一种单纯的技能训练,更是一种文化学习。美术教育需要"在学生掌握必要基础知识和基本技能的基础上,着力提升文化理解、审美感知、艺术表现、创意实践等核心素养"。

《校庆十周年,LOGO由你来设计》项目的设计初衷即源于此。该项目以学校建校十周年校庆筹备组面向全校学生征集标志设计的真实情境为背景,以设计一个校庆主题标志为大任务,引导学生学习并了解标志设计的概念和意义,掌握标志设计的基本设计要素、思维模式和创意方法,学习矢量制图软件的基本操作,知道标志设计的规范化方法。该项目还整合了数学学科中的黄金分割、图形比例和计算等核心知识,帮助学生开展基于真实情境结合数学元素设计的技术性实践。

从该项目的设计与实施过程来看,有两个方面令人印象深刻:一是以项目化学习为载体的美术学科实践,符合当前美术教育趋势。学生只有在特定的情境中学习美术,感悟美术,理解美术,才能真正体验美术的精髓。在项目探究过程中,学生通过对校园文化的理解并与标志设计关联,以图形设计与色彩搭配创意设计了一系列的校庆主题标志LOGO,体现了学生对学校文化以及艺术作品的理解和欣赏能力;二是非常清晰地体现了学生对艺术创作设计理解的渐进过程。学生在理解了校园文化和如何进行标志设计的基础上,初步设计了相关标志,但这种设计从艺术角度来看还是艺术审美不足。为此，教师引导学生思考标志的比例大小、图形运用和规范化标准，帮助学生权衡必要的元素并进行删减、细化和修整，最终完成作品。在此过程中，学生不仅学会了"观察生活中的设计之美"，更"学会有条理地进行设计"。区别于以往探究性学习过程中由教师"安排"任务，项目化学习更强调学生自主分析并形成问题解决方案。但从指向驱动性问题解决的子问题设计过程来看，总体上学生参与度不够。建议在项目方案设计环节，教师给予学生更多的自主，一方面有利于培养学生复杂问题解决能力，另一方面也给予学生创造性思维生长的时空。

——上海市教育科学研究院普通教育研究所　上海学习素养课程研究所　崔春华

调查校园乔本植物的多样性

徐 娟

一、项目概述

《调查校园乔本植物的多样性》是以《生命科学》[①]八年级下册第四单元"生物的类群"为基础设计和展开的。但不同于基础课程中注重介绍种子植物的一般结构、不同植物类群与人类的关系等,在项目化学习的过程中,学生将学习利用图鉴和软件辨识校园中不同种类的乔本植物,制作校园乔本植物图鉴,学习和掌握调查植物多样性的研究方法。实地调查乔本植物的物种多样性并对校园乔本植物的物种多样性程度进行评价,归纳校园乔本植物分布特点,分析校园乔本植物在校园环境中的价值,并将自己的调查研究结果形成成果进行展示。

五年前,我校学生进行过一次校园乔本植物多样性的调查,通过用本次项目化学习的调查结果与五年前的调查结果相比较,学生可以更深地感悟到五年来校园环境的明显优化;联系学校从办学条件到教学质量的不断进步,对学校"卓然独立,越而胜己"的校训将会产生更深度的认同感,对校园产生更深的热爱之情。学生还可以运用在地理学科、生物学科、语文学科、艺术学科等课程中习得的能力,将自己的调查结果用可视化的方式呈现出来,形成更棒的成果,作为十周年校庆的一份礼物赠予学校。

[①] 上海教育出版社,2019年。

二、挑战性问题

(一) 本质问题
校园中乔本植物的多样性如何?

(二) 驱动性问题
在校庆十周年来临之际,我们可以再次对校园乔本植物的多样性展开调查,与五年前学长们的一次调查数据相比较,用数据的变化证实我们校园环境在变得更美好。我们如何将调查到的数据通过用更棒的方式可视化地呈现出来,让人们从校园生态环境的变化中感悟学校的蓬勃发展?

三、项目化学习目标

(一) 知识与能力目标
1. 了解乔本植物的基本结构特征和植物分类的一般方法。
2. 通过调查校园乔本植物的多样性,学习和掌握调查植物物种多样性的基本方法。
3. 学习利用图鉴和软件辨识校园中不同种类的乔本植物,制作校园乔本植物图鉴。
4. 归纳校园乔本植物的价值,理解保护校园植物多样性的意义。

(二) 高阶认知
调研:运用调查植物物种多样性的科学方法,对校园内的乔本植物展开调查,了解校园乔本植物多样性的现状,运用创新能力和问题解决能力,将调查结果呈现出来,吸引更多的人关注和保护校园环境,认可学校的蓬勃发展。

(三) 学习素养
1. 探究性实践:学习查阅文献,提取信息,自学评价物种多样性的方法并指导实践。

    2. 社会性实践：积极参与小组合作，完成组内分工的任务。

    3. 调控性实践：有计划地完成项目，并不断完善和修改自己的作品。

四、项目实施过程

（一）项目准备

    1. 教师准备

在项目开始前整理出五年前学生完成的校园乔本植物多样性调查报告，以多媒体课件的形式呈现给学生。

请后勤部门提供最新的校园植物名录，筛选出其中的乔本植物部分，制作成表格印发给学生。

联系华东师范大学孟宪承书院，邀请6位植物学和植物野外实习成绩优异的学生担任本次项目化学习的助教，主要在知识构建阶段指导学生学习乔本植物的基本结构特征，并在分组开展调查活动时指导学生使用图鉴准确识别校园中的乔本植物，在撰写校园乔本植物多样性评价报告前指导学生阅读科学文献。

准备好将要为学生提供的专业书籍、科学论文等参考文献。

做好项目化学习的时间规划，设计评价量规，撰写教学设计。

    2. 学校支持

安排充足的课时，保障项目化学习能如期开展。

对教师进行项目化学习实施指导，经常组织教师交流和经验分享活动，及时为教师答疑解惑。

为学生提供iPad等学习工具。

    3. 学生准备

文件夹、笔记本、笔等学习用品。

（二）入项活动

    1. 展示五年前学生完成的校园乔本植物多样性调查报告或成果

学生通过查看2017年华二附初校园乔本植物名录及数量统计表和2017年学生手绘版校园乔本植物分布图,结合2021年入学后看到的实际情况,就会发现校园乔本植物的分布已经发生了很多变化,校园中有的区域从一片草坪变成了百果园,有的道路两边从一行樟树变成了几行东京樱花。

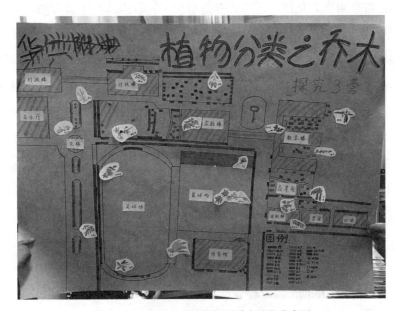

图1 2017年学生手绘版校园乔本植物分布图

五年前学生们原本打算使用样方法进行校园乔本植物多样性研究,可是,在了解了样方法这种调查方法的适用条件后,他们发现样方法并不适用于校园乔本植物的统计,因为校园绿化中乔本植物的分布呈带状和小区域集中分布,分布并不均匀,用样方法进行调查统计误差会比较大。所以他们决定放弃使用样方法,改用全样本统计的方法了。

完成统计后,学生们通过计算校园乔本植物的辛普森指数,并与上海当时新建的八条城市绿道进行比较,发现学校整体的乔本植物物种多样性要好于新建绿道,从而得出了校园植物多样性很丰富的结论。

教师将五年前学生的研究结论呈现出来,并且给同学们展示了学长们在研究基础上绘制的校园乔本植物分布图。学生们产生了浓厚的兴趣,展开了热烈的讨论,既赞赏学长们开展研究的勇气,又对研究的过程充满好奇。"什么是乔本植物?""什么是辛普森指数?""五年前的校园绿化分布和现在不一样!"

教师对学生的疑惑一一解答,再引导学生分析学长们的调查过程有什么可改进之处。学生指出,校园的不同区域植被覆盖程度不同,物种不同,同一物种的数量也不同,将校园作为整体通过辛普森指数衡量物种多样性不够合理。

教师肯定了学生的质疑精神,提出驱动性问题:"在校庆十周年来临之际,我们可以再次对校园乔本植物的多样性展开调查,与五年前学长们的一次调查数据相比较,用数据的变化证实我们校园环境在变得更美好。我们如何将调查到的数据通过用更棒的方式可视化地呈现出来,让人们从校园生态环境的变化中感悟学校的蓬勃发展?"

2. 填写小组合作分工表

结合校园中绿化分布的实际,根据乔本植物的密度不同,师生决定将校园划分为七个大小不等的区域,每个区域中的乔本植物总量大致相近,分别由一个小组负责一个区域的乔本植物统计。

(1) 完成分组和分工。在开始项目化学习之前,教师提醒学生需要先完成分组与分工。学生自由组成人数相等的七个小组,选出每个小组的组长,为小组取一个个性化的名字,根据教师给出的工作建议做好组内分工。

(2) 确定每组要负责调查的校园区域。学生在黑板上画出了校园俯视图,标出之前讨论决定的七个划分区域,每个小组选择其中一块区域。组长带领组员实地勘察该区域,与相邻的小组之间明确调查的边界,避免出现重复调查的情况。整个过程都是学生自主完成,在作出选择的过程中,每个小组内通过讨论达成了一致意见。经过磨合,小组合作意识在逐步增强。在学习过程中,教师始终提醒各小组注意以下合作的要求:

① 小组分工是否合理?项目推进方案是否有条理?

② 准备阶段和实施过程是否有利于体现组员的创造能力和探究能力?

③ 小组讨论是否有序?每个人是否都参与其中了?

同时,每一次小组合作都要有评价,这样有助于学生重视小组讨论的质量,提高学生参与学习的热情。

(三) 子问题 1：你认识校园里的乔本植物吗？

1. 学生现状

学生缺乏植物学知识,缺乏乔本植物的前概念,对植物分类和鉴别都缺乏经验,个别学生知道有辅助识别植物的 App,但是这些软件真的可靠吗？老师为学生提供了《上海城区野生高等植物图谱》等专业的植物图鉴,但是,学生并不会使用这些图鉴。通过初次实践,学生发现要准确识别校园里的乔本植物其实很难。以下为学生列出困难清单：

(1) 植物太多,需要很多时间制作图鉴。

(2) 根据图鉴仍然识别不出植物,翻看图鉴需要很多时间。

(3) 图鉴只有一份不够用。

(4) 需要有识别植物软件的电子设备,或者利用周末时间和家长一起进入校园调查。

2. 教师提供脚手架

(1) 学习工具

① iPad：学生能根据需要随时使用植物识别软件帮助自己开展调查。

② 图鉴：制作更有针对性的校园乔本植物图鉴。

(2) 学习方法

① 助教指导：教会学生如何根据图鉴熟练而准确地辨认植物。

② 小组交流：通过交流实践中的经历和经验,总结改进策略。

3. 学生成果

(1) 每个小组整理出对应所负责区域的乔本植物图鉴。

① 学生最初制作的校园乔本植物图鉴

由于对图鉴的功能还不熟悉,学生制作图鉴的热情并不高,态度也不够严谨。

＊ 榕树　榕树属于桑科常绿大乔木,台湾全岛平地常见,常作为行道树、遮荫树,是台湾的乡土树种。

辨认特征：从树干上长出细长的气根；终年常绿,叶厚,表面光滑；根盘很美,老树姿型开阔,粗壮。

＊桃树　蔷薇科桃属植物，落叶小乔木，原产中国，各省区广泛栽培。世界各地均有栽植。

辨认特征：花单生，先于叶开放，直径2.5—3.5厘米；花梗极短或几无梗；萼筒钟形，被短柔毛，稀几无毛，绿色而具红色斑点；萼片卵形至长圆形，顶端圆钝，外被短柔毛；花瓣长圆状椭圆形至宽倒卵形，粉红色，罕为白色；雄蕊约20—30，花药绯红色；花柱几与雄蕊等长或稍短；子房被短。

在交流中，同学们明白了由于图鉴有对植物特征的详细描述，所以，制作图鉴可以指导我们更准确地辨识植物。

同时，学生也指出这两份图鉴存在以下问题：图鉴中不应该出现校园中没有的植物；应该描述植物的典型特征；应该配上这种植物的图片；要描述本季节可观察到的植物器官的形态特征。

② 学生第二次制作的校园乔本植物图鉴

学生在第一次交流的基础上，着手制作和完善第二版校园乔本植物图鉴，这一次每个组都完成了任务，并且在图鉴中增加了图片，语言也借鉴了植物分类学中的植物特征描述。但在交流中学生又发现了如下新问题：配图应该是校园内实景拍摄的照片，这样更方便同学辨认；应该既有植物整体的图片，又有重要特征的局部放大图片；特点的描述应适合初中生阅读和判断；应该多准备几份图鉴，方便组员同时查阅；要有植物生长位置的描述。

③ 学生最终完成了校园乔本植物图鉴

在前两次交流的基础上，学生又进行了新的修改，形成了最终版本的本区域校园乔本植物图鉴，并根据图鉴完成了所负责区域内的乔本植物识别和统计任务。

(2) 每个小组根据本区域的乔本植物图鉴辨别植物并做好数据统计。

从学生完成的子问题1对应的成果看，学生已清楚地知道乔本植物的定义，校园植被既包括草本植物也包括乔本植物，乔本植物又包括乔木、灌木和半灌木。其中乔木多年生，植株高大，便于观察和计数，所以最容易统计。初中学生也能够相对轻松地开展观察和计数，汇总出每种的数量。然而校园内栽培的乔本植物，有很多园艺品种，在鉴定物种时并不容易，所以学生的统计表中会出现一些错误，在接下来的学习中，教师再给予进一步的指导以更正这些错误。而灌木和半灌木在校园中一般用作绿篱,数量往往很多,鉴于项目化学习时间有限,学生精力有限,不应增加学生学习负担,教师没有要求学生统计这部分乔木植物的数量。草本植物在辨别和计数上都更具难度,所以本次学习也未涉及。

(四) 子问题2:如何评价校园里乔本植物的多样性?

1. 学生现状

通过教师的讲解,学生能够认识到:调查校园乔本植物的多样性可以调查物种分布的广度、物种的丰富度和分布的均匀程度;也可以通过查阅专业书籍,了解常见的评价物种多样性的指数。然而学生缺乏阅读专业文献的能力,对这些科学方法并不理解。所以,对于"如何根据校园的实际选择合适的科学方法?""哪种方法最适用?""如何科学准确地评价校园乔本植物的物种多样性?"等问题,学生感到困难重重。以下为学生列出的困难清单:

(1) 不理解各物种多样性评价指数之间的区别。

(2) 到底应选用哪种物种多样性指数来评价我们所负责区域的植物多样性?最好有经验可以借鉴。

(3) 计算出指数后怎么去评价?不理解指数结果如何衡量物种多样性,有没有准确参考的标准?

(4) 论文看不懂。

2. 教师脚手架

(1) 学习工具

① iPad:学生能根据需要随时查阅网络资源。

② 专业文献:介绍研究物种多样性的科学方法和进行校园植物多样性调查的科学方法的文献和书籍。

(2) 学习方法

① 文献检索:教会学生如何设定合适的关键词,在数据库中查找专业文献。

② 助教指导:教会学生阅读专业文献中的重要段落,学习提取关键信息的一般方法。

3. 学生成果

（1）校园常见乔木数量统计

表1　校园常见乔木数量统计表

物种	区域①中的数量(棵)	区域②中的数量(棵)	区域③中的数量(棵)	区域④中的数量(棵)	区域⑤中的数量(棵)	区域⑥中的数量(棵)	区域⑦中的数量(棵)	总数(棵)
榉树	17	0	0	0	0	0	0	17
枣树	2	0	0	0	0	0	0	2
石榴	15	0	0	0	0	0	0	15
银杏	10	3	0	0	48	0	0	61
梨	9	0	0	0	0	0	0	9
香柚	3	0	0	0	0	0	0	3
杨梅	5	0	0	0	0	0	0	5
樟树	30	29	20	29	45	20	78	251
……								

（2）分区域物种多样性指数计算

表2　分区域物种多样性指数计算

序号	组名	位置	物种个体总数	物种数	辛普森多样性指数	香农-维纳多样性指数
①	掌声有请这一组	金钥匙绿地和百果园	230	28	0.929 6	2.961 5
②	万物皆灵	教学楼区域	159	12	0.568 5	1.412 6
③	群星璀璨	宿舍楼和国际部周围	201	13	0.889 3	2.316 7
④	墨竹	百草园	146	9	0.895 4	2.380 1
⑤	参天大树	行政楼和实验楼周围	279	16	0.883 2	2.263 4
⑥	战狼小组	篮球场和食堂周围	236	14	0.836 7	2.043 6
⑦	翠紫	足球场和樱花大道	190	8	0.761 9	1.793 2

通过对各组的调查数据进行核实、汇总和处理,学生发现校园乔本植物多样性总体较五年前有明显提升。校园的不同区域植物多样性程度不同,其中百果园和百草园是多样性最丰富的区域。在实际生活中,百果园和百草园也是师生最喜爱的去处,可见乔本植物多样性的丰富程度会直接影响我们对环境的感受。

(五) 子问题3: 校园乔本植物的多样性对于我们有什么价值?

1. 学生现状

学生对校园植物的多样性的价值理解还相对片面,有的学生认为校园植物品种越丰富越好,却不知道维护多样性很高的环境需要花费很多的资金,投入很多人力和物力。把植物种在不合适的环境中,甚至最终会导致植物死亡。同时,学生虽然也很热爱校园环境,但是随手破坏植物的情况也时有发生。

这样的现状主要是由于校园中的植物多数靠物业职工种植和养护,学生并不参与植物的养护,平时也几乎没有学生会主动去观察每种植物的生存状态。不同的植物为何要种在不同的地方? 这些植物与我们有着怎样的关系? 这些问题学生不会主动去思考。如果引导学生深入思考,会更有利于他们认识并肩负起爱护校园环境的责任。

2. 教师脚手架

教师通过设计问题串的方法,引导学生深入思考校园乔本植物多样性的价值。

问题1　对比五年前的统计结果,有些植物的数量反而减少了,有些植物的种植位置改变了,你能推测出其中的缘由吗?

问题2　校园乔本植物能为我们的生活提供哪些便利? 在校园环境中乔本植物承担了哪些功能?

问题3　校园乔本植物中有没有国家法律规定的保护植物? 它们在校园里的生存状态如何?

问题4　如果需要选择栽种新植物,你更建议栽种哪些植物? 种在什么区域? 为什么?

3. 学生成果

(1) 归纳校园植物多样性的价值

①净化空气：植物可以通过其叶面、表皮吸收吸附、代谢降解、转化固化、中和缓冲等作用，来防沙固尘、杀死细菌；可以吸收二氧化碳，释放出氧气有效地防止或减轻污染，改善其周围的卫生条件。例如香樟就有很强的吸烟滞尘、涵养水源、固土防沙和美化环境的能力，冠大荫浓，树姿雄伟，是城市绿化的优良树种，在校园里，香樟也是优势树种。

②改善环境：适当种植植物可以遮蔽阳光，避免夏日艳阳灼烤，也可以改变空气流通的速度和方向。例如在教学楼前、国际部和寝室楼的道路旁种植着水杉这种大型乔木，在夏天可以产生浓密的树荫，让校园道路很阴凉；由于水杉是落叶乔木，到了冬天，落尽树叶后能让阳光铺满道路，不影响冬日的采光和取暖。

③审美价值：校园景观园林植物种类繁多，每种植物都有自己独具的形态、色彩、风韵、芳香等美的特色，这些特色又随季节及树龄的变化而有所发展和丰富，特别是对于大多数落叶植物来说，其具有春花、夏荫、秋色、冬藏的习性，其蓬勃的生机、四季各异的特色，为校园带来四时不同的景观效果。例如在百草园里除了香樟、雪松、罗汉松等四季常绿的植物外，还错落有致地分布着一些观赏类小乔木或灌木，有耐寒的、在冬天开放的腊梅，深秋树叶变红的鸡爪槭，秋天树叶变黄的银杏，让四季都有不同的颜色。

④药用价值：有的植物或者植物的部分器官能够入药。例如银杏树又名白果树，种子可以入药。枇杷叶洗净煎水服用可以治疗咳嗽。樟木可提炼樟脑油。银杏、枇杷和樟树在校园里很常见，在百果园、百草园、行政楼附近的道路两旁有很多。

（2）对校园植物多样性进行评价并提出改进的建议

学生结合调查数据，总结出了校园乔本植物多样性的优点，并根据实际提出了几点改进的建议：

①校园植物多样性的优点

相比五年前，校园内增加了梨、桃、香柚、柑橘等适合观赏花和果的植物，给师生的生活增添了乐趣，这些植物器官也很适合用来观察，锻炼学生的观察能力。

校园的高大乔木分布位置多，种群密度适中，例如樟树，高度均超高 6 米，在每个区域都有分布，这些植物为鸟类提供了生活空间，校园内总是鸟语花香。

相比五年前,校园内的乔本植物种类和数量都增加了,尤其教学楼前的花园植被种类更丰富了,师生下课就能走进花园,欣赏美景,学习环境幽静美好。

建校以来校园绿化面积逐渐增大,相比校园周围的环境,校园内空气更清新。

相比五年前,教学楼的窗口区域清除了高大茂密的植物,改种低矮植物,这样就不再遮挡室内光线,也有效地提高了教室通风的效率,有益师生健康。

相比五年前,校园门口减少了樟树,改种草本有花植物。例如金钥匙广场增加了樱花、鸡爪槭、红枫和罗汉松,这些植物错落有致,衬托着金钥匙熠熠生辉,很适合拍照留念。在金钥匙广场前有 17 棵榉树和一棵百年桂花树,象征着学校对学生"一举折桂"的美好祝愿。

② 改进建议

适量增植一些相对较矮小(植株高度小于 2 米)的稀有物种。我校学生为年龄 12—15 周岁的未成年人,学生的身高在 140—180 厘米之间,高大的植物不便观察,矮小的植物更便于学生仔细观察其特征。

师生要保护校园绿化,不随手乱扔垃圾,不破坏植物,并且要加强绿化带中的卫生清洁,及时清除落叶和垃圾,以免影响植物生长。

(六)子问题 4:我们可以用更棒的方式将调查结果可视化地呈现出来吗?

1. 学生现状

在教师分享五年前学生们制作的校本乔木导赏图时,学生提出了很多优化的想法。例如可以借助无人机拍摄学校的俯视图,制作成电子地图;可以采用二维码技术将植物的知识隐藏在地图里,让其他同学扫码学习;可以编辑一些问答题,增强导赏图的互动性。学生的热情让教师看到自己教学预设的局限性,"绘制导赏图"的任务可能会限制学生的创新思维发展,将"绘制导赏图"的任务变更为"将调查结果可视化"的任务更合适。教师启发学生开展想象进行创作时,启发学生认识到可视化的结果可以是导赏图,也可以是宣传视频、电子程序、乐高作品、沙盘模型等。另一方面,教师还需认识到学生提出的建议大多来源于他们的生活经历,对于如何实现这些改进建议,他们并没有具体的计划,当在实践中遇到困难时,学生容易放弃目标,参与热情会降低。

2. 教师脚手架

(1) 启发学生综合运用多种能力

① 地理学科：参考绘制地图的基本方法，让可视化结果的呈现更科学，能起到辅助个性化观赏的作用。

② 生物学科：应用生物分类学的概念，将乔木的特征准确描述，让可视化结果的呈现更科学。

③ 语文学科：运用合适的写作手法让文字可读性更强，让可视化结果的呈现形式更具有吸引力。

④ 艺术学科：应用合适的艺术修饰，让可视化结果的呈现形式更具有吸引力。

(2) 学习方法

小组合作：小组分工合作，每个人发挥所长，让可视化结果成为集体智慧的结晶。

3. 学生成果

(1) 建立校园乔本植物名录

在整理表格的过程中，学生修正了在前几个子问题中出现的科学性错误，对乔木、植物等生物学概念有了更清晰准确的认识，也能够更加科学而简洁地描述一种植物了。

校园乔本植物名录中呈现了校园乔本植物的名称、分类、物种保护情况、在校园内的分布与生长状况，能够相对直观地、科学地将校园中的植物多样性呈现出来。但是学生也认识到用表格这种形式来呈现研究结果缺点是比较生硬，缺乏趣味性和互动性，很难吸引人们的注意，不能解决项目化学习的驱动性问题。

(2) 更佳可视化地呈现调查结果

教师建议学生联合小组成员，一起综合运用生物、地理、语文、信息、艺术等学科中习得的技术，将本小组的调查结果更棒地呈现出来。可视化的结果可以是导览图，也可以是手绘地图、电子程序、乐高作品、沙盘模型等。呈现的可视化结果力求能吸引他人一起关注校园环境。

以万物皆灵小组的成果设计为例。

① 设计步骤：

第一步：把植物所在位置在电子地图上做了定位标注；

第二步：设计了可爱的手绘地图；

第三步：将植物的知识嵌入二维码中，扫码就能看到详细介绍；

第四步：设计具有图片缩放功能、实现交互效果的PPT展示。

② 使用方法：

以乔本植物鸡爪槭为例，我们可以在校园地图上，找到鸡爪槭所在的位置；点击"鸡爪槭"文字区域，会看到鸡爪槭的图片和二维码；扫描二维码进入，就能看到鸡爪槭的植物知识，如：物种学名，科、目、属，生长分布区域及所调查区域的数量等信息。

（七）出项活动

1. 学生将调查结果制作成幻灯片，在班级和年级范围内展示

小组的展示内容包括以下三点：

（1）汇报本小组所负责区域植物的介绍。

（2）展示本组同学的调查结果和根据调查结果设计并完成的可视化成果。

（3）对该区域乔本植物多样性进行评价并提出改进的建议。

学生和老师一起从小组合作、科学调查、结论创新、演讲技巧四个方面对每个小组的展示进行自评、互评和师评。

2. 引导学生借鉴其他组的优点，完善本组的调查结果展示

在展示结束后，助教老师和所负责的小组同学交流了针对调查结果展示的改进意见，老师们指出了学生在小组展示中的优点，也提出了一些改进建议。

（1）优点：

第②组思考了"季相景观"的意义和价值。

第④组能从多个角度总结校园植物分布的合理性。

第⑤组阅读论文后能更进一步探究性地去认识和理解辛普森多样性指数，比较各种物种多样性指数的适用情况。

第⑥组规范地整理了收集到的数据。

(2) 需要改进的地方：

① 提升演讲技巧。不能在应该讲清楚的部分(怎样使自己的研究具有科学性？如何选择多样性指数？进行调查结论阐述等方面)匆匆跳过，而在可以简略的部分(某种植物的介绍)却大幅介绍。

② 在校园中乔木植物的价值以及对物种丰富度和均匀度的科学评价还不够科学，更加关键的是缺少根据数据提出自己的结论或建议的意识。

3. 完善成果，形成"校园乔木导赏"，召开成果发布会

经过教师的指导，学生们选择制作电子地图的方式设计项目化学习成果，在地图元素的基础上增加了植物图片、文字介绍、物种的学名、目科属、濒危等级、物种保护、类别、图片、数量和校园分布位置等详细信息，还增加了二维码功能，只要用手机扫一扫，就能看到更为详细丰富的植物知识。在"植物文化"一栏，学生参考《本草纲目》，将一些乔木植物的医用价值等信息融入导赏图中，还把跟植物相关的古诗词添加进来，赋予了植物更多的文化内涵。在2021年6月1日，"校园乔木导赏"正式发布，在发布会上，学生用小品表演的形式，回顾了项目化学习过程，向师生汇报了校园乔木多样性的调查结果，并向师生介绍了"校园乔木导赏"电子地图的使用方法。校长亲自为发布会致辞，已经毕业的校友也纷纷发来邮件表示，使用"校园乔木导赏"电子地图的确慰藉了他们对母校的思念之情。在发布会上，进行了现场投票，89.1%的观众认为"校园乔木导赏"制作得非常好，8%的观众认为"校园乔木导赏"制作得比较好，可见本次项目化学习的成果推广是成功的，这也为数月的学习画上了圆满的句号。

五年前教师带领学生参加学校科技冬令营中的调查校园植物多样性的学科活动，活动由教师设计，学生按照设计的流程参与，按照教师的指引完成展示。五年后的这次项目化学习，在入项时学生积极的表现已经让人为之一振，当教师展示五年前学长们使用统计学方法完成校园乔本植物多样性调查后制作的植物分布地图时，学生畅所欲言，既肯定了学长们认真调查、克服困难的科学态度，赞叹当时校园环境中生物多样性如此丰富，同时也对学习成果的呈现形式提出了很多的改进意见，参与学习的积极性远比五年前的学生高。通过小组讨论和班级交流，每个学生对项目的认识都比较完整而深刻了，整个项目从那时起不再是教师

牵着学生的手向前走，而是学生根据项目化学习的目标，主动探索开展研究的方法和形成成果的多种可能，教师则起到支持学生探究的作用。

将建校五年时的校园乔本植物多样性调查结果呈现给学生，再陪伴学生完成建校十年时的校园乔本植物多样性展开调查，通过对两次调查的结果进行比较，学生可以发现五年来学校环境发生了巨大的变化，校园乔本植物的丰富度达到了更高的水平，这样的变化是刚刚踏入校园的他们原本很难发现的，之所以会有这样的变化，是因为老师和校工在不断地追求卓越，致力于为学生创造更好的学习和生活环境。这样的发现会让学生对学校"卓然独立、越而胜己"的校训精神有更深的体会。通过一次科学调查，学生对学校的热爱之情将会得到升华。相信有这样的情意为依托，学生在完成项目化学习的成果时也会加倍用心，迸发出更加惊人的创造力，学习效果会更好。

校园植物与师生的关系密切，学校也有意识地利用校园植物资源对学生开展生命教育。在春天枇杷成熟的季节，学校会组织预备年级的学生采摘枇杷，再由食堂加工成枇杷糖水，分发给全体师生共同品尝。在毕业季，毕业班的师生会在校园里的百果园种下一棵银杏树，银杏树树形优美，抗病性强，生长缓慢而寿命绵长，用以象征深厚绵长的师生情谊最为合适。通过项目化学习中的观察和探究，学生对校园植物文化有了更深刻的认识。

五、项目反思

我和我的同事之所以坚定地要去践行"项目化学习"的教学实践，是因为我们都知道项目化学习是基于真实情境，解决实际问题，富有挑战性和探究性，强调合作的学习模式，在项目化学习中能形成具体的成果，整个活动过程以学生为中心，有利于学生的核心素养养成。正如今天我们看到的，学生们通过几个月的学习，完成了调查校园乔木的多样性的项目化任务，还创作出了校园乔木导赏图。他们在项目开展的过程中，的确变得更主动、会合作、会思考、会表达、能做事，有了更强的责任意识。这样的成长正是我们所期望的，这样的育人模式也是和学校的育人理念高度吻合的。

在实践中，找到适合开展项目化学习的课题有难度。校庆不仅仅是学校的诞生纪念，更重要的是在校庆中校园文化能得到凝练和升华。在校庆中有师生对校训精神的解读，有学长对后辈学生的激励，有现在对过去经验的总结，也有我们对学校未来的期望。如果利用好校庆的契机，可以让我们预备年级的学生更快速地融入校园的文化，汲取到更多的精神力量。所以我将为校庆献礼作为切入点，设计针对预备年级学生的项目化学习。

我们学校占地面积大，校园植被丰富，学生对校园中的草木也有深情，预备年级的时候他们喜欢在草坪上飞奔，偷偷摘花尝果，再大一些，他们会在树下漫步，想想心事。可见校园植物是生物学学科宝贵的学习资源。制作校园乔木导赏图无疑是一个真实的、有挑战性的又充满趣味的任务。做好的乔木导赏图如果可以分享给所有需要的人，那么即使有的人已经毕业了、离开了，想念学校又不能立即回来时，他们也可以打开校园乔木导赏图看看自己最喜欢的那种植物，回忆在那棵树下发生的点点滴滴。

更为难得的是，我们早在五年前的科技冬令营上，就有学生绘制完成过校园乔木的分布图，这次的成果与五年前的对比，孩子们可以清楚地看到学校在短短五年内的飞速发展，而这些来之不易的变化都是全校的老师、职工、学生精心耕耘的结果。桃李不言，下自成蹊。校园的变化默默地告诉孩子们，只要我们愿意，校园环境也可以追求卓越！当我们用自己的眼睛和头脑发现这些时，我相信，原本入校仅有一年的预备学生，对学校文化的理解和认同可以一下子变得深刻。

为了完成这份校园乔木导赏图，孩子、家长和老师，无疑都是辛苦的。尤其是项目开展到一半的时候，冬天来了，更是为研究增加了挑战，每周一次课，每次上课，孩子们都会发现又有几种植物的叶子落光了，植物分类本来就是以花的结构为主要依据，辅助以果、叶、茎的特征，在冬季，想要看到植物的所有特征几乎是不可能的。我们没有放弃，也没有等着春天来，而是想了很多办法来解决难题。我们邀请了华东师大的生物系学生担任助教，制作了细节清晰便于使用的图鉴，使用了多媒体工具，还请教了后勤负责园林规划的孟爷爷。孩子们利用课后时间加紧研究，家长们不辞辛苦负责接送，老师则不厌其烦指导帮助。最终才有了今天的成果。这样的学习经历是很宝贵也很难得的，正所谓天时地利人和，缺一不可。

专家点评

《调查校园乔本植物的多样性》是以《生命科学》八年级下册第四单元"生物的类群"为基础设计和展开的。这一类型的项目期待学生在调查校园乔本植物的过程中，经历重要的科学实践，从而形成对"植物多样性"这一概念的深刻理解。

本项目的一大特点是，在每一个子问题的推进过程中，教师会对学生的现状进行分析，基于学生提出的问题以及难点为学生提供相应的脚手架，教师会关注学生在每一阶段结束时的位置以及对问题的理解程度，从而确保学生在项目进程中逐步深入。学生在每一阶段成果的生成与迭代过程中，呈现自己在知识与技能上的习得，展现自己对"植物多样性"的理解。当然我们也不难发现，教师所提供的脚手架类型还是比较单一的，多为知识和技能类的文献资料，缺少支持学生像科学家一样思考的思维工具以及有关促进学生学科实践的工具。在后续的迭代过程中，教师可基于从学生视角出发的子问题，设计相应的具有挑战性的学习任务，进一步丰富学生的学科实践，让学生提出的问题不仅仅聚焦在事实性和程序性知识层面。

本项目的评价量规在项目的准备阶段已纳入考虑，包含过程性评价和终结性评价，评价前置这一意识很好，但这些评价并未随着任务的不断推进，结合项目的实际进程进行调整。评价与项目目标、子问题之间的匹配度不是很高。在后续迭代过程中，可以进一步考虑：如何确保评价与项目目标、子问题之间的一致性？切实地对学科项目中的学科素养以及学习素养进行有效评价。

——上海学习素养课程研究　瞿　璐

校园空间的重塑与改造

林一芳

一、项目概述

《校园空间的重塑与改造》是围绕着少年儿童出版社美术教材七年级第一学期第三课"画面中的空间"设计而展开的以美术学科为主的项目。本项目围绕"如何打造具有华二附初特色的校园空间"这一问题,引导学生以主人翁的姿态改造校园,思考校园空间存在哪些问题,校园空间的主题及功能是什么,如何将校园文化融入校园空间等问题,引导学生对现有的校园空间进行体验改造。项目时长:12个课时;涉及学科:美术、历史、数学、劳动与技术等学科;涉及年级:七年级。

二、挑战性问题

(一) 本质问题

学校即将迎来十周年校庆,在校庆当天,来宾、校友将来到校园参加校庆典礼。那天,你将以主人翁的姿态向来宾们介绍你的空间改造方案。如何打造一个具有华二附初文化特色的校园空间,让来宾能够一眼辨识出这是华二附初,又能够让校友重温校园时光?

(二) 驱动性问题

我们亲爱的华二附初即将迎来建校十周年庆典,在校庆当天,来宾、校友将来到校园参加校庆典礼。如何打造一个具有华二附初文化特色的校园空间,让他们能够重温在华二附初的校园生活?

三、项目化学习目标

(一) 知识与能力目标

1. 了解并掌握美术语言。
2. 学会运用设计小结、马克笔效果图、空间模型来呈现设计效果图。
3. 学会从构图、明暗关系、透视、色调等角度对作品进行评价。

(二) 高阶认知

创见：能够运用设计方案、设计小结、空间小模型等，灵活表达想法和创意，进行多元化的展示与交流。

(三) 学习素养

1. 探究性实践：发现校园空间存在的问题，学会从校园文化、空间层次、生态环境等方面对校园空间进行多方位的考量；学会运用马克笔效果图、空间模型、设计小结等方式呈现设计方案。
2. 社会性实践：在具体情境中培养学生学以致用的能力，能够完整、有逻辑地介绍自己的设计方案，养成倾听、沟通、合作等良好的学习品质。
3. 审美性实践：选择用丰富美感的视觉表达方式呈现设计方案，并运用符合本小组空间性质的材料、色彩与明暗来表达。
4. 理解设计方案与空间主题、校园文化之间的联系。

四、项目实施过程

(一) 项目准备

1. 展示项目背景，明确项目任务。

(1) 介绍活动背景：华二附初十周年献礼。

(2) 明确学生角色：空间设计师。

(3) 项目成果：设计效果图、设计模型等。

2. 填写《小组分工表》。

(1) 考察校园，确定改造空间。

(2) 对确定改造空间进行重点考察，并完成《我是空间体验官》学习单。

(3) 小组个性化命名，并完成分工。

3. 讨论并初步制定评价量规。

（二）入项活动

校园空间作为校园环境的重要组成部分，不仅呈现着校园的一草一木，还从侧面反映出学校秉持的校园文化理念与整体办学氛围。在本项目开始之初，教师鼓励学生尽可能地搜集校园空间类型并挖掘出有趣、有意义的空间，比如天花板、地板、食堂餐桌、座椅、走廊、校园景观等等，引导学生对不同空间进行梳理、分类、筛选，最后聚焦几个类型，让学生自由组合分组。这一过程旨在打开学生批判性思维，学会用创新的眼光重新审视我们习以为常的校园空间。

（三）子问题 1：你想改造的校园空间是什么？

1. 要回答这个问题，就必须去校园里进行实地考察。学生以小组为单位，对校园进行实地探访考察。学生分别对科技长廊、百草园、翰墨池、龙梯、状元桥进行观察与分析。

2. 要求学生在考察校园空间的过程中完成《重塑校园空间——我是空间体验官》KWL 表。

KWL 表格中设计了以下几个问题：

(1) 我观察体验了哪个校园空间？

(2) 我发现了什么？

(3) 我猜想这可能是因为……

(4) 因此我要解决的问题是……

同学们走访考察了科技长廊、翰墨池、卓然亭、龙梯、百草园等地点，通过分析,我们发现,很多景观空间在主题性与功能性上都没有很好体现,比如科技长廊没有体现科技元素;翰墨池的石子路比较曲折阻碍了同学们进行体验;卓然亭只有观赏功能,并没有跟师生产生互动;校园建筑龙梯与校园环境脱离、较孤立;百草园内有小石块堆积,不美观,夜晚一片漆黑,行人容易摔倒等等。笔者将同学们的发现与解决方案整理如下(见表1):

表1 "重塑校园空间"——我是空间体验官KWL表

我观察体验了 (请写下你所体验 观察的校园空间)	我发现了	因此我该如何去解决
科技长廊	没有体现科技元素	融入学校科创特色
翰墨池	石子路曲折,阻碍了同学们进行观赏体验	融入秋千、金钥匙、毛笔雕塑等元素
龙梯	与校园环境脱离,较孤立	将华二元素与中华元素融入设计中
百草园	内有小石块堆积,外观不美观,夜晚一片漆黑,容易摔倒	设置路灯,将小石子铺成校徽形状

3. 教师在讲解完空间表现中的构图、透视运用、明暗色调等知识后,带领每位同学对想要改造的校园空间进行实地写生。学生们将运用到点、线、面、构图、色彩、透视等美术语言,用多样化的绘画表现方式表达:有同学采用线描的形式,有同学采用素描的形式,也有同学用色彩去表达。最后由学生们投票选出最受欢迎的作品,并将作品做成校园明信片,向校庆十周年献礼。

(四) 子问题2:怎样打造华二附初文化特色的校园空间?

针对子问题2,教师又将该问题细化为三个层层递进的小问题引导学生进行探索:华二附初的校园文化是什么?哪些文化能够通过校园空间来呈现?如何将校园文化融入校园空间中?

1. 华二附初的校园文化是什么?

同学们通过参观校史馆、走访校园、参加校园劳动等活动来熟悉华二附初的校史、校情;有的小组从校园文化艺术节、社团文化节、寝室文化节、读书节等活动中得到灵感,进行提炼;有的小组从地理区位因素出发,走访了校园周围的华东师大基础教育园区与紫竹高科技园区,以园区集团化的宏观眼光看待问题。教师启发学生从三方面文化入手与学校——对应(见表2)。

表2 "重塑校园空间"华二附初校园文化探索

来源途径	包含内容	具体落实
物质文化	校园建筑	地处华东师大基础教育园区,初高中融合、一体化
	校园景观	
	校园地理位置	
精神文化	办学理念	追求卓越,培养创造未来的人
	校风	卓然独立(志向不狭窄、人格不依附、思维不趋同、言行不虚浮) 越而胜己(自我日清晰、反思成习惯、人生会选择、发展能自觉)
	校训	追求卓越,崇尚创新
制度文化	学校规章管理	
	工作制度	快乐育人,协作发展
	学习制度	快乐学习,主动发展

2. 哪些文化能够通过校园空间来呈现?

在探讨这个问题时,首先要对校园空间进行思考与分析。教师引导学生从以下几个问题进行思考与讨论:校园中有哪些不同种类的空间类型?它们分别有哪些功能?是否体现了学校的文化与特色?在哪些方面能够融入校园文化?学生们围绕这几个问题,进行探究与实践。教师将学生提炼的文化元素制作成表格进行呈现(见表3)。

表3 "重塑校园空间"文化元素提炼

改造空间	空间类型	提炼元素	文化理解
状元桥	休闲空间	竹子—紫竹	1. 竹是中国文化的象征,与梅、兰、菊并称为"四君子",与梅、松并称为"岁寒三友" 2. 竹子等长到成竹时,几乎不再长了,但在三五年之后,竹子会突然发力,以惊人的速度生长,象征华二学子厚积薄发,一鸣惊人

(续表)

改造空间	空间类型	提炼元素	文化理解
科技长廊	开放空间	内容：科幻画涂鸦 色彩：蓝紫渐变色	学校以"培养未来的人"为培养理念，重视并鼓励机器人大赛、科技创新比赛等大赛
卓然亭	开放空间	独立、环形	卓然亭的名称来源于"卓尔不群，越而胜己"，卓然画廊呈环形分布，每个展区都是独立的，整体上却又和谐统一，象征华二学子和而不同、自主发展
龙梯	开放空间	禾苗、环绕型	学校处于闵行紫竹基础教育园区，将雕塑设计成禾苗的形状，外面有一圈曲线围绕着禾苗，象征着大学、高中、初中的老师们一同呵护学生成长
翰墨池	休闲空间	世界地图	学校的办学理念为"培养创造未来的人"，世界地图，寓意着我们华二学子放眼世界、心怀未来

3. 如何将校园文化融入校园空间中？

学生们已经有了很多创意，也提炼出了校园文化。然而，在制定设计方案时，他们大多数只局限于表面，比如在改造科技长廊时，他们将科创画贴于走廊中，再在旁边立一个金钥匙；在改造状元桥中，他们想在桥旁边种植紫竹等，这些都体现了学生们的创意和想法。但它们都只是一个一个分散的点，如何系统性地将它们串联起来，使之更具逻辑性、合理性与深刻的文化内涵，这是需要教师带领学生着重解决的问题。

我们尝试了观看校园宣传片、走访校史馆、考察校园大事记、采访校长等多种途径，也经历了组间讨论、组组互助等多重方式。经过不断的尝试与探索，最终在头脑风暴中，使思维的火花得到碰撞。经过热烈的讨论，每组绘制出了针对本小组主题空间的思维导图。

（五）子问题3：如何运用美术语言更好地表达设计方案？

经过对校园文化的提炼，学生们已经从最初的融入校徽元素、种植紫竹等浅显的解决方式转变为更深层次地去挖掘、提炼华二附初的校园文化。这对学生来说是一个跨越，更是一种挑战。

在项目化学习开始之初，每个小组讨论了设计方案的呈现效果：有的小组选择采用设计小结的方式,有的小组采用图文并茂的导览图,有的小组采用设计效果图,有的小组采用空间模型。因为本次项目化学习是以美术学科为主的学科项目,因此教师引导学生从"校园文化""主题""功能""审美"四个标准去评价他们最终的作品。教师将与学生一起探讨并反复修订的评价量规进行了展示(见表4),使学生明确最终设计方案的评价规则与方向。

表4 "重塑校园空间"设计方案评价量规

评价内容	优良	合格	不合格
校园文化	在设计方案中合理、恰当地融入了校园文化,与环境、空间相得益彰	在设计方案中基本融入了校园文化,与环境、空间较和谐	在设计方案中没有融入校园文化,与环境、空间显得不太协调
主题	设计方案较好地凸显、呼应了主题	设计方案基本体现、呼应了主题	设计方案没有体现、呼应主题
功能	功能设置合理、恰当,能够与师生产生良好互动	功能设置基本合理,基本能够与师生产生互动	功能设置不合理,不能够与师生产生互动
审美	在色彩、造型、材质上设计合理,具有艺术美感	在色彩、造型、材质上设计基本合理,基本具有艺术美感	在色彩、造型、材质上设计不合理,不具有艺术美感

学生可以自主选择设计方案的呈现方式。对选用设计效果图来展示设计方案的小组,教师对其提出了更高的要求:用马克笔效果图来表现。教师首先在课堂上讲解了马克笔不同的摆笔技法,并着重演示了同类色彩叠加技巧、物体亮部及高光处理、物体暗部及投影处理、高纯度颜色应用规律,要求同学们运用专业的三种视图(立体图、正视图、俯视图)来表现设计效果。其中,改造科技长廊、百草园、翰墨池、龙梯的同学们采用了马克笔效果图,卓然亭小组采用了线描图,状元桥小组运用彩铅去表现。

(六)根据评价量规互评

1. 组内评价

生1:科技长廊很好地体现了校园文化,因为金钥匙是我们学校的标志性建筑物。

生 2：是的，金钥匙象征着开启智慧之门，在主题性上，我觉得可以更加靠近"科技"这个主题。

生 3：在功能设置上，我觉得可以增设观看科幻画这个内容，因为我们学校注重科技与创新。

2. 小组互评

组 1：科技长廊从绘画角度来说，运用了马克笔表现，并且空间感也塑造得非常好！

组 2：我们组觉得在主题上，还不够凸显出"科技长廊"这个主题，科技的内容没有得到很好的体现。

组 3：说到校园文化我们很自然地会想到金钥匙，但是能否不要单纯地在科技长廊外面立一个金钥匙，是否有更好的表现方式？

组 4：这个长廊是大家每日经过的地方，作为一个开放空间，在功能性的设置上，张贴科技画与介绍科技小知识能够让同学们为之驻足停留，同学之间也能互相交流，这也就将走廊升华为画廊了，超越了走廊本身的意义。

基于同学们的自评和互评，教师从审美角度出发，对每组的方案做了补充点评：

（1）科技长廊一小组：该组同学运用了马克笔叠加摆笔的技法，在墙面上呈现出星空渐变的效果，并且准确地运用了透视法则（近大远小、近实远虚）。星空渐变的色彩采用蓝紫渐变更加体现科技感。

（2）百草园小组：该组同学运用扫笔、揉笔带点、斜推笔触等运笔技法，并用三视图来表现。在三视图的表现中，可以有所侧重；比如，着重表现正视图，这样更有重点，不平均。

（3）状元桥小组：该组同学以彩铅为绘画工具进行表现，但只表现了正面图一个视图，在空间感的塑造上还可以加强。

（4）科技长廊二小组：该小组将八大行星作为每根柱子上的标志，体现出科技的主题。但是在星球色彩的表现上可以更加丰富一些，不仅仅是只用到蓝色和紫色，可以运用蓝紫渐变或者在蓝、紫色的纯度和明度上做调整改变，使色彩更丰富。

（5）龙梯改造小组：该小组很好地运用马克笔表现了龙梯暗部与金属质感，但是还可以适当表现周围景观环境，让龙梯与之协调呼应。

（6）翰墨池改造小组：该小组表现的两个视图相差不大。在造型上，可以有更加创新的构思。另外，翰墨池和石凳的视觉元素需要有呼应，使之成为整体。

（7）卓然亭小组：该小组运用黑白线描表现方式，然而在暗部与明暗交界线上还可以进行更加深入地刻画，使明暗渐变更自然，灰调子更丰富。

各小组根据教师与同学们的评价建议，对设计图进行了二次修改与完善。

另外有四个小组在设计图的基础上进一步用空间模型来更好地呈现设计方案。相较于设计图，空间模型在材质的选择上需经过精细的考量，这对同学们来说，是一个不小的挑战。教师鼓励同学们继续采用思维导图，对所需材料充分发散思维，再收拢取舍，精细到对材料颜色、数量的探讨，最后确定本组所需材料。

在最终呈现的模型中，科技长廊小组别出心裁，他们选择用废旧材料，如硬纸板、缓冲泡沫、小木棍等取材于生活，也体现出环保理念。翰墨池改造小组运用轻粘土、瓦楞纸、小石头来表现，这样更加贴近我们生活。科技长廊小组用毛毡布与彩纸作为材料，将蓝色的毛毡布作为顶部的两块太阳能板，很好地体现了"科技"主题。状元桥改造小组则是将轻粘土塑造成精细的模型部件，体现了亭子的精致与美观。

（七）出项活动

出项活动以"校园空间招标会"形式展开，每个小组派出一位投标人进行本组方案展示与介绍，坐在台下的同学则以招标人的身份进行投票。每位同学可以投给除本小组外的其他两组，最终以得票最多的一组取胜，获得中标资格。

每个小组做了精美的PPT，项目经纪人就本小组设计成果，对项目最初构思到中期成果再到最终效果方案进行了详细的介绍。招标人则手拿星星贴纸，通过聆听与考量，为自己满意的招标方案点亮一颗星。经过绘声绘色的汇报与激烈的角逐，科技长廊一组得票最多，成为中标小组。这一结果对于中标小组来说，无疑是喜悦的，而对于所有参与改造校园空间的学生们来说，收获的不仅仅是设计方案的产出,更是收获了合作、倾听与表达,这种经历对学生而言更加珍贵。

五、项目反思

《校园空间的重塑与改造》虽然是以学生为主导的学习探索过程,但是教师在本次项目化学习中也有收获。本次项目化学习让学生通过真实的情景创作,学以致用,用以迁移。在整个项目化实践过程中,教师也在不断调整改进脚手架的设计并给予学生的支持。比如对第一个子问题:"华二附初的校园文化是什么?"教师尝试了许多方法:带领学生探访校园标志性建筑物、观看校园宣传片、提炼校训校规等,但是效果甚微。在很难推进时,不妨听听学生的想法,他们会有自己的思考。最后每个小组以自己的方式对校园文化进行了探究提炼,这也是我将主导权交给学生的亲身实践。

在实践项目化学习的过程中,我总结了一下经验:

将所要实施的项目置于真实的情境中,这样会让学生更有代入感,学生也更有兴趣去完成。比如,本次项目化学习就是以校庆十周年为契机,向学生提出以主人翁的姿态来改造校园空间的要求。学生忍不住问道,等我们设计出来了,学校是否会采纳我们的方案?因此,给学生一个实际的情境化环境更能激发学生的探索欲。在十周年庆来临之际,学校后勤会对校园空间进行二次规划,如果能让学校采纳学生的设计方案,那么学生将会更有获得感与成就感,本次项目化学习也就具有了更深刻的意义。

项目化学习过程不一定是直线形的,它可能需要我们回过头去反思子问题的设置、脚手架的搭建是否合理,学生们是否有能力去完成。修改完善原有的脚手架不会阻碍拖延整个项目进程,相反它会使子问题探索的过程更加丰富,使成果更丰满。

在制定评价量规的过程中,教师一开始只是从美术学科出发,忽略了还需考虑空间的主题性与功能性,而学生从他们的角度给了教师启发。因此让学生一起参与制定评价量规很有必要。

本次项目化学习虽已取得阶段性成果,但如能继续进行,我将会补充空间结构、力学、材料、测量、比例尺等方面的知识。作为建筑空间改造项目，这些知识会使学生在项目化进程中更加具有支持感与力量感。

本次项目化学习让学生们在真实的情境中培养锻炼了解决问题的能力，形成探讨、合作、分享的学习氛围，发展了核心素养，帮助学生形成良好的思维方式和行为品格，提升了综合能力和个性品质。这也是教师用美术学科的核心知识来解决生活中实际问题的一次崭新尝试，今后将会在项目化学习这条道路上继续探索、前进。

专家点评

本案例引导学生以主人的姿态改造学习、生活于其中的校园空间，这使得挑战性问题蓄满驱动力，给了学生持续探究的可能。

如何基于学科又不限于学科，是项目化案例探索中很难把握的地方。当学生作为空间设计师时，要立足美术学科，运用美术语言达成审美性实践。但是，作为身处校园空间的主人时，又要对空间中的校园文化特色和校园生态环境有充分的了解和把握，才能使得设计方案具备可操作的空间。本案例体现出学科内外的知识和能力以及相应的素养的融合，比如对子问题2"怎样打造华二附初文化特色的校园空间"进行分解和细化，使得每一步的探索都能指向总问题的解决，同时又拓展到单学科之外的丰富创意中。

值得讨论的地方有：目前三个子问题之间有逻辑性和结构性，但是总的驱动性问题和本质问题之间的界线还较为模糊，到底什么是本质问题和驱动性问题，两者关联在何处，子问题与驱动性问题之间是什么关系，这些都还需进一步斟酌。

一个好的案例的推进不仅是问题不断展开和解决的过程，同时也是教师成长的经历，教师专业发展和项目升级迭代合而为一，极为生动地体现了项目化学习的理念和实践价值。

——上海市教育科学研究院普通教育研究所 上海学习素养课程研究所 吴宇玉

源生·生成

——基于学生问题的
项目化学习案例

畅享音乐之耳机设计与制作

欧阳映

一、项目概述

一款舒适、高品质的耳机可以让你在喧闹的市场、嘈杂的地铁、鸣笛声四起的街道、人山人海的风景中,不受外界影响;或者让你在嘈杂的说话声中依然能安静地学习、办公;或者让你静心聆听音乐,享受一个人的美好时光……耳机是忙碌的现代人尽情地享受音乐、放飞自我、追寻内心宁静时的一种需要。《畅享音乐之耳机设计与制作》项目从实际生活需求出发,以问题解决为主线,帮助学生在设计和制造耳机模型时,不断运用和扩展自己的知识、理解和技能。

本项目基于《上海市中小学劳动技术课程标准》《上海市初中物理学科教学基本要求》,以"耳机设计与制作"为项目主题设计了一系列解决实际问题的情境,鼓励学生"创造和动手做",让学生在组织、规划、制作、评估耳机产品原型的过程中学习相关技术,发展其设计和技术能力。项目引导学生关注耳机内声音的品质,在探索声音奥秘的过程中,发展学生的科学思维,让学生逐步体会科技的核心是发现、是人们对自然的改造和利用。本项目融合了科学技术和工业设计领域的知识,适用于六、七年级,共计15课时。项目流程如图1所示。

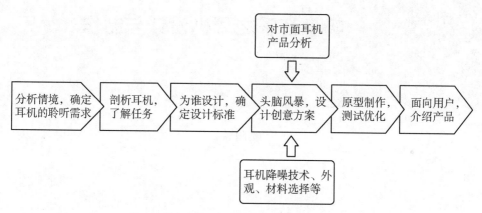

图1 《畅享音乐之耳机设计与制作》的项目流程

二、挑战性问题

（一）本质问题

1. 声音的本质是什么？如何实现降噪？

2. 设计什么样的耳机产品可以吸引消费者购买？如何权衡"系统"和"资源"的关系？

（二）驱动性问题

公交地铁上通勤的上班族、行色匆匆的行人、办公室内紧张忙碌的白领、图书馆内勤奋苦读的学生……他们中不乏耳机的使用者。佩戴一副舒适、高品质的耳机聆听美妙的音乐，或缓解紧张焦虑的情绪，或畅享一个人的自由时光，已然成为很多人的一种选择。作为一名耳机设计师，如何根据用户需求，设计一款舒适、高品质的耳机？子问题为：

1. 耳机是什么？

2. 为谁设计耳机？

3. 市场上已有的耳机品类有哪些，它们之间有何异同？哪些可以借鉴利用？

4. 我设计的耳机产品外观如何,外观设计是否符合人体工学?采用什么技术提高耳机的聆听效果?

5. 利用材料制作耳机模型需注意什么问题?应如何设计实验,测试耳机的聆听效果?

6. 如何面向用户,介绍耳机产品?

在各种富有创意的活动中,促进学生对迭代效应、问题解决、设计和制作、系统、资源等超学科概念的理解,最终通过学生团队创作出满足特定要求的耳机设计图纸、耳机产品原型以及产品介绍说明等,评估学生的习得与理解情况。

三、学习目标

(一) 知识与能力目标

1. 工业设计

(1)掌握耳机设计与制作的基本步骤,并能根据自己的设计,制作具有技术含量的耳机产品模型。

(2)通过调查发现耳机用户的需求,确定设计的要求和构思方案,能够用语言、文字或简单图样表达设计意图。

(3)在耳机设计和制作的实践活动中逐步了解关于"系统""资源"等技术核心概念,在评价和交流中能够利用自己的知识和技能,有效、快速地作出明智判断,解决设计和制作中的实际问题。

2. 物理

(1)知道声音是由物体振动产生的,知道声音的传播形式和传播条件。

(2)通过分析耳机结构和功能,知道声音的特征,了解噪声的危害与控制,了解智能耳机的主动降噪和被动降噪技术。

3. 数学

通过耳机产品的成本调查,知道成本核算的基本要求、基本方法和基本核算程序。

(二) 高阶认知

1. 问题解决

在项目活动的过程中,学生遇到问题时能够团队协作,按照问题解决的方法逐一突破难点,比如探索获取并统计耳机产品用户信息的方式、制作耳机模型并实验测试耳机模型的舒适度等。

2. 决策

产生创意和想法的策略,制定计划的方式,制作技能,开发问题库——辅助问题解决、作出决策以及团队合作等。

3. 创见

在调查研究的基础上,设计一款个性化的耳机产品,制作模型并完成测试和优化,发展学生的工程思维,提高学生的团队合作、问题解决以及技术和设计等能力。

(三) 学习素养

1. **探究性实践**:在耳机目标用户调查过程中,能够设计调查方案并实施,分析并解释耳机目标用户数据信息;能够基于小组的耳机产品模型,进行计算、预测和评估耳机产品的销售成本。

2. **社会性实践**:团队合作完成耳机设计与模型制作,会表达和仔细倾听想法,会使用媒体和可视化方式进行展示以实现交流的目的。

3. **审美性实践**:耳机产品设计和模型制作的过程中,能够考虑产品的外观、形状、颜色等因素,获得审美体验。

4. **技术性实践**:能够使用 iPad 等信息化工具探索研究耳机的主动降噪和被动降噪技术。

5. **调控性实践**:能够专注和坚持,有目的性和计划性地完成各个子项目任务。

四、项目实施过程

(一) 入项准备

学生准备:了解声音的相关知识,关注耳机的功能和需求。

教师准备：备好三种不同类型的耳机、声音分贝测量仪，建立学生小组档案袋，梳理工程设计领域等相关知识。

（二）入项活动（2课时）

1. 体验感受：不同款式的耳机，佩戴试听的感受会有什么差异吗？

教师准备三款耳机——半入耳式普通有线耳机、入耳式普通有线耳机以及头戴式智能降噪耳机，让耳机连接手机、播放同一段音乐（音量相同），学生试戴三款耳机，对比体验不同耳机的音质效果以及佩戴的舒适度。学生跃跃欲试，纷纷举手表达试戴意愿。其中3位同学都分别试戴了三款耳机，其他同学则在一旁配合制造噪声，模拟嘈杂的试听环境。试戴后，3位同学得出以下结论：

舒适度：头戴式耳机和入耳式耳机的佩戴舒适度优于半入耳式普通有线耳机。

抗噪等级：智能降噪耳机＞入耳式普通有线耳机＞半入耳式普通有线耳机。

一位同学惊叹："老师在说话，可我戴上这款智能降噪耳机，我只看到老师的嘴巴在动，听不到老师说话的声音！"该活动引发学生对智能降噪耳机的强烈好奇心，激发学生探索求真的欲望。

2. 引入驱动性问题，组建学习小组，明确学习目标与意义。

引入项目驱动性问题：作为一名耳机设计师，如何根据用户需求，设计一款舒适、高品质的耳机？学生无法对这个问题作出相应的回答，教师引导学生围绕核心问题展开头脑风暴，填写KWL表。运用KWL表梳理知道了什么、还想知道什么、想运用这些知识解决怎样的问题。教师及时从学生的KWL表中梳理出学生对概念、问题理解的差异，基于学情预设干预措施：明确项目目标、任务、流程安排等；指导学生组建项目化学习小组，小组队员合理分工，讨论并形成小组学习评价量规（表1），商榷课堂规则约定。

表1　小组学习评价量规

	具 体 描 述
任务理解	显示了对内容、过程和任务要求的深入理解
任务完成	完全实现了任务的目标,包括深思熟虑的、富有见地的解释和推测
沟通结果	有效地沟通了我们的想法和发现,提出了有趣又有引人思考的问题,超额完成了任务
合作过程	有效地使用了我们的全部时间。每个人都参与了合作过程和作品制作并做出了贡献
问题解决	积极主动、同心协力地解决问题

3. 介绍工程设计的五个关键领域并讨论。

分享项目化学习流程,针对从 KWL 表中反馈出学生工业设计知识的缺乏,介绍巴莱克斯(2011:13)的五个关键领域的工业设计决策,指导学生按照该工程设计决策领域开展学习和实践(见图2)。

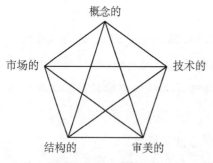

图2　五角形设计决策(Barlex 2007)

如图2所示,巴莱克斯的五角形设计决策,将设计划分为"概念的""技术的""审美的""结构的""市场的"五个关键领域。

(1) 概念的:设计的总体目的,想要制作的产品类别。

(2) 技术的:如何实现这个设计。

(3) 审美的:设计产品的外观如何。

(4) 结构的:怎样将所设计的搭建组合起来。

(5) 市场的:该设计面向的用户是谁,用在哪些场所,如何进行销售。

在学生学习设计决策时,设置了系列讨论活动作为中间课程帮助学生理解该设计五角形。

讨论活动①:给上下学途中的同学,设计一种可穿戴的产品(设计概要——概念的),让同学们上下学途中更安全,并决定可用材料——尼龙面料(技术的)的尺寸。

讨论活动②:给通勤途中的上班族,设计一款可降噪耳机(设计概要——概念的),从而让其在漫长的上班途中静心聆听音乐而不被打扰,并决定可用的材料——智能降噪芯片的型号(技术的)。

(三) 子问题1:耳机是什么? (2 课时)

1. 耳机的结构

工欲善其事,必先利其器。若要设计一款耳机,需先了解耳机到底是什么东西。虽然大部分同学都使用过耳机,但对耳机内部结构了解甚少。为揭开耳机的神秘面纱,学生提出想法:"拆开一副耳机,看看里面有什么。"课上,学生拆开一副普通有线耳机的塑料外壳,观察其内部结构。观察发现,该耳机内部仅有一个小喇叭(扬声器)实现电声转换。而无线智能降噪耳机内部又有什么呢?由于课堂上缺乏降噪耳机样品,学生主动提出利用互联网展开搜索。同学们小组合作利用iPad找到相关资料,然后在班上积极分享交流。通过学习,学生了解到无线智能降噪耳机内部除了有小喇叭,还有带降噪芯片的主板、电池、咪头麦克风等零部件,有的智能降噪耳机甚至有前馈和后馈降噪的两个麦克风。

2. 耳机的功能

(1) 自主探究,分享交流主动降噪和被动降噪技术。

学生通过学习已经知道耳机是一种电声转换设备,小喇叭是耳机内部实现电声转换的主要零部件。但为什么智能降噪耳机内部会有麦克风呢?学生带着这个疑问,进一步收集资料。

首先了解声音产生和传播的方式,分析声音的特征和噪声的特点。学生从八年级《物理》课本中得知:声音是通过物体振动产生的,耳机内小喇叭振动产生声音,声音可以在介质中传播。

乐音有响度、音调和音色三个特征,是有规律的波形振动,而噪声的波形振动是杂乱、无规律的,可以从声源处、传播过程中、人耳处三种途径控制噪声。学生结合课本内容和生活体验,总结得出:外界环境噪声会干扰耳机佩戴者对耳机内部乐音的辨识度;要提高耳机的聆听体验,耳机必须无损耗地还原乐音的响度、音调和音色,还需要尽量减弱外界环境噪声的干扰。但从物理教材找到的内容,还不能解答"为什么智能耳机内部需要麦克风"。

接着利用 iPad 从互联网上进一步搜寻耳机降噪的原理和技术。查找发现：部分耳机采用被动降噪技术降低外界环境噪声对耳机聆听者的干扰，比如提高耳机整体的包裹性，采用良好的降噪材料覆盖耳机外壳，设计不同尺寸的耳塞以提高耳机与耳道贴合度等；而智能降噪耳机则主要采用主动降噪技术实现降噪。主动降噪技术是利用麦克风接收外界环境的噪声信号，再通过降噪芯片分析处理后，产生一列反相声波抵消原噪声信号，从而实现降噪。部分智能降噪耳机甚至有前馈和后馈降噪的两个麦克风，前馈降噪麦克风主要接收耳廓外的环境噪声，后馈降噪麦克风主要接收靠近内耳的噪声，最终使得耳机使用者仅聆听到耳机内部的乐音，而几乎不受外界环境噪声干扰。学生们踊跃交流自己的新发现。

课后，部分学生在好奇心的驱动下，主动拆解了家里废弃的无线智能降噪耳机，观察耳机内部结构，并结合耳机产品说明书讨论、研究耳机内部各部分零件的功能。

(2) 技术专家讲座，体验感受芯片科技发展对生活的影响。

芯片是高科技产品。了解智能降噪耳机的内部结构后，学生对芯片充满好奇，提出邀请技术专家讲解芯片技术相关知识。通过举荐，孙语含同学的爸爸作为技术专家来到班级，介绍并讲解智能耳机芯片的用途以及芯片制造等知识。在专家的带领下，同学们第一次近距离观察到芯片实物，仔细辨认未经封装的芯片的线路结构。专家指出，同学们手中的一块 30×50 平方毫米的集成电路板上，有 15 个约 2—4 平方毫米、未经封装的银色芯片单元，每个芯片单元中集成了成千上万个电子元件。同学们纷纷惊叹芯片制造工艺的精密与复杂，同时也进一步加深了自己对集成电路的认识。

(四) 子问题2：为谁设计耳机？（2课时）

1. 开发辅助问题解决的问题库

在入项阶段，学生展示了极大的热情，跃跃欲试着手项目研究，但却不知从何开始。考虑到学生在项目活动中可能会遇到各种问题，为了帮助学生梳理解决问题的思路和方法，教师和学生一同开发一个"问题库"辅助问题解决，问题库包括：

(1) 如何组织和开展研究?
(2) 如何设定自己的分析标准?
(3) 如何选择自己的研究方法?
(4) 如何有效利用信息?

2. 制作一份《耳机用户调查问卷》并统计分析数据

通过入项阶段对设计决策的学习,学生已经初步建立"设计概要"这一概念。接着,学生需要确定"为谁设计耳机"。学生讨论决定通过调查问卷的形式,向身边的朋友发放并回收问卷,从而找到降噪耳机的目标用户。学生学习调查问卷制作要点,讨论问卷中需要编制的主要问题,编制调查问卷并修订,最后形成《耳机用户调查问卷》(附后)。考虑到网络问卷数据信息统计的优势,利用问卷星制作网络调查问卷,再通过微信发放并回收问卷。然后分析统计数据,找到身边降噪耳机的使用群体,并分析总结该用户群的特点。

比如,第一组同学利用微信向周围的朋友发放并收回 50 份有效问卷。通过调查用户对耳机的外形款式喜好,小组成员发现大多数人倾向于购买耳塞式耳机,只有少数人选择耳挂式耳机。从 9、10 两题的问卷反馈数据发现,60% 的人倾向于在交通工具上使用耳机,68% 的人希望耳机具备降噪功能。但是该组同学的问卷统计样本只有 50 人,样本量还比较小,以上数据的说服力还不够强。此外,组员们分析第 7 题的数据发现,统计人群倾向购买的耳机价格偏低,28% 的人倾向于购买价格为 100 元左右的耳机,24% 的人倾向购买价格为 50 元左右的耳机。为什么会出现这样的调查结果呢?仔细分析问卷中样本的人员职业,统计发现 50 人中有 22 人为初中生。样本中学生群体占有率较高,学生消费水平偏低,导致统计样本整体的消费水平偏低。老师建议该小组同学可以针对学生群体,做进一步的细致化调查和分析,尝试为学生群体设计一款学生专用、价格实惠、具备特定降噪功能的实用型耳机。

各小组通过调查分析后,确定了本组预设的耳机类型及目标用户,如表 2 所示。

表2 各小组预设的耳机类型及目标用户

序号	组(队)名	目标用户	耳机类型(预设)
1	都乐组	在校学生	入耳式蓝牙耳机
2	三高组合	精打细算型人群	普通降噪耳机
3	畅享聆听	车途劳累的上班族	半入耳式智能降噪耳机
4	彩虹之上	全人群	头戴式、入耳式可切换的智能耳机
5	可爱多组	少女	外形美观、小巧可爱的智能耳机
6	自由队	爱好运动群体	挂脖式降噪耳机(运动型)
7	耶西莫拉	全人群	有线、无线可切换,降噪可调节的智能耳机

3. 访谈目标用户,找到设计标准

为进一步了解耳机目标用户的个性化需求,各小组广泛讨论,决定对目标用户进行访谈研究。同学们课上讨论访谈框架,商定从"外观感受""连接体验""降噪体验""音质表现""延迟测试""续航表现"等六个方面设置系列问题了解耳机用户的需求。都乐组根据访谈框架,设置了如下六个问题提纲:

(1) 你对耳机的外观有什么要求?比如,耳机大小、颜色以及审美体验等。

(2) 用耳机连接手机、电脑等音乐播放设备时,你对连接的时间、连接的方便程度有具体要求吗?

(3) 你对耳机的降噪功能有什么具体要求?

(4) 你对耳机内播放音乐的音质表现有要求吗?

(5) 若你使用蓝牙无线耳机,你能忍受的连接延迟的最长时间是多少?

(6) 若你使用蓝牙无线耳机,你希望耳机能够连续播放音乐的时长是多少?

学生课后根据提纲进一步细化访谈问题,访谈身边的8—10位耳机用户,收集整理他们对耳机的各项需求信息。各小组根据访谈资料,进一步确定需要设计的耳机类型和功能,突出耳机产品设计与用户需求的匹配程度。

表3 学生编制的耳机用户调查问卷

尊敬的先生/女士：

　　您好！非常感谢您在百忙中抽空填写这份调查问卷。本问卷采用匿名的方式作答，您填写的答案仅用于项目研究，请您根据自己的实际情况回答。

　　谢谢您的配合，祝您工作顺利，万事如意！

第一部分：基本信息

1. 出生日期：　　年　　月　　日
2. 现所在城市：
3. 性别：
4. 您的职务类别：□学生　□普通员工　□基层管理人员　□中层管理人员　□高层管理人员
　　　　　　　　□专业技术人员
5. 您所在单位/学校性质：□小学　□初中　□高中　□大学　□国有企业　□民营企业
　　　　　　　　　　　□外资企业　□政府机关

第二部分：问卷部分

6. 您目前是否使用耳机（　　）（单选）
   A. 是　　　　　　　　　　B. 否
7. 您最近购买(计划购买)的耳机价格（　　）（多选）
   A. 50元左右　B. 100元左右　C. 200元左右　D. 500元左右　E. 1000元左右
   F. 1500元左右
8. 您的（或计划购买的）耳机的款式为（　　）（多选）
   A. 耳塞入耳式　B. 耳塞外挂式　C. 头戴式　D. 耳挂式　E. 颈挂式
9. 您一般会在哪些场所使用耳机（　　）（多选）
   A. 家里　　B. 学校　　C. 办公室　　D. 商场　　E. 车站
   F. 交通工具上
10. 您的（或计划购买的）耳机是否有降噪功能（　　）（单选）
    A. 是　　　　　　　　　　B. 否
11. 您每天使用耳机的平均时长约（　　）（单选）
    A. 0.5小时　B. 1小时　C. 1.5小时　D. 2小时　E. 2小时以上
12. 您对耳机降噪要求情况最接近于（　　）（单选）
    A. 不需要耳机降噪功能
    B. 有需求，但对降噪要求比较低，在办公室（或教室）用耳机听音乐办公（学习）不被打扰就行
    C. 有较高需求，可在嘈杂的车站、热闹的商场抑或早晚高峰时的地铁内都能沉浸于音乐的世界
    D. 有很高需求，降噪等级可调，既能在嘈杂的环境中静心聆听音乐，还能切换透传模式，无需摘下耳机即可感知周边环境

（五）子问题3：市场上已有的耳机品类有哪些，它们之间有何异同？哪些可以借鉴利用？（1课时）

　　开始设计自己的产品之前，分析现有产品可从中获取一些设计灵感。如何进行产品分析呢？教师通过HUAWEI FreeBud 4i无线降噪耳机的产品分析模拟案

例,向学生展示产品分析的方式。在此基础上引导学生设计如表4所示"市面上部分耳机的信息统计表"。学生课上利用iPad搜索各大电商平台上热卖的耳机产品,浏览不同价位、不同款式的耳机产品介绍,并将调研耳机的信息填写在表4中。课后到耳机销售门店试用耳机产品,了解它是如何实现功能以及为什么符合目标用户的需求。比较不同款式的耳机产品,分析并评估它们的质量,例如形状、样式、尺寸和降噪功能等,从人体工学和健康的角度分析耳机产品是如何随着技术发展变化的。选择一款感兴趣的耳机产品,调查该款耳机的成本价格和销售价格,学习成本核算的基本方法和基本核算程序,并分享交流。

表4 市面上部分耳机的信息统计表

品牌	有线/无线	款式/样式	型号	价格	尺寸	降噪功能	受欢迎程度	……

通过对耳机产品进行分析,进一步提升学生的观察、探索、欣赏、移情能力,加深学生对客观市场规律的了解,考虑和技术发展相关的收益和成本。

(六)子问题4:我设计的耳机产品外观如何?外观设计是否符合人体工学?选用什么材料制作耳机原型?采用什么技术提高耳机的聆听效果?(2课时)

1. 耳机设计方案创意设计

在市场调研的基础上,学生围绕这些子问题进行头脑风暴,激发创意。小组同学合理分工合作,尽可能产生更多的创意,共同完成本组的耳机设计方案草图。

(1)设计方案:应包括耳机模型的外观设计、功能设计、材料设备等。

(2)阶段性成果评价:问题清单、设计草图。

2. 耳机设计方案评价标准

为评价与选择(权衡)各种不同的设计方案,师生一起讨论、完善耳机设计方案的评价标准,如表6所示。注重耳机佩戴的舒适度,对耳机结构设计符合人体工学、降噪功能的达成度赋予更多的权重,师生共同形成决策表,团队小组对照标准作出决策。表5是预备(7)班第二小组的设计方案决策表。

表5　第二小组的设计方案决策表

方案	优点	缺点	决策
方案1	头戴式耳机,降噪功能较好,耳机外形"恶魔角"很有特色	耳机"恶魔角"有装饰作用,但尖尖的外形,不实用	作为备选方案
方案2	半入耳式耳机,小巧便携,外形简约,降噪可调,外壳有夜光功能	外形过于朴素,降噪等级有限	大部分组员认为这款耳机的实用性更强,设计符合人体工学。选用该方案作为主方案

3. 耳机设计方案展示交流

各小组选派代表在班上交流、展示和讨论小组的耳机设计方案,并根据"耳机设计方案评价标准"进一步完善小组的设计方案。

表6　耳机设计方案评价标准

标准	3分	2分	1—0分
外观	造型别致、色彩搭配非常符合大众审美,能够吸引消费者	造型、色彩搭配符合大众审美,一定程度上吸引消费者	造型、色彩搭配不符合大众审美,不能吸引消费者
材料设备	所用材料(说明耳机模型制作材料)、工具和技术的清单详备,制作了带有零件清单的工作图纸	有所用材料、工具和技术的清单,制作了带有零件清单的工作图纸	缺乏所用材料、工具或技术的清单,缺乏零件清单
人体工学×2	设计的耳机轻巧、佩戴舒适度高,长时间佩戴对耳朵影响相对较小	设计的耳机佩戴舒适,长时间佩戴对耳朵影响相对较小	设计的耳机佩戴舒适度较低,长时间佩戴对耳朵有影响
降噪功能×2	降噪效果:设计的降噪耳机降噪效果明显,在较嘈杂的环境中使用时几乎不受干扰	降噪效果:设计的降噪耳机有降噪效果,在较嘈杂的环境中使用时受干扰较小	降噪效果:设计的降噪耳机没有降噪效果,在较嘈杂的环境中使用时受干扰较大
成本	总体成本控制在500—1000元,或者成本规划在目标用户经济承受能力范围	总体成本控制在100—400元或1000—2000元,或者成本规划基本在目标用户经济承受能力范围	总体成本≤50元或者≥2000元,或者成本规划几乎不在目标用户经济承受能力范围

(续表)

标准	3分	2分	1—0分
创意	作品新颖,构思独特且符合科学、技术等标准,作品具有想象力和个性	作品新颖,构思较为独特,作品具有一定的想象力和个性	作品来源于某款耳机的说明书

(七) 子问题5：利用材料制作耳机模型的过程中应注意哪些问题？应如何设计实验,测试耳机的聆听效果？（5课时）

1. 团队合作,合理利用材料构建、测试、修改耳机模型

班级讨论决定,耳机外壳模型采用橡皮泥(超轻黏土)手工成型或利用三D打印完成制作,根据需要选择品牌耳机喇叭接入模型内部,采用不同类型的耳套、海绵或塑料等降噪材料置于耳机模型内部来实现耳机降噪功能。符合人体工学的耳机设计、材料、精良的制作技艺等都是影响耳机佩戴舒适度的重要因素,采用制作模型、测试、调整的顺序,迭代优化完善耳机模型。

学生在制作耳机模型的过程中遇到了各种困难。

(1) 图纸标识不清。各小组绘制耳机设计图的初稿,往往是以美术绘画的形式呈现的,没有清晰地标明耳机的尺寸。比如可爱多组绘制了一份创意十足的耳机设计草图,图纸上呈现了一款可置于眼镜架上、可拆卸的蓝牙耳机,并配了卡通小猪造型的耳机收纳盒(充电器)。但他们的设计图中缺乏零部件的结构图,且模型尺寸标注不够清晰,组员们很难按照图纸完成模型制作。发现问题后,他们商讨并进一步细化图纸,绘出耳机模型部件结构图,清晰标注尺寸,并用橡皮泥完成了耳机模型零部件制作。

(2) 学生对橡皮泥的特性不熟悉、利用橡皮泥成型时技术不够精细。橡皮泥很软,学生开始时手工捏制,很难控制好力度导致模型零部件制作失败。经多次摸索后才发现,利用模具成型相对容易一些,且橡皮泥成型后必须充分晾干定型以免塑型失败。

(3) 设计和制作的模型零件尺寸不符合人体工学。比如畅享聆听组设计并制作了一款半入耳式降噪耳机模型,耳机外形呈漂亮的水滴状。他们利用橡皮泥、

海绵、塑料管等材料制作好耳机模型外壳,并用不同颜色的橡皮泥在左右两个耳机外壳上做了个性化装饰,便于使用者区分左右两个不同的耳机。组员在耳机模型内部安装扬声器电路,并套上耳塞,但试戴该耳机模型后发现,耳机耳套的连接导管过短,导致耳套与耳道不贴合,且耳机大部分重量压在外耳廓,耳机试戴体验较差。发现问题后,小组成员优化耳机模型设计图,调整内部扬声器的位置,延长耳套连接导管并重新制作,提高耳机佩戴时的稳定性和舒适度,总算完成耳机外壳模型制作。

此外,还有学生在3D打印时的机械和技术故障、模型各个零件的咬合紧密程度等问题。教师引导学生发挥团队的力量,在技术问题解决的过程中与他人合作创新,在交流和分享中逐步克服困难,制作并优化耳机模型。

2. 设计实验,完成耳机模型的被动降噪测试

部分小组设计了具有降噪功能的耳机,完成耳机模型制作后,还需要进一步测试耳机的降噪效果。比如,畅享聆听组的耳机模型被动降噪功能测试的实验设计思路为:将扬声器置于耳机模型内部,控制环境噪声和耳机内音乐音量,更换不同的耳套、调整耳机内部的降噪材料,试听并记录耳机的降噪效果。

他们按照实验设计思路,分别测试了不同厚度的降噪海绵和不同大小耳套的降噪效果。实验时,将环境噪声均控制在60分贝左右,保持耳机内部播放的音乐曲目、音量相同,同时用声音分贝测试仪监测耳机外部环境噪声,保持环境噪声响度不变,调整降噪海绵材料的厚度或耳套的大小,让同一位测试者倾听对比耳机试音时的降噪效果,尝试找到最佳的被动降噪方案。小组记录的实验数据如表7和表8所示。

表7 耳机模型中不同厚度降噪海绵的降噪效果(无耳套)

实验序号	环境噪声(分贝)	材料类型	材料在耳机内壳覆盖情况	材料厚度	降噪效果(0—5分)
1	60				0
2	60	聚氨酯海绵	全覆盖	2毫米	2
3	60	聚氨酯海绵	全覆盖	3毫米	3

表8　耳机模型中不同大小耳套的降噪效果(无降噪海绵)

实验序号	环境噪声（分贝）	耳套材质	耳套厚度	耳套大小	降噪效果（0—5分）
1	60	硅胶	0.5毫米	小号	2
2	60	硅胶	0.5毫米	中号	3
3	60	硅胶	0.5毫米	大号	3

从其中一个小组记录的实验数据中可以发现，在没有降噪海绵或耳塞的情况下，耳机的被动降噪效果较差，降噪效果得分为0分。当耳机模型无耳套，仅采用聚氨酯海绵全覆盖耳机内壳时，3毫米厚度的聚氨酯海绵的降噪效果得分为3分，比2毫米厚度的聚氨酯海绵的降噪效果好一些，但还是可以感受到环境噪声的影响。当耳机模型无降噪海绵，仅采用同一品牌、同一型号、大小不同的硅胶耳套进行降噪测试时，测试者发现中号和大号耳套的降噪效果均得3分，但中号耳套的佩戴感觉更为舒适，而大号耳套佩戴感觉过紧，小号耳套则感觉过松。小组成员从实验中总结得出：耳套大小与个人耳道的贴合程度对耳机的降噪效果有较大影响。综合两组实验结果，同时考虑到该入耳式耳机需要预留主动降噪芯片、电池等零部件的空间位置，最后该组同学商定选用2毫米厚度的聚氨酯海绵全覆盖耳机内壳以及中号硅胶耳塞来实现被动降噪，并实验测试通过该方案。

每个小组依据本组的"耳机模型设计图"，制作个性化的耳机模型，并根据表9的"耳机模型创建评价量表"及时调整和优化制作过程，实践体会工程测试的有效性和重要性。

表9　耳机模型创建评价量表

指标	说　　明	完成	未完成
结构设计	1. 耳机结构设计符合人体工学 2. 耳机的各部分结构尺寸合理 3. 耳机内部声学腔体的结构合理，能通过腔体来改变和优化耳机的声音表现		

(续表)

指标	说　　明	完成	未完成
尺寸说明	1. 耳机模型应说明耳机的长度、宽度和高度 2. 耳机模型应说明缩放比例 3. 若有耳机充电盒，同样需要说明模型尺寸和缩放比例		
模型制作	1. 耳机模型主体结构完整 2. 模型各部分结构比例适当 3. 模型制作精细，无开裂、脱节等现象		
模型测试	1. 测试实验数据采集方法科学合理 2. 数据处理无科学性和原则性错误 3. 能根据测试结果改善耳机模型佩戴的舒适度		
合作过程	1. 有效地使用全部时间；与小组成员合作融洽、沟通顺畅 2. 每个人都参与了合作过程和模型制作、测试和优化，并做出了贡献		

（八）出项活动（2 课时）

学生采取多种途径，面向用户灵活介绍耳机产品。各小组将耳机产品设计构思、制作过程以及产品价格、功能等信息，采用海报、PPT、微视频或微信推送等形式介绍给耳机用户。班级公开演讲展示，公告栏展示，并择优推送优秀作品到班级微信群，学校通过校公众号推送优秀作品，学生从中进行比较、分析，体会每个小组在学习过程和项目成果上的优势和不足。

表 10　产品介绍评价量规

指标	说　　明	完成	未完成
媒介形式	恰当使用图片、海报、PPT、微视频或微信推送等方式介绍产品，展示效果令人印象深刻，新颖、有趣、有吸引力		
外观介绍	清晰、完整地介绍耳机产品的名称、设计构思、制作过程以及相关的尺寸说明；报告图标和图例准确明晰，引用标注出处		
功能介绍	向用户清晰呈现耳机产品价格、功能等信息，包括耳机外观、连接体验、降噪体验、音质表现、延迟测试、续航表现等。用语规范，具有逻辑性，展示现场能与在场其他小组成员良好互动，有针对性地解答对方问题		

五、项目反思

《畅享音乐之耳机设计与制作》项目的各个学习活动是随着项目推进动态形成的。在这个过程中,我对项目化学习的理解也不断深入,并不断反思、调整和完善项目活动的各个环节。

1. 项目调整

本项目来源于学生的"问题蓄水池"。学生曾提出问题:"多个声音叠加在一起,声音的响度一定会加强吗?"事实上大部分声音叠加后响度会增强,但某些特殊的反相声波叠加后会相互抵消,起到消音的效果。这正是当前智能降噪耳机所采用的主动降噪技术。因此,我想通过"耳机降噪设计"项目化学习,让学生在项目活动中自主探寻答案。最初想让学生设计一款降噪耳机,让学生体会技术和设计的过程,感受主动降噪技术的魅力,体会科技进步给人们生活带来的影响。然而在实施的过程中发现,六年级学生的科学素养和技术素养还有待提高,且计算机编程知识相对缺乏,这让他们很难完成智能降噪耳机的设计任务。因此在《畅享音乐之耳机设计与制作》项目中,我降低难度,要求学生设计一款可以畅享音乐、佩戴舒适的高品质耳机,学习耳机的降噪技术,了解主动降噪原理,并制作耳机模型、完成测试,体验技术和设计的过程。尽管如此,六年级学生还是面临挑战:学生们因为缺乏工业设计经验,开始时毫无头绪。为帮助学生了解项目活动,在入项阶段,我又设计了一些与技术和设计相关的活动作为铺垫。但在入项之后发现,对于六年级的学生而言,关于技术和设计的策略性知识仍过于抽象。因此在项目实施的过程中,将设计的策略性知识融入设计和制作的探究活动中,让学生亲历工业设计的一般过程,尝试设计、制作并完善耳机模型。

2. 项目成效

技术和设计并不是一个线性过程。在项目实施的过程中,学生遇到各种各样的困难,导致相当一部分学生在项目结束时,还停留在设计图纸修订阶段,耳机模型尚未完成,也无法进一步开展模型测试实验。虽然从结果看来他们的项目任务并不完整,但正是这些不完美,让他们更加深刻地体会到从"设计"到"产品"形成

过程的不易,学会珍惜和爱护他人的劳动成果。学生在项目学习活动中沉浸式地投入和体验:

(1) 聆听耳机内声音的特点,了解声音的特征。

(2) 知道噪声控制的方法和途径,能够完成相应的降噪实验测试。

根据耳机的降噪目的,独立完成观察、测量、验证和探究等耳机降噪测试的实验任务,并正确分析实验数据获得结论。

(3) 经历从"设计"到"产品"的实践过程,了解工业设计的一般流程。

入项阶段,学生对工业设计了解甚少。随着项目化学习的不断深入,学生逐步经历技术和设计的一系列过程,体会从设计概念到市面售卖的产品,需要经历调查研究、模型设计、测试优化等过程环节,且每个环节对产品质量优劣都产生重要影响。

(4) 明确技术和设计的目的。

在项目学习中,学生设计和制作耳机模型,并不断测试、调整和优化,在这个过程中逐步体会技术和设计的目的在于满足人们需求、为生活提供便利的朴素道理。

(5) 学习问题解决的一般方法。

在设计和制作耳机模型的过程中经常会碰到各种各样的问题,学生能够团队协作、按照问题解决的方法逐一突破难点。

学生完成项目后感叹:"高大上"的降噪耳机,我也可以做出来啦!他们从项目化学习中获得成就感,变得更加有自信。

3. 项目展望

项目化学习可以挖掘学生的潜力。学生是项目学习活动的主角,老师负责抛砖引玉、组织和引导。在项目实施过程中,学生是时间的主人,课堂内容由学生阐述观点、改变和创造。项目活动中集体共同商定的评价量规,能够让学生明确自己的努力方向,学生可以根据评价量规及时自评和他评,调整并完善自己的项目活动。头脑风暴活动让学生的思维相互碰撞,产生新的火花、萌发新的创造。讨论和展示活动让学生相互欣赏、借鉴,并获得启发。

专家点评

这一项目是一个比较典型的 STEM 的项目，同时也是基于劳动技术课程标准和物理课标的跨学科项目。这一项目有这样几个特点：

第一，驱动性问题来自课程标准和学生真实的学情、心理联系之间的碰撞和调整。这一项目体现了在真实的教学现场驱动性问题的形成思路：学生朦胧的问题意识——教师有意识地根据真实的课程标准设置的问题领域——学生产生真实的需求——教师明确驱动性问题的描述——设计和实施中发现驱动性问题的不恰当之处——调整优化为现在的驱动性问题。同样，项目目标的定位也经历了若干次的调整，逐渐调适为目前能够进展并能为学生接受的项目。

第二，整个项目的设计让学生经历了像工程师一样解决问题的过程：从分析情境，确定需求，到真实地拆解耳机，了解耳机的原理，明确为谁设计，确定设计标准，和同伴们进行头脑风暴，进一步深化对市场上的不同类型耳机的分析，了解耳机降噪的技术、材料等，再到测试原型，形成可以面向用户的真实产品。这样像工程师一样思考的过程，旨在培养学生可以在真实世界中远迁移的能力。

第三，项目中融入了大量的真实体验。耳机的拆解，模拟用户的感受，了解用户的想法，分析市场上的耳机类型，学生事实上不可能真的生产耳机，但是教师通过很多真实的和项目紧密联系的体验让学生真实可感。

在情境中，在后续的迭代中，可以强化如何再让学生从情境中出来，思考解决耳机这个问题意味着什么？还可以迁移解决其他什么类似的问题？项目中出项后的反思迁移的部分可以再增强，以此达到素养的迁移目的。

——上海市教育科学研究院普通教育研究所　上海学习素养课程研究所　夏雪梅

知文论史，我来创作《词人盛宴》

桂小雨　张　尹

一、项目概述

自古"文史相通"，语文与历史学科紧密相连。为弘扬中国优秀传统文化，提升学生鉴赏与创作能力，我们结合两门学科的学科核心素养，开发出文史结合的跨学科项目化学习项目——《知文论史，我来创作〈词人盛宴〉》"。在项目中，学生围绕"如何创作一部表现宋朝词人宴会的历史剧本，使之尽可能涵盖宋朝重要的词人流派，汇聚词人代表作，并能够展现宋朝史上的一些重大事件"这一驱动性问题，进行为期十周的探究。教师用逐步抽象的提问激发学生的兴趣，引领学生进行项目化学习。在各种富有创意的活动中，促进学生对时空观念、知人论世、文学证史等超学科概念的理解。项目实施计划如下：

入项活动　头脑风暴：一部引人入胜的历史剧本带给我们怎样的感受？
子问题1：什么是历史剧本？
子问题2：宋朝文化知多少？
子问题3：如何创作一部有关宋朝词人宴会的历史剧本？
出项活动　剧本评价会。

二、挑战性问题

（一）本质问题

学会文学鉴赏与创作，掌握依靠可靠史料了解和认识历史的方法。

（二）驱动性问题

如何创作一部表现宋朝词人宴会的历史剧本，使之尽可能涵盖宋朝重要的词人流派，汇聚词人代表作，并能够展现宋朝史上的一些重大事件？

三、项目化学习目标

（一）知识与能力目标

1. 语文

（1）知道相关宋词的涵义、情感、作者生平经历和时代背景。

（2）理解相关词人的创作风格。

（3）掌握知人论世的诗歌鉴赏方法。

（4）学会创作剧本的基本方法。

2. 历史

（1）知道宋朝历史中重大历史事件：庆历新政、王安石变法、靖康之变等。

（2）初步掌握以史释文、以文证史的方法。

（二）高阶认知

创见：能够基于阅读宋朝历史与鉴赏宋词的剧本创作，对历史及文学有自己的见解与创造。

（三）学习素养

1. 在搜集史料时，学会认识不同类型史料的不同作用。

2. 尝试在史料分类中辨别历史真实与文艺创作的关系。

3. 学会在阅读文学作品中，分析不同艺术流派的特点。

4. 基于史料搜集与辨析，分析各类观点，形成自己的创见。

5. 能够积极参与基于分工的小组合作，愿意倾听他人意见，乐于接受评价并基于评价量规给予合理评价。

6. 能够有计划地完成项目，在发现问题后及时调适，小组合作完成作品。

四、项目实施过程

(一) 项目准备

1. 举行联合教研,结合语文与历史教材中的宋词及宋史篇目确定项目目标,制定项目设计。

2. 确定实施团队为拓展课混班混龄学生。

3. 设计项目活动任务单,以引导学生更好的完成项目。

(二) 入项活动:理解项目的背景和目标

1. 热身活动

展示电视剧《清平乐》中晏殊、欧阳修等词人参加宴会时,晏几道吟唱《鹧鸪天》的片段。

头脑风暴:一部引人入胜的宴会剧本让我们有什么感受?

学生总结:主题有意思,主角有人文魅力,文化色彩浓厚,人物性格鲜明等。

提出驱动性问题:如何创作一部表现宋朝词人宴会的历史剧本,使之尽可能涵盖宋朝重要的词人流派,汇聚词人代表作,并能够展现宋朝史上的一些重大事件?

2. 明确学生角色

作为编剧创作一部历史剧本。

3. 下发 KWL 问卷

引导学生明确学习目标,制定学习计划。

教师在 KWL 表格中设计了以下几个问题:

(1) 我知道的宋朝词人有哪些?

(2) 我知道的宋朝词人的词作品有哪些?

(3) 在这次学习中,我需要学习哪些知识?

(4) 在研究学习的活动中,我需要得到什么帮助?

(5) 宋朝的政治、经济、文化、外交等方面有哪些特点?

通过表格分析,我们发现:大部分学生能写出苏轼、李清照、辛弃疾和《水调歌头》《赤壁赋》等语文课本中提到的宋朝词人和词作品;学生普遍认为要完成项目应该学习宋朝词人的生平、词作风格、宋朝历史等方面的内容;在项目构成中需要得到剧本创作相关知识的帮助;学生对宋朝"重文轻武""词作繁盛""经济重心南移"等相关背景知识有一定的了解。

(三) 子问题1:什么是历史剧本?

为更好地了解学情,教师发放前测表格,为教学实施制定更加精准的计划。前测包括以下内容:

(1) 历史剧与真实历史之间的区别与联系是什么?
(2) 请至少列举三例宋朝典型的文化符号。
(3) 请至少列举三位宋朝词人,并说说你最感兴趣的是谁。
(4) 请至少列举三例你读过的剧本。
(5) 请谈谈你创作过的剧本类型(没有请回答无)。
(6) 请谈谈创作历史剧本需要具备哪些条件。

根据前测表格可见:学生对历史与历史剧之间的差别有一定的认识,但对历史剧本创作了解比较少,真正创作过历史剧本的同学几乎没有。

因此,教师首先提供阅读脚手架——历史剧本《胆剑篇》。这是曹禺所著的一部关于越王勾践卧薪尝胆的故事。第一幕就从勾践战败被俘写起,直接揭开了吴越胜负矛盾转化的端倪,它埋下了胜利的强吴枯竭、失败的伏线,而接下来的四幕将这种矛盾转化得更深入、更剧烈,直至高潮。整个剧本让人感受到了勾践的忍辱负重、坚韧不拔。

通过提供经典的历史剧本阅读,学生初步了解历史剧本的创作特点,总结归纳历史剧本的基本要素:历史人物、历史背景、具有历史特征的地点与主要矛盾冲突。

学生根据阅读,讨论历史剧本创作评价量规初稿。

表1　历史剧本创作评价量规初稿

	A	B	C
事件	有完整事情,有高潮	事情不完整,有高潮	事情不完整,没有高潮
人物	有主要人物和次要人物,是人们熟知的	人们不太了解	没有主次人物之分
情节	故事情节跌宕起伏	故事情节较为平淡	故事情节不连贯

学生通过子问题1不仅了解了历史剧本需要具备哪些要素,还通过制定历史剧本评价量规,对什么是好的历史剧本做了初步梳理。

(四) 子问题2: 宋朝文化知多少?

1. 分析学生情况,制定实施策略

根据前测,学生对宋朝词人有一定了解,但由于历史课本和课外阅读有限,对宋朝文化的了解比较少。这就要求教师提供关于宋朝词人与文化的脚手架。于是项目组教师决定开设"走进宋朝文坛大家"课程并推荐相关阅读书目。

"走进宋朝文坛大家"课程设计:

第1课时　宋词概况:了解宋词发展历程;提高对宋词的兴趣。

第2课时　初宋词作鉴赏:了解初宋时期词坛风格;流利朗诵晏氏父子名篇。

第3课时　转型期宋词鉴赏:了解转型时期的词坛演变风格;感受两位词人作品的殊同。

第4课时　豪放派词作鉴赏:体会豪放派词人创作风格;了解苏轼生平;鉴赏苏轼代表作。

第5课时　婉约派词作鉴赏:体会婉约派词人创作风格;了解李清照生平;鉴赏李清照代表作。

教师推荐阅读书目:

《苏东坡传》(林语堂著)、《宋朝的腔调》(石继航著)、《食在宋朝》(李开周著)、《宋词三百首》(商务印书馆)、《宋史》《细说宋史》等。

以上课程及书目阅读旨在促进学生对宋朝历史及文化的认识和理解,学生在

此基础上,梳理宋词文化的发展脉络及宴会文化的特征,为创作历史剧本做好知识铺垫。

2. 重视史料研习,创制"史料收集单"

在提供阅读书目的同时,重视培养学生在搜集史料过程中,对不同类型史料作用的辨析能力,懂得文学创作与历史真实的关系。为此,教师通过案例分析,引导学生进行史料研习活动。史料研习活动如下:

(1) 根据两则不同类型的史料,探究历史剧本与历史真实之间的关系。

教师播放历史题材电影《我的1919》中顾维钧代表中国政府演讲片段:

中国代表顾维钧用怀表丢失的小故事为引入,在十人会议上发表有关中国山东问题的演说,直指日本抢占山东的侵略行为,并以"山东就是中国的耶路撒冷"做比喻,表达中国政府收回山东的决心,引起与会者强烈共鸣,赢得满堂彩。

之后出示《巴黎和会与中国外交》一书中,历史学家唐启华在搜集大量史料基础上描述的关于顾维钧在巴黎和会上的表现:

……事实上,顾维钧当天发言确实精彩,为中国争取到国际同情与支持,但是并非因为妾身不明的"耶路撒冷"四字,而是他在后半段的辩论中,从法理上驳斥日本的依据。……顾维钧发言依据国际法,驳斥日本的法理依据,内容精彩,层次分明,获得各国外交代表的激赏与喝彩。

师:这应该是目前学术界比较权威的研究成果。请大家将以上材料与电影片段相比较,能说说文字资料和电影片段在哪些地方有出入?

生:(几乎异口同声地回答)电影片段中,顾维钧的演讲运用的"山东是东方的耶路撒冷"这个比喻,文字资料中论述应是没有出现在演讲中的。

师:很好。同学们都发现了。那文字资料和电影片段又有哪些地方一致呢?

生:电影中,顾维钧的演讲赢得了满堂彩,而文字中也论述说,顾维钧的发言用国际法等法理论述,获得各国代表的激赏与喝彩。

师:非常好!虽然在演讲内容方面,电影片段和文字资料记载有出入,但在演讲效果方面,两段材料达成了一致。这说明了什么?

生:电影虽然有虚构夸张成分,但也可以在一定程度上反映历史,有证明历史的价值。(学生通过比较的方法,得出影视资料证史的路径和价值。)

学生通过阅读材料及教师的层层设问，了解电影的证史价值。进而明确，我们创作的历史剧本也应该反映历史特征，尊重基本的历史史实。

（2）分析历史剧本，理解剧本创作技巧及其价值所在。

师：通过上面的比较我们发现，这部电影确实有虚构成分，如果文字资料记载是权威可靠的话，为什么电影导演要这样虚构演讲内容呢？

生：……（一片沉寂）

师：电影导演为什么不按照权威的文字资料所述——在演讲内容方面从法理上驳斥日本？

生：电影中的演讲如果换成法理上论述，恐怕我们都看不懂，会比较枯燥。（通过假设想象，同学们理解影视作品的特性，分辨影视作品与历史研究资料之间的区别。）

师：这位同学关注了电影的受众对象。作为大众娱乐形式之一的电影，受众是广大群众，如果演讲内容换成法理论述，大部分群众会看不懂，就达不到刚刚同学们在观看电影后那种群情激昂的效果。大家今天的讨论很有成效。历史题材的剧本十分丰富，很多时候我们正是从历史剧中找到学习历史的乐趣和动力。那么大家在创作剧本搜集材料时，又应该注意什么呢？

生：应该注意搜集最接近历史真实的材料，或搜集多种不同类型的材料互相印证历史。

师：很好。但我们要创作的是一部受众面广泛的历史剧本，为引起大家的情感共鸣，在创作剧本时又可以有哪些技巧呢？

生：可以在尊重基本史实的基础上，运用夸张、虚构的手法，引发大家的情感共鸣。

学生通过史料研习，不仅梳理了历史剧本创作与历史真实之间的关系，更明确了历史剧本创作中史料收集的方法，理解了历史剧本创作可以运用的艺术手法。

（3）教师引出史料收集单，并对史料收集单的使用方法进行说明：当我们查阅史料时，应尽量选择最接近历史真实的史料。可借助"史料收集单"，将史料名称填入表格，特别要对同一历史事件有不同看法的史料进行辨别，将辨别方法及理由填写入表。

表2 史料收集单样表

史料收集单				
探究主题	史料来源	观点	是否采纳	原因

(五) 子问题3: 如何创作一部有关宋朝词人宴会的历史剧本?

1. 小问题1: 历史宴会剧本是怎样的?

针对学生对宴会剧本比较陌生这一特点,教师提供两个脚手架,学生学会提炼宴会剧本的特点。

(1)教师提供脚手架1:阅读《鸿门宴》宴会上的斗争片段。从刘邦"谢罪",项羽说出告密人,到范增命项庄舞剑蓄意杀人,宴会气氛越来越紧张,到樊哙忍辱吃生彘处,剑拔弩张达到高潮。最后刘邦逃席,诛杀曹无伤,剧情落幕。通过阅读,旨在让学生感受宴会层层递进的矛盾铺垫和爆发,明确宴会剧本要素,明确矛盾冲突在推动剧情发展时的作用。

(2)教师提供脚手架2:欣赏《韩熙载夜宴图》,直观感受历史宴会。学生根据以上材料,小组讨论确定宴会剧本要素:人物、地点、时间、宴会背景、历史背景及主要矛盾冲突。

在明确了宴会剧本要素之后,学生开始确定本小组剧本的具体要素。为此,在明确分工之前,各小组成员根据以上分析形成小组合作评价量规。

表3 小组合作评价量规

	4分	3分	2分	1分
任务理解	显示了对内容、过程和任务要求的深入理解	显示了对内容和任务的理解,但可能忽视或误解了一些支持性观点或细节	显示了内容,但对任务的理解还有一定偏差	显示了内容,但基本没有理解

(续表)

	4分	3分	2分	1分
合作过程	有效地使用了全部时间,每个人都对作品制作做出了贡献	大部分时间我们都合作得很好,通常能够互相听取和接受他人的想法	有时能够进行合作,合作中不是每个人都付出了同样的努力	没能在一起进行合作,只靠几个人完成了任务
问题解决	创造性地解决了问题,提出了创造性的解决方案	一起努力克服了所遇到的问题,解决了问题	大部分问题小组合作解决,一些问题没能小组合作解决	很多问题没有解决,导致任务未能完成

2. 小问题2:如何创作一部引人入胜的剧本?

"选择哪位词人做宴会主人""宴会发生的背景""宴会主题是什么"等一系列问题的解决,既考察了学生们对宋词文化发展的了解,又能体现学生在面对复杂问题时的决策能力。在项目过程中,很多小组都经历了不断修正的过程。我们以其中一个以苏轼为宴会主人的小组为例,看看他们都历经了怎样的问题解决过程。

针对学生在选择宴会主人公时的左右为难,教师引导学生通过制作人物地图、人物关系图等方式确定宴会主人。学生通过绘制词人地图及关系图,对宴会主人公有进一步的了解。但创作一部引人入胜的剧本,还需要更丰富的人物性格、跌宕起伏的故事情节等要素。为此,学生们根据之前对剧本创作的了解,修改剧本评价量规。

学生修改后的剧本评价量规如下:

表4 剧本评价量规改进版

	A	B	C	D
主题	主题明确,有矛盾冲突,有现实意义和价值,吸引读者	主题明确,有矛盾冲突,有现实意义和价值	主题明确,有矛盾冲突	主题不明确,没有矛盾冲突
人物	个性鲜明,次要人物能衬托主要人物	个性鲜明	个性不鲜明	不为人们所知

(续表)

	A	B	C	D
情节设置	故事情节跌宕起伏,有矛盾冲突,故事发展具备逻辑顺序,目的清晰	故事情节跌宕起伏,有矛盾冲突,故事发展较有逻辑	故事矛盾冲突不太激烈,故事较为平淡	故事较为混乱
舞台说明	表述清楚,场景符合故事情节,利于在舞台演出	表述清楚,场景符合故事情节	表述不够清楚,场景符合故事情节	场景不符合故事情节

"苏轼"小组的同学们根据剧本评价量规,提出了三个剧本主题:

主题1:苏轼穿越到现代。

主题2:苏轼作为宴会主办方,庆祝抗洪救灾成功。

主题3:苏轼作为宴会参与者,讨论时政。

究竟选择以上三个主题中的哪一个作为宴会主题,小组内部与小组之间展开了激烈的讨论。

(1) 小组代表陈述:

生1:我认为可以让苏轼穿越到现代,和我们对话交流。

生2:我想以他建苏堤、抗洪救灾为主题。

生3:我的观点是苏轼可以举办一场讨论"王安石变法"的宴会。

(2) 小组互评:

小组1:穿越到现代就变成穿越剧了。可我们是历史剧。

小组2:而且这样一来,就不是词人盛宴了。

小组3:讨论时政的部分就不太符合词人盛宴这个主题了吧。

小组2:我们应该注意,王安石变法是遭到很多人反对的。苏轼自请离京就是因为这个原因。这是不是不太适合在大庭广众之下,公开讨论?

小组1:抗洪救灾的主题我认为很好。

小组2:这个是符合历史的。

小组3:那我们邀请的人物是词人还是官员?

小组2:都可以,我们可以围绕抗洪救灾这个主题,让他们做一个诗会。

小组1：那就让来客围绕"国泰民安""风调雨顺"来作词。

小组3：这就是我们剧本的高潮部分吗？

……陷入思考

教师：是不是可以使用评价量规来思考问题？

小组2：根据评价量规，我们抗洪救灾词会很难体现矛盾冲突，高潮可能就很难体现。

热烈的讨论逐渐停息下来。学生再次回顾剧本三要素和剧本评价量规。

（3）学生依据评价量规反思主题选择

小组1：根据剧本要素、剧本评价量规和我们的项目主题，这三个主题似乎都不恰当。

小组2：还是应该关注苏轼在词作方面的成就。

小组3：还应该找到矛盾冲突点。

（4）教师适时布置任务：可查阅如《苏东坡传》《宋史》《宋词三百首》等资料，尝试寻找剧本的矛盾冲突点。

学生一边查阅资料，一边填写"史料收集单"，最终寻找出剧本创作的矛盾冲突点。

生1：词本是歌词的意思。宋词原本都是写一些风花雪月的事情。自苏轼以后，宋词的题材扩充起来，才有了豪放派和婉约派的区别。所以，我们确定主题是豪放派和婉约派的词风讨论。

生2：总体来说，两派之间的矛盾主要在于每个人对词风的主观评价，所以用婉约派和豪放派来区别两类词作者人有失偏颇。因此，此处只针对个人偏好作分析。在所查阅的资料中，直白表明偏好的词人并不多。以李清照为例，她认为苏轼的作品过于狂放，以致失却了词的音韵之美。再比如苏东坡，他曾经批评秦观的词风格庸俗与柳永类似，借此委婉地讽刺柳词。

最终，该小组学生确定时间、地点、宴会来宾和宴会主题如下。

> 时间：1079年，苏轼离京前夕
>
> 地点：京城苏轼家中
>
> 主要人物（宴会主办者）：苏轼
>
> 次要人物（参与宴会者）：黄庭坚、秦观、周邦彦
>
> 宴会主题：婉约派和豪放派词作风格之争

其他小组也大多经历了这样一个发现问题并不断修正问题的过程，并在最终确定了各自小组的剧本要素之后，依据小组分工进行剧本创作。

(5) 其他小组剧本要素如下：

> 小组1：
>
> 时间：1069年，欧阳修离京前夕
>
> 地点：京城苏轼家中
>
> 主要人物（宴会主办者）：苏轼、欧阳修
>
> 次要人物（参与宴会者）：欧阳修
>
> 宴会主题：新旧党派之争

> 小组2：
>
> 时间：1203年，辛弃疾被任绍兴知府兼浙东安抚使
>
> 地点：辛弃疾家中
>
> 主要人物（宴会主办者）：辛弃疾
>
> 次要人物（参与宴会者）：韩侂胄、陈贾
>
> 宴会主题：抗金主战和主降派之争

（六）出项活动——剧本评价会

1. 各小组根据剧本评价量规，选出最佳剧本。

最佳剧本节选：

词人盛宴

作者：李悠然、周韵涵、徐储晨、张馨越、祁葭伊

主要人物：苏轼

次要人物：秦观、周邦彦、黄庭坚。

历史背景：1079年，苏轼遭乌台诗案后，将被贬到黄冈，离京前夕。

（木门打开，苏轼站于门的右侧）（秦观径直走了过来）

苏轼：各位从各地远道而来，有劳了，想必也饿了吧！我们先共享美食，再吟诗作赋！

……

苏轼（放下酒杯）：告别的话，不用多说。只是这样宴饮，也无甚趣味。我们来行酒令，也增添些雅兴，如何？

除苏轼外众人：好！

秦观：恰逢此际，我等在此告别先生，不如就以"离别"为题。

苏轼：妙哉！（看向秦观）那么由少游开始吧。

秦观：山抹微云，天连衰草，画角声断谯门。暂停征棹，聊共引离尊。多少蓬莱旧事，空回首、烟霭纷纷。斜阳外，寒鸦万点，流水绕孤村。

周邦彦（鼓掌）：少游兄好词！

黄庭坚：断虹霁雨，净秋空，山染修眉新绿。桂影扶疏，谁便道，今夕清辉不足？万里青天，姮娥何处，驾此一轮玉。寒光零乱，为谁偏照醽醁？年少从我追游，晚凉幽径，绕张园森木。共倒金荷，家万里，难得尊前相属。老子平生，江南江北，最爱临风曲。孙郎微笑，坐来声喷霜竹。

（苏轼点头）

周邦彦：你这是以老师的口吻写的？可这和离别有何关联？我来做一首！河桥送人处，凉夜何其？斜月远堕余辉。铜盘烛泪已流尽，霏霏凉露沾衣。相将散离会，探风前津鼓，树杪参旗。花骢会意，纵扬鞭、亦自行迟。

黄庭坚：洒脱如子瞻，必定也是和我同样的心情。我这是在劝勉老师，即使离开，也不必过于忧心。

苏轼：是啊，我只是离开京城罢了，没必要把离别看得太重。人有悲欢离合，

月有阴晴圆缺,此事古难全。但愿人长久,千里共婵娟!

黄庭坚(又喝了一大口酒,面色微红,似自言自语道):哎,你们婉约派的诗人有些太过娘子气了,大丈夫就应该豪气一些才是。

周邦彦(眉尖微紧,似有怒色):胡说!婉约派情感描写细腻,哪里是你们可以体会到的呢?

苏轼:话也不是这么说的……

(话还没说完,就被黄庭坚打断。)

黄庭坚:就是,我就随便说了两句,你们何必这么激动呢?再说你言语细腻有自然之美,可依我看过柔,还是豪放派的好。

苏轼:宴会之上,这样争论会坏了兴致。我看我们还是以后再说吧。

周邦彦(气不过,站了起来):依我看,这些事还是就地解决得好。

苏轼:好坏也并不绝对。

(大家都不说话了,气氛有些紧张。周邦彦和黄庭坚都盯着对方,苏轼一口一口地品着酒,面色也很不自然)

秦观:(起立,清清嗓子)你们俩也别吵了。鲁直的"谁便道,今夕清辉不足?"确实是豁达,美成的离别词,也显得极为蕴藉。先生的"千里共婵娟"则既是浪漫,又是豪放,天上人间自由翱翔。大家的词写得都很好。无论豪放还是婉约,只是形式和性情上的不同罢了,大家舍不得老师的心情才是一致的,又何必因这点分歧而争吵呢?

(秦观还没说完,苏轼起立带头鼓掌,周邦彦和黄庭坚随后一起鼓掌。苏轼为每个人斟上一杯酒,与周邦彦和黄庭坚一同向秦观敬酒。所有人开怀大笑。)

(全剧终)

2. 组员之间与小组间对该剧本进行讨论与点评

(1)组员自评:我们小组依据小组合作评价量规和剧本评价量规来对我们的合作过程和作品成果做个反馈。在创作过程中,我们小组在充分了解任务的基础上,对任务进行了分解。每人根据自己的擅长和喜好,自选任务。在合作过程中,我们有效利用时间,每个人都对作品做出了贡献,碰到困难,我们总是一起讨论、商量对策。因此,我给我们的小组合作打4分。针对剧本而言，我们主题明确，有引人入胜的矛盾冲突，故事情节较为顺畅。并且，我认为我们小组的剧本表述清楚，完全可以在舞台上演出。但缺点也是有的，就是人物形象不够鲜明，尤其主要人物的个性未体现出来。因此，我给我们小组的剧本打 A。

（2）小组互评：获奖小组的作品情节完整，矛盾冲突也是我们比较感兴趣的话题，阅读他们的剧本，脑海中就有了画面。最后的结尾处理得也很巧妙，是值得我们学习的。几位词人的创作风格和人物特点都在这短短的剧本中，体现得淋漓尽致。

（3）教师点评：该小组无论在人物的选择、时间地点的确定还是在矛盾冲突的设计上，都非常尊重历史事实。从剧本创作本身来看，无论是苏轼这一人物的丰富性、剧情中以"离别"为主题和相应人物创作风格的切合程度，还是语言、细节层面上的精雕细琢，都体现了该剧本较高的文学性。总体来说，这部作品，兼具历史性和文学性的统一，也深刻表现出我们跨学科项目的核心。最佳剧本的成功，不是一蹴而就的。我们的这个项目，是在大家对宋朝历史和词人不甚了解的情况下开展起来的。活动前期，我们通过阅读《胆剑篇》、开设宋朝文坛大家课程、阅读相关书籍等方式，梳理了宋朝历史、词人及宋朝的风土人情，大家建立起较为清晰的宋朝文化的脉络。又通过对《鸿门宴》和《韩熙载夜宴图》的鉴赏，把握住了创作宴会剧本的必要因素。在整个剧本创作过程中，同学们通过剧本评价量规的审定、小组间的头脑风暴等活动，历经了不断修正的过程，并最终出色地完成了剧本的创作。相信大家在共同解决问题的过程中，不仅对相关知识有了深刻的理解，更感受到了合作的快乐。

五、项目反思

1. 如何确认跨学科项目的设计核心

跨学科项目化学习课程的设计难点，莫过于课程设计核心的确认。在该项目化学习实施前，我们曾经历过一次误入歧途的设计：由于脱离了语文和历史学科核心素养，学生作品丰富有余却无法体现学科能力和学习素养的成长。在夏雪梅博士的建议下,我们对课程重新进行了设计:紧紧围绕语文学科"鉴赏与创作"和历史学科"史料实证"的核心素养,将项目驱动问题调整为:"如何创作一部表现宋朝词人宴会的历史剧本,使之尽可能涵盖宋朝重要的词人流派,汇聚词人典型的代表作,并能够展现宋朝史上的一些重大事件?"

2. 如何在跨学科项目实施中设计学习支架

项目化学习是围绕有挑战性的问题展开的深度学习。对于初中生来说,创作融语文与历史学科于一体的《词人盛宴》剧本还是有相当难度的。于是,我们在该项目化学习课程设计中,预设出多样的学习支架,推动项目化学习的实施。

在入项活动中,教师通过 KWL 表格,引导学生明确学习目标,制定学习计划;通过调查问卷,掌握混龄混班学生的知识储备情况:学生对宋史和宋词并没有清晰的知识框架,对剧本创作十分陌生。

基于这一学情,项目实施教师极其注重搭建指向学科核心素养的脚手架。在项目初期,语文教师开设了"宋朝文坛大家"的拓展课程,推荐与宋史和宋词相关的阅读书目;历史教师提供史料收集单,引导学生在史料收集过程中,重视史料的分类和对不同类型史料价值的分析。学生通过此类脚手架,在项目化学习中初步尝试分析不同类型史料的证史价值,尝试用史料证明自己观点的方法;梳理宋史、宋词的发展脉络,对重要词人和流派有了较为清晰的认知,为后期创作《词人盛宴》打下了较为扎实的基础。

针对学生对剧本创作还比较陌生这一问题,项目组教师又提供《胆剑篇》《鸿门宴》等剧本和历史名画《韩熙载夜宴图》。学生通过阅读与鉴赏,总结"何为剧本",感受"何为盛宴",由此把握住了创作宴会剧本的必要因素。

3. 如何用工具提升学生自主开展项目的能力

在整个项目化学习课程实施中,项目实施团队非常重视评价量规的制定:制定小组合作评价量规,让每位成员都有事可做,有规可依;制定作品评价量规,并随着探究的深入不断修改完善作品评价量规,让作品达成有据可依。

项目化学习是在开放的情境下,让学生直面具有不确定性的问题,这就需要教师与学生一起共同探索,适时调整项目实施策略。在项目实施中,"选择哪位词人做宴会主人""宴会主题是什么"等问题的解决,既考察了学生们对宋朝词文化发展的了解，又能体现学生在面对复杂问题时的决策能力，很多小组都经历了不断修正的过程。

也正是在这些复杂问题的解决过程中，学生获得了不一样的学习创造体验，在创造中得到发展。初一(1)班周韵涵同学说："在日常语文学习中，总是强调两个词派的不同点。但通过这次学习，在查阅资料、整合信息的过程中，大家都不约而同地找到了两个词派和谐的一面。原来很多学术问题不是简单的非黑即白，而是错综复杂、因人而异的。"初一(6)班张馨越同学说："通过史料收集单、KWL表格、人物地图和人物关系图等方式的运用，我对宋朝历史及宋词知识有了更清晰的脉络。这对我今后面对庞杂信息时该如何筛选、建立框架大有启发。"

在项目化学习中，学生不再是简单的知识接受者，他们在自主探究中认识问题的复杂性，在问题解决中深刻理解知识、提升学习能力。我们更加坚定地认为，精心设计的项目化学习课程，在提升学生核心素养的同时，更可以提高学生的创造性问题解决能力。这何尝不是一场智慧碰撞的学习盛宴？

专家点评

《词人盛宴》是很有灵气的跨学科项目。项目生发于文学和史学的融汇之处。

我伴随着这个项目进行了至少两次迭代的设计和实施，每一次都看到这个项目产生了新的突破。

第一次的迭代，实现了从做一个有趣的活动到做一个跨学科项目的跨越。开始的活动设计虽然有趣，却如无根之水，脱离了语文和历史学科核心素养，学生作品丰富有余却无法体现学科能力和学习素养的成长。为此，需要重新调整目标的定位：指向语文学科"鉴赏与创作"和历史学科"史料实证"的核心素养，并进而调整驱动性问题："如何创作一部表现宋朝词人宴会的历史剧本，使之尽可能涵盖宋朝重要的词人流派，汇聚词人典型的代表作，并能够展现宋朝史上的一些重大事件？"

第二次的迭代，重点是在项目过程的变化。项目过程的重点不是让学生搜索资料,产生看似琳琅满目实则知识搬运的项目成果,而是要让学生以历史的眼光和史料实证的视角去筛选关键的事件,理解事件在文学史上的意义,并进而用剧本这种艺术载体创作融语文与历史学科于一体的"词人盛宴"。为此,新一轮的迭代中有两个变化:首先,将评价方案的标准调前,以终为始地思考可能的项目成果——历史剧本是怎样的,以此来为整个项目奠定基础;其次,搭建了不同类型的指向学科核心素养、促进项目成果优化的学习支架。

每一个项目都是遗憾的艺术,现在的子问题的设计和实施也只是在现有条件下的产物。在新一轮的迭代中,伴随着我们对这一文学和历史汇聚的领域更深入的理解,相信子问题的分解将会更聚焦学科素养和学生思维的中间地带,更带动学生实质性地投入项目。

——上海市教育科学研究院普通教育研究所　上海学习素养课程研究所　夏雪梅

家庭污水处理及循环利用系统的设计
——我是建筑给排水设计师

刘 岩

一、项目概述

本项目以提高家庭生活污水的再利用为真实情境,引导学生了解我国水资源的特点、水对人类生存和发展的重要作用、生活污水源、水的净化方法,并思考生活污水的再利用方法,进而设计家庭污水的处理及循环利用系统。学生以上海市政工程设计研究总院的建筑给排水设计师身份,通过现有知识和生活经验,资料查找,体验设计过程,感悟到我们要保护水资源,节约用水。

项目在拓展课实施,总时长为 8 课时和一定的课后时间,项目学员来自预备年级至初二年级学生,涉及科学、数学、工程、人文学科知识。项目流程设计如下:

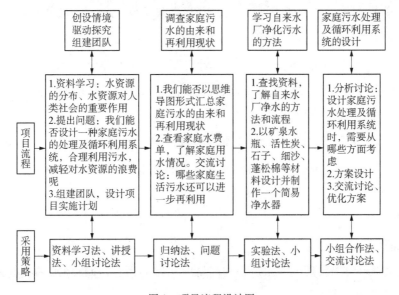

图1 项目流程设计图

二、挑战性问题

（一）本质问题

如何将净水方法运用于生活？

（二）驱动性问题

生活中的很多方面我们都会用到水，如洗菜、做饭、洗衣、洗澡、拖地板等，每天众多生活步骤完成之后，可能会产生大量污水。这些污水如果直接排入下水道，会造成水资源的巨大浪费。假如你是上海市政工程设计研究总院的一名建筑给排水设计师，能否设计一种家庭污水的处理及循环利用系统，合理利用污水，减轻对水资源的浪费呢？

三、项目化学习目标

（一）知识与能力目标

1. 科学领域：通过简易净水器的搭建，巩固六年级《科学》所学沉淀、过滤、杀菌消毒等常见净水方法；巩固活性炭、明矾、氯气等常见净水剂的作用；能够设计合理的步骤净化家庭污水；知道水对人体的重要作用，水是人类的"生命之泉"。

2. 数学领域：调查家庭水费单，了解自家每月用水量和排水量，认识到目前家庭污水直接排放造成的水资源的浪费；上网查阅数据，认识目前中国家庭污水直接排放造成的水资源的巨大浪费。

3. 工程领域：学会简单设计图纸，初步形成工程思维。

4. 人文领域：知道水是大自然赐予人类的宝贵资源，我们要保护水资源，节约用水。

（二）高阶认知

通过学习自来水厂的净水过程和简易净水器的搭建，理解净水的一般思路和方法,设计一套家庭污水的处理及循环利用系统并进行优化。

(三) 学习素养

1. 通过项目实践,提高探究欲望,养成探究习惯。
2. 通过小组合作和分享交流,提高合作能力与表达能力。
3. 通过真实情境中的问题解决,提高学以致用的能力。

四、项目实施过程

(一) 项目准备

1. 研读牛津版六年级《科学》第六单元第二课《水的净化》的教学目标,制定项目目标。
2. 设计项目活动任务单,收集项目过程性资料,引导学生完成项目。
3. 制定项目的评价量规。
4. 确定在拓展课实施项目,通过问卷调查,从知识储备、能力储备、生活经验和对该项目的兴趣等方面全面了解项目学员的基本情况。
5. 知识储备:本项目组共 18 名学生,其中预备班学生 3 名,初一学生 10 名,初二学生 5 名,所有学生均在科学课中学习过沉淀、过滤、吸附、杀菌消毒等净水方法。
6. 能力储备:本项目组所有学生均有在实验室开展实验的经历,有通过网络查找资料的经验,有 14 名同学会运用思维导图整理信息。
7. 生活经验:本项目设计旨在提高生活中污水的再利用,项目源于生活,所有学生均有节水和废水再利用的生活经验。
8. 学生兴趣:所有学生对该项目均有浓厚的兴趣,愿意积极尝试探索。

(二) 入项活动(2 课时)

1. 情境驱动,提出问题

学生观看两段视频:《我国的水资源》《水资源会被我们用完吗?》。学生看完

视频后,教师组织学生交流讨论:

(1) 我国水资源的分布特点是怎样的?

(2) 水资源会被我们用完吗?

(3) 水资源对人类社会的重要作用是什么?

(4) 生活中,我们可以采取哪些措施,节约用水,合理利用水资源?

教师点评学生的回答,提出驱动性问题:生活中的很多方面我们都会用到水,如洗菜、做饭、洗衣、洗澡、拖地板等,每天众多生活步骤完成之后,可能会产生大量污水。这些污水如果直接排入下水道,会造成水资源的巨大浪费。假如你是上海市政工程设计研究总院的一名建筑给排水设计师,能否设计一种家庭污水的处理及循环利用系统,合理利用污水,减轻对水资源的浪费呢?

2. 组建团队

(1) 教师提供通过问卷调查了解到的本项目学员的基本情况,学生研究讨论并确定分组原则:根据学员年级、能力均衡分组。学生为自己团队起一个个性化的名字,并确定团队负责人。

(2) 共同讨论确定团队合作评价量规。

教师提出如下问题组织学生思考讨论:

(1) 团队合作的意义是什么?

(2) 合作时可能会出现哪些问题?

(3) 评价量规指导我们可以如何做?经过学生交流讨论,最终一致达成团队合作评价量规(见表1)。

表1 团队合作评价量规(学生自评)

等级 项目	☆	☆☆	☆☆☆	等级
我们团队分工明确				
我们团队讨论充分				
我们团队态度积极				
我们团队善于反思总结				
我们团队解决了问题				

3. 规划项目

屏幕呈现问题,学生讨论:

(1)你认为完成本项目需要解决哪些问题?

(2)解决这些问题还缺少哪些方面的生活经验和知识储备?

(3)缺少的生活经验和知识储备可以通过哪些途径了解和学习?

(4)了解或学习到的经验和知识用哪种或哪些方式整理最佳?

(5)你能拟定一个本项目的计划吗?

教师点评学生的问题,屏幕展示各小组拟定的进度表,评选最佳方案。

学生设计的项目实施计划最佳方案:

调查家庭污水的由来和再利用现状→学习自来水厂的净水方法→设计家庭污水处理及循环利用系统。

(三) 子问题1:家庭污水的由来和再利用现状(1课时)

学生根据生活经验能够梳理出部分家庭污水的来源,但大部分中学生没有参与家庭生活中的全部劳动,不清楚家庭用水的所有环节,因此不能够完整总结出所有家庭污水的来源和再利用现状,无法根据生活实际开展设计。此外,学生对家庭污水没有量的认知,对污水直接排放造成的浪费也没有深刻感悟。

基于以上两个问题,教师组织学生讨论:可以通过哪些渠道了解家庭用水和污水排放情况?学生通过讨论,最后确定两种方案:(1)开展一次家庭访谈活动,与爸爸妈妈交流讨论自己家庭污水的来源及污水再利用情况,分析还有哪些家庭污水是可以再利用的,并用思维导图梳理呈现。(2)查看家庭水费单,定量了解自己家庭用水和排放污水的情况。

通过以上活动,学生绘制的思维导图中基本都能体现出家庭污水的概念、家庭用水之处、家庭污水的来源和再利用现状,对可再次循环利用的家庭污水有了更深入的了解,进而对本项目的意义有了深刻共鸣,加深了作为节水专员的社会责任感。

表2 思维导图评价量规(教师评价)

等级 项目	☆	☆☆	☆☆☆	等级
关于家庭污水的由来和再利用现状的思维导图	有想法,但思维导图缺乏逻辑性和美观性	思维导图有一定的逻辑性,一些想法切实可行,排版整洁美观	思维导图逻辑性强,想法合理,排版有创意	
	内容明显不完整	内容罗列相对完整	内容罗列完整、准确	

(四) 子问题2：学习自来水厂净化污水的方法(2课时)

学生在六年级科学课上已经学过沉淀、过滤、杀菌消毒等常见净水方法,知道活性炭、明矾、氯气等常见净水剂的作用,但对自来水厂净化污水的完整流程还不清楚,后续设计家庭污水处理流程存在一定困难。教师组织学生通过网络查找资料,了解自来水厂处理污水的方法,并讨论：呈现自来水厂处理污水流程的最佳方式是什么？学生提出可以以流程图的方式来梳理污水的处理过程。

通过学习,学生基本都能绘制出完整的自来水厂净化污水处理流程,主要步骤如下：取水→加凝聚剂(使微小的悬浮物凝聚成大颗粒,便于沉降)→过滤(除去不溶性杂质)→活性炭(吸附色素和异味)→通氯气(杀菌消毒)→供水。

了解了自来水厂污水的处理流程,但学生还不理解净水步骤排序的原因,后续设计家庭污水处理流程时容易生搬硬套,不能根据生活需要选择合适的净水方法,对净水步骤进行合理排序。教师提供了矿泉水瓶、活性炭、细沙、石子、蓬松棉、剪刀、烧杯、铁架台等材料和仪器,让学生以小组合作的形式设计并制作一个简易净水器,净化教师提供的生活污水。

在第一次实验中,各小组同学均能够想到把蓬松棉放在净水器的最下层,以免活性炭、细沙、石子从矿泉水瓶中掉落,但却不知道如何由上到下排列活性炭、细沙、石子的顺序,仅凭感觉将这三种物质随机排列,大多数小组的实验均以失败告终。

教师以屏幕呈现如下问题,学生讨论：

(1) 你们小组的净水器是如何设计的？效果如何？

(2) 如果失败了,失败的现象是什么？你觉得失败的原因是什么？

(3) 如何改进？改进后效果如何？

学生交流讨论失败的原因(见表3),再次尝试设计方案,确定将石子、细沙、活性炭、蓬松棉由上到下依次放置在净水器中,最终取得理想的净水效果。

表3　简易净水器失败的现象及原因分析

失败现象	原因分析	改进措施
净化后的水还是红色的	活性炭的量不足	加入更多活性炭
过滤器中的棉花掉了下来	没有塞好	把棉花平铺于过滤器中
过滤器中的水变黑了	活性炭放在了过滤器中的最上层,活性炭都浮在水面上	活性炭应放在石子和细沙下面、棉花上面
过滤器中的水变浑浊了	细沙放在了过滤器的最上层,倒水的速度太快,细沙与水混合在了一起	减慢倒水速度,将细沙放在石子下面

经过以上探究,学生对自来水的净化流程有了深入透彻的理解,明白了针对污水中的不同杂质,应该采用何种方法,并且知道了应该如何排布选用净水材料的先后顺序,为后续家用污水处理及循环系统的设计积累理论依据和操作经验。

表4　实验评价量规(教师评价)

项目\等级	☆	☆☆	☆☆☆	等级
简易净水器的改进	对少部分问题有准确的分析,提出有效的改进策略	对大部分问题有准确的分析,提出有效的改进策略	对现有问题分析全面、准确,提出有效的改进策略	
最终简易净水器的制作成果	实验设计不合理,态度不严谨,操作中有多处错误,未达到预期实验结果	实验设计基本合理可行,态度严谨,操作中有一两处不规范,基本达到预期实验结果	实验设计合理可行,态度严谨,操作规范,达到预期实验结果	
仪器归纳整理	实验桌面凌乱,没有整理实验仪器和药品	实验桌面基本整洁,对实验仪器和药品进行了初步整理	实验桌面整洁,实验仪器和药品摆放有序	

（五）子问题3：家庭污水处理及循环利用系统的设计（2课时）

学生已对家庭污水的由来、简单再利用和自来水的生产过程有所了解，但自来水的生产过程不完全适用于家庭污水的净化，不能照搬照抄。

1. 教师提出以下问题供学生思考：

（1）你想选择哪些类别的家庭污水进行净化？

（2）净化后的用途是什么？

（3）你选择哪些方法净化家庭污水？

在小组充分讨论的基础上，学生明确了设计方向，有的小组选择了对洗澡水、洗菜水、空调冷凝水进行存储和简单净化，最终用于冲马桶。有的小组选择对洗手池和厨房用水经过过滤、杀菌消毒后用来洗菜、浇花，借助储水箱和水位感应器控制出水量。

但是学生作品还有很多不足之处。首先，某些净化过后的水仍含有大量杂质，与预期用途并不匹配，如只过滤、杀菌消毒后的水并不适合用来洗菜、浇花。其次，各小组的设计仅仅体现了设计理念，设计图并不规范。再次，生活污水还没有实现最大程度循环再利用。

2. 教师再次提出以下问题供学生思考：

（1）经过净化，你除去了水中的哪些杂质？还可能会有哪些杂质？经过净化后的水是否适用于你的预期用途？

（2）管路设计遵循哪些原则？

（3）生活污水如何实现最大程度循环再利用？

（4）你受到什么启发？是否可以继续改进？

学生作品1：家庭用水循环装置

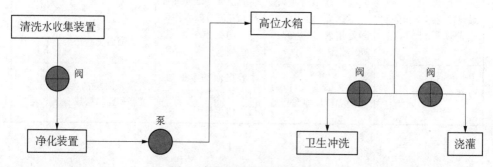

图2　家庭用水循环装置原理图

说明：

1. 清洗水收集装置：家庭中清洗水果、蔬菜或者淘米时，所产生的水，虽然不可饮用，但还是可以在家庭中循环使用，比如冲洗马桶，浇灌花草等。清洗水收集装置是一个储水罐，罐子下面有阀门，它的作用就是将清洗的废水储存起来。

2. 净化装置：净化装置的作用是将清洗水收集装置中的水进行净化处理，以免造成整个装置中的泵、阀等堵塞。净化装置主要由大颗粒过滤网，以及活性炭等组成。

3. 泵：泵就是将过滤净化过的水压到高位水箱的装置，需要电驱动。一般的压力泵即可。

4. 高位水箱：高位水箱的作用是将泵压过来的水储存起来，以备使用。高位水箱下面有阀门，可以控制水流。

工作原理：

1. 家庭清洗水果、蔬菜用的水先储存在清洗水收集装置中，待净化。

2. 将清洗水收集装置中的水通过净化装置净化，净化装置中的滤网滤除大颗粒，防止卫生冲洗时马桶堵塞。

3. 净化装置中出来的水通过一个泵压到高位水箱中。

4. 通过重力进行卫生冲洗，或者植物浇灌。

学生作品2：家庭小型水循环利用装置

在生活中，我们发现，我们使用过的一部分水并不是非常的脏，而有些使用场景，我们又不需要用非常干净的水，能否设计一个装置，把使用过的并不脏的水，应用于对于水质要求不那么高的地方？经调查，也有一些污水回收再利用的案例，但使用成本高、维护繁琐，并不适合向家庭用户推广。结合这些问题的考虑，确定了以下小型水循环利用的设计思路。

把洗漱台、浴室、洗衣机的污水管道串联集中，引入后续集水装置。在现阶段暂时不考虑厨房的出水，因为无动力水油分离器分离水油并不彻底，而有动力水油分离器的电能消耗大，价格高，处理厨房用水并不经济。

集水装置通过管路联通洗手台、浴室与洗衣机污水管，让污染度比较低的水流经集水盒。集水盒上方有用石子与沙砾混合后用细纱布包裹的过滤层，过滤掉一些固体的垃圾,在集水装置中留下一些相对干净的水储存下来。市面上常见的自来水消毒用品多为液氯,可对水进行消毒,但对人体有直接的危害。考虑到长期使用,减少维护,减少二次污染,这套装置的消毒不能依靠化学耗材来实现。初期也考虑过使用臭氧发生器,但有些人会对臭氧过敏,并且臭氧会和水中化学物质产生溴化物,它是一种被世界卫生组织认定的2B类潜在致癌物。经考虑决定使用紫外线发光二极管,紫外线发光二极管的能量消耗少,故障率低,由其承担消毒的任务。

集水盒的上视图是一个菱形,进水与出水采用束水加速的原理,可以用水流自身的冲击力清洗过滤材料的表面,积水盒上方设计成分离结构,作为上盖,并在连接处做密封槽面,长时间使用后可以打开上盖,更换过滤材料。

系统长期使用,集水盒和储水箱内部与过滤层表面会产生积污问题,所以在集水盒和储水箱外部安装超声波发生器,在系统控制直接集成一个开关逻辑,按下一个键就会启动两个超声波发生器,工作15分钟左右,自动排空集水盒和储水箱内部所有的水,并利用储水箱的水冲刷集水盒过滤层的表面,带走积污,完成一次自洁程序。

整套系统大概能产生地表Ⅲ类标准的水,完全满足抽水马桶或者拖把池等对水质要求不高而且用水量大的应用供水,并且存在一定的除菌抑菌能力。系统的安装可考虑把滤清集水盒安装在卫生间回填层,不占用室内面积,储水箱安装在卫生间吊顶上部,可以很好地隐藏并提供一定的水压。出于使用环境、加工便利、成本考虑,集水盒和储水箱的制造材料可使用200系列的不锈钢材质。从提高家庭用水的利用成本考虑,小型水泵的能量来源可用小型的风力发电小风车或者太阳能电池,这对节能减排也可以起到一定的作用。

这套系统最大的优点就是使用材料大多数为一次性投入,没有耗材,尤其是化学耗材,对有可能产生的二次污染也降到最低,最大程度减少更换操作。第二个优点是带自洁能力,延长过滤层使用寿命,给过滤层更长的使用周期。第三个就是成本低,系统结构简单,控制系统简单,控制电路在大规模制作中完全可以小型化,成本低,过滤层可使用活性炭与沙石层叠,获取简单。

节能减排是一个大课题,在一个大的方向上我们可以从小处着眼,深化、优化思路,每年节约十多吨水,集腋成裘,不失为一个好的方法。但推广到每个家庭也会遇到各种阻碍,降低成本或提高性价比、操作简单将会是一直需要考虑和深化的。以上这个初步的思路不知能否对未来家庭生活发生一点点改变,还需要市场的检验。

表5 设计评价量规(教师评价)

项目 \ 等级	☆	☆☆	☆☆☆	等级
家庭污水处理及循环利用系统设计图	没有方案,或者方案无法解决任何问题	方案设计基本能解决问题,但实用性和创新性不足,图纸不美观或缺少标注	方案能解决问题且科学,标注完整规范,方案有创新性	

(六) 出项活动: 成果展示与评选(1课时)

1. 线下展示:将设计制作成海报或PPT,在课堂交流展示。
2. 课堂内评选最喜欢的作品、评选最佳团队。
3. 将完成的作品提交学校,制作展板,放在校园的相应位置。

五、项目反思

本项目以学生熟悉的水为线索,以"设计家庭污水的处理及循环利用系统"为驱动性问题,通过开展多种形式的学习活动,最终指向学生的多学科素养。通过一个多月的项目化学习,学生最终完成了家庭污水的处理及循环利用系统的设计。但反思整个项目过程,我的感受如下。

(一) 真实情境有利于引发学生深入思考和探究

基于真实情境的问题解决是项目化学习的基本特征。本项目赋与学生真实的角色——假如你是上海市政工程设计研究总院的一名建筑给排水设计师,通过"设计家庭污水处理和循环系统"这一驱动性社会问题,可以帮助学生发现这个项目背后的环保意义,引发学生深入思考并实践探究。

(二) 教师更放手,学生更自主

《家庭污水处理及循环利用系统的设计——我是建筑给排水设计师》是我开始接触项目化学习之后设计的第一个项目,在设计之初,我对学生能否顺利完成有很大的疑虑。但实施下来,学生运用工程思维完成了家庭污水处理及循环利用系统的设计,出色地完成了任务,大大超出我的预期。我深刻感悟到教师应该充分相信学生、认可学生能力。另外,反思整个项目过程,我觉得还可以更加放手,充分发挥学生的主体作用,给学生更多的时间和机会去学习和成长,如让每一个学生有更多的时间去收集资料、整理信息、充分分析和讨论问题,提高参与度和成功可能性。学生在问题驱动下的自发学习若最终能解决问题,可以获得更多的成就感。除了组内讨论,还可以增加组间合作,若一个小组不能解决问题,可以展开两个或者多个小组联合讨论。

(三) 优化改进

本项目中,学生设计的实际节水效果还未进行验证,部分设计还可以继续优化改进。后期可以继续指导学生制作出实物模型,并对净水成本、节水效果做进一步测试和优化。

专家点评

一直以来,学生从书本中所获得的知识往往是脱离了真实生活情境的、干瘪的知识,学习也被认为是象牙塔里的事,学习的意义限定于纯粹知识和技能的增长。至于解决真实社会问题以至改变社会那是学生完成学业走上工作岗位后的事。这一理解至少存在两个方面的问题:一是学生学习的是惰性知识,很难应用于真实问题解决,学生甚至找不到学习的生活价值;二是如果在学习过程中没有播下社会责任感的种子,作为未来社会公民的责任担当意识可能更为淡薄。因此,鼓励学生关注与学习内容相关的现实生活并支持学生创造性地解决真实问题显得尤为重要。

《家庭污水处理及循环利用系统的设计——我是建筑给排水设计师》项目是帮助学生"超越对学术内容掌握"学习的一次很好的学习实践。该项目整合了科学、数学、工程以及人文领域相关知识与能力，以日常生活中的水污染现象为背景，让学生化身为一名建筑给排水设计师，以设计一种家庭污水的处理及循环利用系统为项目任务，使得学生在探究过程中不仅学习和掌握了相关知识和技能，更培养了学生节约用水和保护水资源的意识和社会责任感。从项目设计与实施过程来看，有三个方面的做法可供他人参考：一是项目选题关注真实社会问题，引导学生追寻有意义的学习。学生设计家庭污水处理及循环利用系统的项目探究过程，不仅是培养好奇心、启发智慧的过程，也是增进社会责任感的过程。二是图表支架的恰当运用。在整个项目中，教师多次为学生提供图表支架，帮助学生理清思路，从而有效推进项目进程。例如，项目流程图的形式，较为直观、清晰地呈现整个项目的设计与实施思路，成为学生项目探究过程的导引"地图"。三是学习评价贯穿整个项目探究过程。教师基于项目目标设计了相应的评价量规，不仅可以检测学生学习目标达成情况，更可作为学生探究过程中的参考依据。

在项目实施过程中，出项并不仅仅是一项学生项目成果的展示与评选活动，学生如何展示并解释自己的作品原理以及学生如何评选作品仍然是学习的延续，并且通过展示与评选，教师亦可以综合评估学生项目目标的达成情况。因此，建议教师可以精心设计有关出项活动，甚至可以邀请相关专业人员共同参与，让项目成果的展示与评选活动成为学生深度学习和反思的契机。

——上海市教育科学研究院普通教育研究所　上海学习素养课程研究所　崔春华

太阳雨探秘

王 倩

一、项目概述

本项目来源于学生对自然现象"太阳雨"的疑惑。学生的疑惑映射出学生对未知的好奇与探索,这与人类不断探索自然是吻合的。随着年龄的增长,学生对认识事物的能力也在增长,对自然的认识深度和广度也在慢慢变化着,所以学生有能力揭秘事物现象背后的原因。遇到疑惑或问题,如何引导学生利用已知知识解释未知现象背后隐含的原因;如何引导学生用实验检验自己观点的真伪;如何引导学生用正确的方法阐述自己的观点;这是项目开展的出发点和立足点。

本项目不拘泥于解释太阳雨的成因,而是在项目开展过程中,引导学生如何做项目;引导学生查阅书籍、自学知识,解决问题;完成项目的过程中,重视小组协助、组内互助,做到让每位学生在项目学习中有收获,希望每位学生都在项目学习中体会项目的乐趣。本项目的开展着眼于对学生项目资料搜集、资料拓展能力的培养,提高学生分析和组合材料能力的提高;重视实验探究的设计和实施,从自然现象"雨",到实验设计"模拟降雨",让学生在项目活动中体会实验对检验理论的重要性;鼓励学生从多角度展示自己在项目学习中的收获。

该项目开展在八年级实施,为期一个学期,涉及物理、地理、化学、历史、信息技术、语文、美术等学科。

二、挑战性问题

（一）本质问题
太阳雨形成的原因是什么？

（二）驱动性问题
对不寻常的自然现象，古代人和现代人一样充满好奇。古代关于太阳雨的传说有很多，有人认为这是魔鬼在作怪；有人认为这是天神突然大发雷霆；有人认为这是预示悲剧将要发生；但也有人认为这是好运。现代关于太阳雨的解说也有很多，有的地方把它称为"狐狸雨"，是浪漫爱情的象征；有的地方认为这是悲剧的预兆，相传狐狸女化身成人来到凡间寻找爱情，因为过于美丽，遭到人类嫉妒，受到诽谤，最终伤心离开人类……古代关于太阳雨的传说，主要是人类科学文明比较落后，对自然不了解，有敬畏之情；现代人关于太阳雨的各种说法，主要是为生活增添乐趣。太阳雨的成因到底是什么呢？让我们一起来一场科普探究之旅吧。

三、项目化学习目标

（一）知识与能力目标
1. 通过搜寻与太阳雨有关的信息，了解人类对太阳雨认识的历程，尝试解释太阳雨形成的原因，了解太阳雨和普通雨之间的区别，在查阅资料的过程中逐步学会对资料归纳和总结，学习从批判的角度来分析问题，用创新的视野来提出问题。
2. 通过项目活动——"模拟降雨"，通过实验设计和操作，逐步形成实验探究能力。

（二）高阶认知
1. 通过项目活动的展开，发现项目实施过程中存在的问题，寻找问题解决的方案，在问题解决的过程中，体会小组分工协作的乐趣，形成小组协助的意识，学习统筹规划的能力。

2. 项目成果展示环节，综合运用文字、绘图、视频、PPT 等呈现方式，学习多角度分析问题。

(三) 学习素养

1. 探究性实践：搜集有关太阳雨的资料，学会分类整理太阳雨的相关资料。

2. 社会性实践：学会倾听他人的想法，敢于说出自己的想法；勇于承担小组的任务，学会组内协作，学习处理问题的方法。

3. 调控性实践：能够有计划地完成项目；书写实验报告的过程中，能够在发现问题后及时调适；小组协作依据现有器材，制定实验计划；模拟降雨实验。

四、项目实施过程

(一) 项目准备

本项目在六年级和八年级分别做了 KWL 表格调查，表格内容包括：

(1) 关于太阳雨的传说，我知道的故事有哪些？

(2) 探究太阳雨形成的原因，我需要学习哪些知识？

(3) 学习的途径有哪些？实验报告如何设计？

(4) 实验设计遇到问题，我需要得到什么帮助？

调查结果显示：六年级学生中只有 5% 书写过实验报告，知道实验报告书写流程的也只有 15%。八年级学生则有 90% 的学生书写过实验报告，99% 的学生知道实验报告的书写流程。而在实验过程中遇到问题，需要得到帮助的选项中，六年学生 80% 找专业人士，15% 找老师，八年级学生则 70% 选择查找资料，10% 找同学帮忙。根据调查，八年级的学生自学能力已很强，科学探究意识也有一定的基础。项目最终定在八年级开展。

(二) 入项活动

1. 驱动性问题的提出

教师出示图片：下雨天却出太阳。提问：古人认为这是魔鬼妻子的眼泪，现代人认为这是浪漫爱情的到来,哪种解释正确呢?为什么?

学生在项目活动中的讨论非常热烈。阐述观点的环节,有的学生说,听爷爷奶奶提起过关于太阳雨的故事,说下太阳雨会遇到倒霉的事情;有的学生说,听爸爸说过,太阳雨和普通的雨一样,没有区别;有的学生说,太阳雨和普通降雨不同,它会影响植物的生长;有的学生认为这图片不真实,因为自己没有遇到过太阳雨;有很多学生说,自己看到过太阳雨,还说出下太阳雨的全过程。关于太阳雨形成的原因是什么,众说纷纭,该如何向同学和家里的老人更好地科普太阳雨到底是如何形成的呢?

2. 组建团队

在讨论的过程中,学生形成共识:小组成员特长不同,组长起到协调和组织的作用。在分组的条约支配下,学生顺利完成分组,例如:八(5)班成立雨绘、霖曦、星空、日冕、晓、炎炎、檀竹等小组,八(6)班成立驭行天下、尘世诗章、烟鸽展翅、森之海、启明星、扬帆起航等小组。项目化学习开展的过程中,形成了组内合作、组间竞争的学习氛围。学生们相信自己选取的研究方向是独创的,只要大胆尝试、勇于探索,就能获得满意的设计成果。

3. 项目方案设计

学生从分析问题入手,展开讨论,最终形成了共识:

(1) 古今中外人们对太阳雨现象产生错误认识的原因是什么?通过查阅资料,分析总结,寻找太阳雨形成的原因。

(2) 太阳雨现象产生的科学原理是什么?通过资料分析,查找太阳雨与普通雨的关系,模拟人工降雨。

(3) 以什么方向进行科普宣传?通过宣传,劝告人们不盲从。

(三) 项目实施

1. 子问题1:古今中外人们对太阳雨现象产生错误认识的原因是什么?

(1) 任务一:关于太阳雨的记录有哪些?

学生第一次搜集资料时,检索的词语是"太阳雨",各个小组搜集的资料大同小异,原因是大都通过百度百科直接粘贴过来。有个别同学通过知网搜索,搜索的结果是没有相关论文。

学生第一次搜集的资料,和项目化学习的目标是不符合的,分析其原因,学生把项目化学习,当成学科作业来对待,出发点是找到正确答案。所以他们搜集资料主要从太阳雨成因的科学解释入手。学生搜集资料的视野太小,需要老师帮助打开思维,进而扩大搜集资料的维度和广度。教师设计的系列引导性问题:

① 关于太阳雨的事件,在古代是否有记载?

② 关于太阳雨的成因,哪些书籍中有记载,它们是如何解释的?

③ 国外是否有太阳雨的记载,他们又是如何描述的?

在系列问题的引导性下,学生的思路打开了。再次提交的资料,内容丰富了,也有了一定的深度。学生搜集的资料有:世界各地关于太阳雨的不同称呼,以及形成这种称谓的起源;古代关于太阳雨的记载,如古诗;现代关于太阳雨的记载,如散文、小说、电视剧等。学生第二次搜集的资料内容丰富多样,说明学生真正入项了,顺理成章地,第二个任务也生成了。

（2）任务二：关于太阳雨的资料如何梳理？

学生搜集的资料包括古代关于太阳雨的记载,现代关于太阳雨的记载,以及国外关于太阳雨的记载等。整理资料的过程中,大部分小组用文字的形式进行整理。为规范资料的整理,教师设计了系列引导问题:

① 关于太阳雨的资料的整理,按照什么原则整理分类?

② 资料整理分类的过程中,整理的结果以什么方式呈现?

学生经过讨论,把资料梳理的原则分为两类:一类按照时间记载,分为古代、现代;一类按成因解释,分为科学解说、非科学解说。学生资料梳理的成果采用思维导图的形式。太阳雨思维导图的整理主要包括,一是太阳雨的基本信息、成因、传说、文学作品;二是太阳雨的记载分类、成因、主发地带等。各个小组选择本组的资料梳理方向,在资料整理过程中,学生还配有形象的图片加以说明,或采用幽默的文字表达。学生在资料梳理过程中,享受着项目化学习带来的乐趣。有的学生俏皮地问:"老师,我们哪组最好呀?"老师的回答是,决定权交给大家。至此,任务三应运而生。

(3) 任务三：项目活动中，完成组内和组间评价。

本环节多角度、多维度评价学生的项目活动，主要以"过程性评价"为主，强调表现评价，发挥评价的导向作用。资料搜集和整理评价量规如表1所示。

表1 资料搜集和整理评价量规

评价指标 \ 评价等级	4—5分	2—3分	1分	自评	互评	师评
资料查找	资料搜集方式4种及以上	资料搜集方式至少2种	资料搜集方式单一			
资料整理	能够依据资料提出小组自己的观点	能够对资料概况总结	资料整合痕迹少			
内容丰富	结合太阳雨形成原因和历史资料，多角度、多样化阐述太阳雨	关于太阳雨的介绍，内容丰富、叙述详细	内容较少，阐述单薄			

通过评价打分，最终雨绘组和启明星组得分最高，通过雨绘组和启明星组的代表分享经验，其他小组找出了本组的不足。通过组间经验的分享，每位小组代表阐述本组的优点和不足。为项目化活动优化高效地开展积累宝贵的经验。

在梳理太阳雨资料的过程中，有的小组选取某一个或某两个方面来展示；有的小组按照本组对太阳雨相关知识的理解，采用夸张的简笔画、漫画或油画等方式，创新性展示本组对太阳雨的理解等，展示的内容和方式多样。

2. 子问题2：太阳雨现象产生的科学原理是什么？

(1) 任务一：太阳雨成因的科学解释。

通过资料搜集和查找及整理过程，对太阳雨的成因，学生已清晰明了。在整理太阳雨资料的过程中，学生已达成共识，采用思维导图或用图片加以解说。学生提交了整理好的太阳雨成因的资料，包括太阳雨的科普知识和历史记载。如太阳雨的成因是，远方的乌云产生雨，被强风吹到另一地落下而降雨，此时太阳还没有完全被乌云遮住，开始降雨，从高空降下的雨还没落地，云就已经消失了，所以天气看起来虽然晴朗，却下起雨来了。太阳雨和普通的降雨原理一样。有一个小组还梳理了中国最早对太阳雨成因的记载。我国对太阳雨成因的最早记载，一个是在战国时庄周撰的《庄子·天运》中;一个是在西汉时期的董仲舒所著《雨雹对》中。

太阳雨和普通的降雨原理一样。如何自己设计实验来模拟降雨,这是对学生灵活应用知识能力的挑战。

(2) 任务二:模拟降雨实验。

项目化学习活动进展的过程中,有学生大胆提议,可以模拟降雨。实验器材的选取对实验的成败很重要,因此实验操作之前,项目组展开了关于实验器材选取的讨论。有同学建议用干冰,但干冰不易取得,而且干冰有一定的危险性。针对干冰的问题,老师引导学生展开讨论。老师设计的引导性问题是:模拟降雨,实验器材选用干冰的优缺点是什么?

学生通过查阅相关干冰降雨的资料,小组汇总出干冰降雨的原理及优缺点。经过讨论,大家舍弃了干冰。学生的讨论结果汇总如下:

① 关于干冰降雨的原理:

人工降雨运用降雨的物理学原理,通过向云中撒播降雨剂干冰使云滴或冰晶增大到一定程度,降落到地面,形成降雨。简单来说就是通过使用干冰的人工干预方法使水滴凝结成雨。

② 关于干冰降雨的特点:

干冰即为固态的二氧化碳,无毒、无味,极易挥发,挥发成气体二氧化碳,比固体体积大 600—800 倍,所以干冰密封很容易爆炸,干冰与液体混装也很容易爆炸。且干冰成本高。

干冰成为待定的实验器材。此时学生陷入迷茫中,拍电视剧,模拟降雨场景选用的是干冰,可是如果不选择干冰来模拟降雨,该选取什么实验器材来模拟降雨呢?老师提出了引导性问题:

① 降雨的原理是什么?

② 水滴下落的现象,在生活中是否能看到?是什么原因形成了局部"降雨"?

在问题①的引导下,学生通过查阅资料,并自学八年级物理课本第五章"热",在"物态变化"一节的学习中,学生受到启发。总结降雨的原理:水蒸发的过程中,小水滴凝聚比较多时,在重力的作用下,水滴下落。

在问题②的引导下,有学生提出,洗澡时,经常会遇到"降雨"现象,水滴从天花板落下。因为洗澡时水蒸气比较多,小水滴凝聚比较多时,在重力的作用下,水滴下落。

学生的思路一下子被打开了,学生提出多种降雨的方案。实验器材的选取有冰块、水、热水、加热器、干冰等。学生的器材选择多样起来,各种器材优缺点是什么?学生做了梳理和总结,汇总结果如表2所示。

表2 不同实验器材的优缺点

实验器材	优点	缺点	最终选材结果
干冰	大范围降雨	成本高、易爆、不容易得到	开水、烧水器、铁锅(或水杯、塑料膜、冰块等)
水	易得到、成本低	实验时间长、局部有雨滴、实验现象不明显	
开水	易得到、成本低、实验现象比较明显	实验时间短、容易烫伤、局部有雨滴	

经过组内协商,项目组最终确定选取水或开水为实验器材。

学生利用周末的时间来完成实验操作。教师设计的引导性问题是:真实记录实验现象,尊重实验事实,并完成实验报告的书写。教师展示实验活动的评价量规,如表3所示。要求完成实验报告中的实验现象(或实验结论)栏的书写。

表3 实验报告书写评价量规

评价指标 \ 评价等级	4—5分	2—3分	1分	自评	互评	师评
实验设计	实验设计条理清晰、有修改补充痕迹	实验设计条理清晰	简单实验步骤			
创新性	实验设计独特,巧妙应用生活资源	增加自己的理解和改进	无太多创新			
实验操作	至少两组实验实施过程完整,有过程资料和实验改进的记录	有两组对比实验,有实验记录	完成一个实验			
实验报告	实验报告书写完整	实验报告书写基本完成	有实验记录			

学生积极参与实验操作过程,如实记录实验现象,并分析实验现象不明显的原因。学生实验操作记录显示,在实验中,有的用热水和保鲜膜;有的用锅和冰;有的用水壶和铁锅;有的用水壶和玻璃杯。

实验过程中,项目小组发现,用烧水壶持续对开水加热,雨滴形成得比较快,而且雨量比较大。小组还发现,用塑料膜实验现象也很明显。有个别小组尝试用温水和塑料膜,发现实验现象不明显,分析其原因是水蒸发得比较慢;实验改进,换用开水,现象明显很多,若在塑料膜上加冰块,加快水蒸气液化,实验现象更明显一些。

实验操作过程中,有一个小组尝试实验拓展,模拟水循环。他们分别在实验器材的选取和实验设计上做了改进。实验器材的改进:采用塑料软管和空矿泉水瓶,用软管连接上下两个矿泉水瓶,两条软管都注满水,分别放入盛有水的上下两个矿泉水瓶中,实验结果是,水只从上面的矿泉水瓶流入下面的瓶子,无法实现循环。该组同学又做了实验设计的改进,将一个矿泉水瓶用铁架台固定,用一条软管分别连接该瓶子的顶部和底部(瓶子上口大,下口小),持续向瓶子中加入水,发现仍然无法实现水循环,软管中的水上升到和瓶子中的水相平时不再上升。

水循环实验以失败收场。分析其原因,实验中需要提供水从低处到高处的动力,小组模拟水循环的装置是连通器,所以无法实现水循环。局部水循环,人工实验是可以模拟,但自然环境中的水循环很难实现。实验的结果和实验反思让学生明白资源循环利用的重要性,感悟到要尊重自然规律,人与自然应和谐共生。

在书写实验报告的过程中,学生认真阅读"物理学习活动卡",重温详细实验报告的书写格式,其格式主要由实验目的、实验器材、实验步骤、实验现象(实验结论)组成,并完成了实验报告的书写。实验报告如表4(含表4-1、4-2)所示。

表4 学生完整的实验报告
表4-1 模拟降雨实验报告

实验名称	人工降雨
实验器材	水、冰块、电热水壶、盘子
实验步骤	1. 将电热水壶烧烤 2. 把盛有冰块的盘子放在电热水壶上 3. 观察盘子底部的现象 4. 整理实验器材

(续表)

实验现象	观察到盘子底部渐渐凝聚成小液滴,随后缓慢滴落。另一个现象是冰块融化成水
实验原理	电热壶产生的水蒸气遇冷液化成小液滴,小液滴在空气中受到大气浮力的作用,刚开始浮力大于重力,因而不会掉落,随着水蒸气液化成的小液滴越来越多,其所受重力越来越大。当所受重力大于浮力,小液滴就会掉落

表4-2 太阳雨实验报告

实验目的	探究太阳雨形成的过程
实验器材	手电筒、水壶、屋内植物
实验步骤	1. 用手电筒照射植物 2. 用水壶缓慢倾倒水 3. 观察植物周围变化
实验结果	没有现象。究其原因是手电筒不能改变局部的蒸腾作用,所以无法形成局部降雨
实验改进器材	吹风机、水壶、A4纸
实验过程	1. 将A4纸铺开 2. 用水壶缓缓倾倒水,打开吹风机吹水 3. 水被吹到A4纸上,如此持续2—3分钟
实验结果	1. A4纸的局部会形成雨 2. 验证雨势分布不均匀的特点

实验操作完成后,学生对雨的形成理解非常深刻,关于各种雨的传说,已无法动摇学生对科学信服的态度。实验是检验理论或学说的标准,这种科学的思辨思维,已深深植根于学生心里。

3. 子问题3:以什么方式进行科普宣传?

关于太阳雨探秘过程的收获,学生各抒己见,侃侃谈论自己的收获及改进措施,成功的喜悦溢于言表。如何向他人展示本项目的收获,如何帮助老人和小朋友来甄别太阳雨传说的真伪呢?

在讨论环节,有的同学说把我们的资料给他们看;有的同学说把实验报告给他们看;有的同学说我把实验过程录下来给他们看……各抒己见,无法确定用哪种方式展示。

教师设计了引导性问题：

① 我们的展示对象是老人和小朋友，基于展示对象，如何设计产品呢？

② 面对居家老人和小朋友，我们的产品需要注意的事项有哪些？

学生经过讨论，最终达成共识：用绘本的形式展示。绘本的要求是：(1)内容直观明了；(2)内容深入浅出，浅显易懂；(3)内容用绘图加文字的方式；(4)绘图要形象生动；(5)绘图要有趣味性。

经过各小组协商，作品展示共分三部分。第一部分是太阳雨的各种传说；第二部分是太阳雨的科学原理；第三部分是太阳雨的艺术创作。

绘本制作过程中，有个别小组绘图比较薄弱，小组成员主动寻找其他小组成员帮忙绘制本小组的图画，同学们在绘制作品的过程中，体会到组内合作、组间协助的快乐。在产品制作过程中，学生也认可了其他同学长处，明白了尺有所短寸有所长的道理，更体会到了众人划桨开大船的优势。

(四) 出项活动

学生的作品在教学楼做了展示，作品下面还附有建议簿，搜集建议用以改进作品。

1. 学生成果一：汇总太阳雨的各种传说，编辑成绘本。

绘本的内容包括：太阳雨可以治愈眼病；太阳雨是狐狸哭泣；太阳雨是悲剧的象征等。绘本阅读的对象是老人和小朋友，因此学生绘制作品时采用形象的简笔画，辅助简短的文字说明，有的小组还在文字旁用批注辅助理解。

2. 学生成果二：形象描绘，解密太阳雨形成的原因。

当天气骤变，从高空降下的雨还没落地，云就已经消失了，太阳没有完全被乌云遮住，就出现了太阳雨现象。绘本绘制过程中，学生将重点放在图片创作上，形象绘制太阳当空照，强风吹来，云和云突然相遇时形成雨的过程；有的学生采用拟人手法，将太阳、云、风、雨拟人化，绘制太阳雨形成过程；有的小组采用幽默手法，撰写太阳、风、云、雨之间的搞笑对话。形象直观的科学表达，再配上大胆的想象，深受老人和小朋友的喜爱。

3. 学生成果三：创作艺术作品，借用太阳雨抒发自己的情感。

有的小组采用科学和美学结合的手法,用光的反射原理绘制太阳雨;有的小组采用文学和美学结合的手法,用人狐结合描述太阳雨;有的小组用隐喻的方式描述太阳雨。精彩的艺术作品让老人和小朋友们大饱眼福。

学生的作品形象、生动、直观,他们充分挖掘出自己的创造力,深入浅出地归纳太阳雨的科学原理。在作品展示环节,得到了很多同学的赞许,还有同学询问我们这是什么课,怎么加入项目团队等。学生把作品带回去给小区的老人和小朋友看时,老人的反馈是,通俗易懂,很实用;小朋友的反馈是,这个画,我能看得懂,我也会模仿画。

作品展示环节,学生系统地梳理了从入项到项目实施过程中的收获,无论是知识层面、管理层面、合作层面、自学层面,还是学科交融层面,都有很大收获。学生真正感受到了在项目化学习中的乐趣。

(五) 项目收获与反思

1. 项目收获

(1) 学生层面

资料搜集环节,学生经历查找资料、筛选信息和整理资料的过程,学会了多角度分析问题,辩证地处理信息,促进了自身对资料的进一步消化和吸收。

在项目科学论证的过程中,学生学会用实验来检验事物真伪,通过自行设计实验,改进实验,分析实验现象,总结实验,学会了有理有据地说明问题。

整个项目活动中,学生遇到问题,从开始的争吵不休,到组内协商,再到讨论问题中不断调整项目方案,他们体会到了团队合作的优势。

在出项活动中,学生学会利用信息为自己的生活和学习服务,知识源于生活,而又服务于生活,这也是物理学科核心素养的本质。

(2) 教师层面

该项活动初期,因为教师本身经验欠缺,走了很多弯路,项目的进展曾一度陷入僵局,学生认为该项目无聊、没有研究的价值。后来教师经过专家引导,重新设计项目的实施方案,设计了系列问题链,引导学生突破瓶颈。看到学生思维层层被打开,看到学生分析问题的能力逐步在提高,看到学生找到解决问题方案时的喜悦,作为教育工作者的我,感到无比自豪,希望学生能站在自己的肩膀上攀登高峰。

通过这个项目学习活动,我有以下几个重要体会:首先项目的设计方案非常重要,它是项目开展的框架和航标。其次问题链也很重要,它是项目活动开展的灵魂,是学生攀登知识高峰的阶梯。再次是评价量规的激励作用,评价量规可以激励学生在探究的路上不断前行,因为评价量规可以让学生清晰看到自己的进步;另外评价量规的不断细化,可以指引学生灵活应用知识,让不同的学生都有所收获。

2. 项目反思

"探秘太阳雨"是我接触项目化学习的第一个项目,对项目的理解是随着项目的开展不断加深的。项目的开展过程中,我不断对项目的进展做出调整,调整的过程也是自己反思的过程。

项目成果展示环节,学生主要应用图文解说、思维导图、美术创造等方式。这个环节还可以进一步拓展学生的思维,如把模拟太阳雨实验搬到现场,或录制高清视频播放;还可以模拟雪、冰雹等自然现象;还可以查找其他自然的假说,加以科学分析,拓展科普的范围。另外还可以通过线上和线下两种方式开展作品展示,这样使更多的人了解项目的实施意义,也可以得到更多的反馈意见,使得接下来的项目开展更加顺利。

专家点评

自然世界总存在着一些不寻常的自然现象,实际上这些看上去非同寻常的所谓神秘现象往往蕴含着科学原理和规律。学生好奇心强,渴望探索和了解大自然的种种秘密。教师如能根据学生的这一心理特点,依据学习内容,创设情境,有助于激发学生的求知欲与探索欲,帮助学生亲身感受和体验大自然的神奇魅力,并在探究自然秘密的过程中自主建构知识与能力,改变以往学生被动接受科学知识的现象,使学生真正做到学以致用,用以致学。

《太阳雨探秘》项目正是教师基于这一思考的实践。该项目以古今中外人们对"太阳雨"这一自然现象的错误认知为背景,以科普太阳雨的成因为大任务,引导学生了解人类对太阳雨认识的历程,学生在查阅资料的过程中逐步学会对资料归纳和总结,学习从批判的角度分析问题。同时,项目重视实验探究的设计和实施,通过模拟降雨的过程,让学生形成对太阳雨成因的更为客观和科学的认识和解释。该项目从实施过程来看,有两个方面的做法值得借鉴:一是项目实施前的准备工作较为细致。教师通过 KWL 表对六年级和八年级的学生分别进行了调查,使得教师能更清楚地了解学生现有的知识准备,便于明确需要为学生提供哪些支持。与传统备课中"学情分析"不同的是,由于项目的综合性,教师对学生学情的分析也更加综合,教师只有了解学生群体和个体差异,才能更好地为学生的探究过程提供服务,因材施"策"。二是学生指向情境问题解决的思维路径较为清晰。从项目实施过程来看,学生的探究过程始终围绕具体情境中的问题展开:从资料搜集到实验模拟,最后的产品也回指问题本身。项目化学习中的驱动性问题来源于某种情境。情境既是问题产生的缘由,也是问题解决的条件并决定项目产品的适用场景。为引导学生更好地开展探究,在案例实施过程中,针对不同问题,教师都设计了不同的引导性问题作为学生学习的支架。但支架的提供需要把握时机,注意支架提供的"时"与"度",建议教师尽量让学生自主分析并尝试提出问题解决方案,在此过程中针对不同的情况设计不同的学习支架,给予学生更多自主探究和学习的机会。

——上海市教育科学研究院普通教育研究所　上海学习素养课程研究所　崔春华

《最后一课》
——数学和话剧的美丽邂逅

杨　林　王　璐

一、项目概述

原创数学话剧《最后一课》是根据数学家苏步青的自传,由华二附初的学子自己撰写剧本和演出的数学话剧。

在这个项目中,学生需要阅读跟数学家苏步青有关的书籍,例如《神奇的符号》《东方第一几何学家苏步青》等,然后选择自己最喜欢的小故事,自主创作编排剧本,经小组讨论一起选定服装与道具、自主排练,最后登台演出。

同时,该项目极大地发挥了华二数学教学和戏剧教育的特色,通过数学话剧的形式,让原来高高在上的数学家形象变得更加饱满和生动,既为话剧艺术开创了新的题材,也为数学普及找到了理想的表达方式。

二、挑战性问题

(一) 本质性问题

如何将人物故事与人物精神用话剧形式生动形象地演绎出来?

(二) 驱动性问题

上海市第三届中小学生戏剧节即将举行,数学话剧社将代表学校参加此次比赛。作为华二附初的学子,我们要发挥华二数学教学和戏剧教育的特色,通过创作和演绎数学家苏步青的话剧,弘扬数学家的爱国精神,展现华二学子热爱祖国热爱党、朝气蓬勃奋发向上的精神风貌。那么作为编剧和演员，我们如何将苏步青的故事写成一个15分钟的剧本，再以话剧的形式展示给大家呢？

三、学习目标

（一）知识与能力目标

1. 艺术：了解剧本创作的基本知识。

掌握话剧表演的基本方法，享受舞台表演的乐趣。

2. 历史：知道苏步青的生平经历和时代背景。

3. 数学：感受数学家苏步青的爱国情怀，迸发学习数学的热情。

（二）高阶认知

创见：阅读与苏步青相关的书籍，体会数学家爱国的情怀，创作剧本并进行演出，将这种精神传达出来。

（三）学习素养

1. 社会性实践：积极倾听他人的观点并回应。从编剧、演员、道具、服装、场务到灯光，学生自主规划、互相合作完成彩排及演出。

2. 调控性实践：有计划地完成项目，并不断修改完善自己的剧本，增强表演效果。

3. 审美性实践：结合人物特点和故事发生的背景，揣摩人物心理，通过服装和动作准确、富有美感地塑造人物形象。

四、项目实施过程

（一）项目准备

1. 确定实施团队为拓展课混班混龄的学生。

2. 阅读"第三届上海市中小学生戏剧节"的通知内容：知晓活动主题为"艺趣

正燃,少年奋发",接受各中小学的本校在校学生戏剧团体(含中等职业学校)所创作的原创或改编剧目,要求主题鲜明、内容深刻、剧情完整、健康向上。鼓励戏剧实验和反映当代中小学生价值观思考的原创作品,改编或重现中外名家名剧经典,符合选送作品要求的剧目作品,经组委会初审审核通过后,方可参加戏剧节的学生展演单元进行文化交流演出。剧目形式:话剧、戏曲、音乐剧、歌舞剧、肢体剧、木偶剧等。剧目时长:10分钟至25分钟。

3. 阅读关于数学家苏步青的书籍《神奇的符号》《东方第一几何学家苏步青》。

(二) 入项活动

1. 明确项目任务

介绍活动背景:我们要将表现苏步青爱国的故事写成话剧剧本搬上舞台,参加第三届上海市中小学生戏剧节的比赛,展现华二学子热爱祖国、奋发向上的精神风貌。

明确学生的角色:编剧和演员。

项目成果:参赛的数学话剧剧本和表演。

2. 展示上一届艺术节一等奖作品的展演视频

通过观摩获得一等奖的作品的展演视频,思考:好的话剧剧本和表演有什么特征?亮点在哪里?呈现学生最初对于好的话剧的理解。

(1) 学生感悟:

① 学生感悟一:我发现,戏剧是了解自我,使自己进步的一个非常好的方式;是改变自我,突破自我的一种媒介。

② 学生感悟二:好的剧本在情节上要跌宕起伏,紧紧抓住观众的感情,让观众产生共鸣,语言上要有感染力。

③ 学生感悟三:演员要反复琢磨台词,表演要贴近人物特征,这样表演才会有感染力。

(2) 老师总结:好的话剧应该具备以下特点:

① 舞台性。古今中外的话剧演出都是借助于舞台完成的,舞台有各种样式,目的有二:一利演员表演剧情,一利观众从各个角度欣赏。

② 直观性。话剧首先是以演员的姿态、动作、对话、独白等表演，直接作用于观众的视觉和听觉；并用化妆、服饰等手段进行人物造型，使观众能直接观赏到剧中人物形象的外貌特征。

③ 综合性。话剧是一种综合性的艺术，其特点与在舞台塑造具体艺术形象、向观众直接展现社会生活情景的需要相适应。

④ 对话性。话剧区别于其他剧种的特点是通过大量的舞台对话展现剧情、塑造人物和表达主题的。其中有人物独白，有观众对话，在特定的时空内完成戏剧内容。

（三）子问题1：结合这次戏剧节的主题"艺趣正燃，少年奋发"，我们应该选择苏步青生平中的哪些事件来呈现他的爱国主义精神？

1. 通过阅读介绍苏步青的相关书籍之后，分小组讨论并交流展示结果

（1）小组1的展示结果：

同学们在苏步青的自传《神奇的符号》里找到了这样的小故事：1902年9月苏步青出生在浙江省平阳县的一个山村里。虽然家境清贫，但父母依然省吃俭用供他上学。他在读初中时，对数学并不感兴趣，觉得数学太简单，一学就懂。然而，后来的一堂数学课影响了他一生的道路。

苏步青上初三时，他就读的浙江省六十中来了一位刚从东京留学归来的教数学课的杨老师。第一堂课杨老师没有讲数学，而是讲故事。他说："当今世界，弱肉强食，世界列强依仗船坚炮利，都想蚕食瓜分中国。中华亡国灭种的危险迫在眉睫，振兴科学，发展实业，救亡图存，在此一举。'天下兴亡，匹夫有责'，在座的每一位同学都有责任。"他旁征博引，讲述了数学在现代科学技术发展中的巨大作用。这堂课的最后一句话是："为了救亡图存，必须振兴科学。数学是科学的开路先锋，为了发展科学，必须学好数学。"苏步青一生不知听过多少堂课，但这一堂课使他终身难忘。

（2）小组2的展示结果：

苏步青从日本东北帝国大学学成后，携妻一起回到中国，进入浙江大学任教。不久抗日战争爆发，浙大被迫西迁，浙大师生不仅受到当地疟疾病的严重威胁，而

且还遭到日机有目的的狂轰滥炸。然而无论条件多么恶劣，浙江大学始终没有放弃教学与科研。在两年半时间内浙大共迁移四次，途经浙、赣、湘、粤、桂、黔等六省，行程2600多公里，陈建功和苏步青随着他们的学生，一起颠沛流离，共度了许多现在的人们难以想象的艰难险阻。到达遵义后不久，数学系搬到离遵义75公里的湄潭，在那里居住了六年，直至抗日战争胜利，1946年返回杭州。苏步青在贵州湄潭的那些年，浙江大学的数学研究取得了很大的进展。以熊全治、白正国、张素诚等为主要成员的微分几何小组在苏步青的指导下成立了，并取得研究成果。与此同时，苏步青在微分几何学、射影曲线论两个方面，取得了引人注目的成果。德国著名数学家布拉须凯称苏步青为"东方第一几何学家"，欧美、日本的数学家称他们从事的微分几何学为"浙大学派"。

2. 老师总结

第一小组选的故事发生在苏步青上初中时，在第一节数学课上，老师没有讲数学，而是讲了一个又一个科学家的故事，讲了中华民族近百年来的屈辱历史。他说，天下兴亡，匹夫有责，在座的每一位同学都有救国的责任。为了救亡图存，必须振兴科学。数学是科学的开路先锋，要想发展科学，就必须学好数学。所以从那以后，苏步青就立志学习数学来发展中国的科学。

第二小组选的故事是苏步青在日本获得博士学位之后，婉拒了东北帝国大学的工作邀请，携妻子返回祖国。在抗日战争时期，苏步青随浙大西迁，克服了重重险阻，指导学生取得了许多研究成果，被誉为"东方第一几何学家"。

两个小组选的故事虽然历史背景不同，但是都能表达出苏步青的爱国情怀，非常有感染力。

（四）子问题2：如何将数学家苏步青的这几个小故事写成15分钟的剧本？

各小组利用课余时间查阅资料，寻找话剧剧本创作的要素，制订话剧剧本创作的主要步骤，在探究的过程中，随时将自己的疑惑与心得上传线上平台，同学们可以在线上进行阅读心得交流。

经过小组讨论，学生总结出剧本创作的三要素：矛盾冲突、人物语言、舞台说明。

矛盾冲突是剧本的关键，剧本主要是通过台词推动情节发展、表现人物性格，舞台说明则是剧本里的一些说明性文字。

剧本的创作通常有六个步骤：

1. 熟悉剧作的基本理论

必须熟悉剧本创作的基本规范，但不能让理论束缚了我们的思维。

2. 确定故事类型

要确定故事是喜剧，还是悬疑剧，是历史剧，还是科幻剧，等等。

3. 确定题材及立意

题材指要讲一个什么样的故事。立意就是通过这个故事要表达怎样的一个主题思想。

4. 拟定故事梗概

指大概的故事内容，这是故事的骨架，是控制故事结构的最有效的方法。

5. 编写故事提纲

指对剧情细节的概括，是将每一个情节点罗列出来。

6. 动手写剧本

台词语言要能充分表现人物性格特点，要通俗自然、简练明确，要适合舞台表演。

几个小组成员分别将自己选的小故事写成剧本，总共分成四场戏来呈现。

学生写好剧本后，我们邀请到上海市剧协会会员、戏剧影视编剧许静波教授给学生作剧本创作方面的指导。许教授指出剧本出现的问题：

1. 内容平铺直叙，主题不明确，在15分钟的短剧中没有办法将苏步青从少年到老年的所有故事一一展现出来，可以挑选原先剧本的第二幕"浙大西迁"这个故事来进行扩写，可以将其他几个小故事糅合到这个故事中。

2. 没有戏剧应有的矛盾冲突，一个好的剧本故事情节应该是跌宕起伏、一波三折的，"浙大西迁"发生的历史背景是抗战时期，而苏步青的夫人是日本人，这个特殊的身份会不会让人产生误解，进而引发一系列的矛盾冲突？

3. 苏步青在面对浙大学子投笔从戎、参军报国时的态度是怎样的？

4. 怎样将少年苏步青立志学数学的原因和青年苏步青日本学成后毅然归国

这些故事也写进"浙大西迁"的剧本里呢？

大家在聆听完专家的修改意见后，小组讨论决定将几个小故事糅合在一场戏中，并增加一些人物设定，如威胁苏步青劝学生参加军保卫国民党领袖的国民党军代表，在"九一八"事件中失去亲人并最终决定投笔从戎的学生，误解松本米子是日本间谍的村民等，同时决定让苏步青以讲课的方式将自己学习数学是为了报效祖国的原因向学生们娓娓道来，突出主题、凸显矛盾冲突，确定了新的故事梗概：

我国杰出的数学家苏步青，从日本东北帝国大学学成后，携妻米子一起回到中国，进入浙江大学任教。不久抗日战争爆发，校长竺可桢为保存浙大，率师生西迁，最终抵达贵州湄潭。苏步青在心爱的学生们即将参军走向战场前，为他们上了最后一课。课上，他介绍了自己的学习经历，讲述了立志学数学的原因：用科学的方法来研究中国问题，实现国家的富强！课间，有人怀疑米子是日本间谍，后经竺可桢等人的解释，大家终于明白了。最后，苏步青鼓励学生忠心报国，待抗战胜利后继续回来求学，要发展科学，更要先学好数学！

学生小组讨论形成最初的评价量规。

表1 数学话剧评价量规

评价项目	项目分值	评价标准	等级	生评		师评
				自评	他评	
剧本创作	3分	剧本主题积极向上，构思独特，内涵深刻；数学相关知识清晰，情节跌宕起伏	三星			
		剧本内容健康，主题鲜明；数学相关知识清晰，富有想象力	二星			
		剧本内容完整，主题健康向上；数学相关知识内容正确	一星			
		剧本不完善或有与事实不符、知识理解有误等情节描述	能量星			
台风台貌	3分	演员发音标准，吐词清晰；表演声情并茂，动作自然流畅	三星			
		演员台词熟练，发音标准，吐词清晰	二星			
		演员基本完整演绎剧本	一星			
		演员忘词、错词或表演生硬，配合不默契	能量星			

(续表)

评价项目	项目分值	评价标准	等级	生评 自评	生评 他评	师评
团队合作	2分	舞台布景美观,服装道具符合剧本要求,背景音乐(如有)、节目编排等完美演绎剧本	二星			
		舞台布置、服装道具、背景音乐(如有)、节目编排等基本符合剧本描述	一星			
		舞台布置、服装道具、节目编排等有待加强	能量星			
现场效果	2分	节目充满激情,有现场互动或能充分调动现场气氛感染观众	二星			
		节目完整演绎,现场气氛较活跃	一星			
		现场观众反映一般	能量星			

* 备注:

1. 满分10分=10颗星(三星=3分,二星=2分,一星=1分,能量星=0分);2. 在每项对应星值后打√确认;3. 总分高者为优。

在反复商讨和打磨后,最终完成了数学话剧《最后一课》的剧本创作,我们的剧本于2021年10月提交给第三届中小学生戏剧节组委会并通过初选,于2021年11月23日登上上海话剧艺术中心的舞台进行表演与评比。

(五)子问题3:如何将剧本在舞台上呈现出来?

1. 通过观摩上一届艺术节优秀作品的展演视频,思考好的话剧表演有什么特征?

学生讨论总结的结果:表演需要有真情实感,尽可能地还原人物。还原人物很重要的就是走进人物角色。

学生仔细阅读剧本后,查阅相关资料,结合自己对所演角色的理解写一篇人物感悟,要求包含三部分内容:①人物资料照片;②人物在这一时期的主要经历;③你对角色的理解。以下是扮演苏步青和松本米子的两位演员所写的人物感悟:

(1)《最后一课》角色资料及感悟——松本米子:对于松本米子这个角色,我的感悟是她义无反顾地放弃了日本的优越生活条件,无法在父母处尽孝,追随苏步青教授远离故土到中国,不辞辛苦,任劳任怨;她省吃俭用,竟冒着风险去菜市场卖菜,就是为了赚取一点生活费,一切都是为了自己的这个大家庭。松本米子真是一个值得人敬佩的奇女子。"人去瑶池竟渺然,空斋长夜思绵绵。一生难得相依侣,百岁原无永聚筵。"这首缠绵悱恻的情诗,正是苏步青教授在自己百岁之日为纪念米子而作的,这首诗也成为一段旷世的跨国之恋的最佳注释。

（2）《最后一课》角色资料及感悟——苏步青:我觉得演绎苏步青这个角色,应该表现出沉稳的性格,对于日本军国主义的痛恨与反对,对于妻子松本米子的爱,要切合台词与背景做出表演。

2. 请导演

学校利用集团资源,邀请到了华东师范大学优秀的学生导演来指导排练,一切以专业话剧团的要求来进行表演指导。

3. 排练

排练前演员要背诵台词,揣摩人物的思想感情,设计动作;每次排练后指导老师都会提出修改意见。

表2 排练笔记

开始时间:15:41 结束时间:17:40	地点:行政楼4楼	记录人:闰晟	排练日期: 11.12
迟到/早退/缺勤: 无		排练场次: 整排第二幕、顺排全部	
健康笔记: 全员健康			
重点笔记 (一)第二幕记录: 1. ①苏步青的大段独白要做到层次分明、语气跌宕起伏;②即使有不熟悉的词,也要说下去,要有底气地说词;③和学生的眼神交流、和观众的交流要适当权衡,更多地把眼神聚焦在学生身上;④要区分讲课和讲故事的状态:讲课要端庄、姿态稍微放高一些,讲故事要贴近学生,语气要柔和一些,但要处理好每一句话的气息,不要用气声结尾。 2. ①学生们的状态要比真实生活里上课的状态多一些稍微夸张的表情和小动作,一定要认真去听正在说词的人的词,正常、自然地作出反应[觉得认可的就赞同、难过的就皱眉同情];②多给自己加一些戏,多和旁边的人互动;③所有的动作都尽量向台前做,不要背台。 3. ①军代表在听到"我一直期待你们好好学习,好好做研究……"的时候开始疑惑,心里要有内心戏,觉得"苏先生怎么没有听进我的劝?";②听到"你不应该成为野心家的工具……"的时候,皱眉、初显愤怒;③边说词边走位:"……我想你对党国有一些误解"停留在原地——"有党才有国……毕竟是			

(续表)

在党国的学校里读书"一边说一边不屑、嚣张地走到讲台边上——"可是你千不该万不该……"看向苏步青,向前走一步,怼到苏步青面前——"你说,谁是野心家,谁是独裁?"狠狠地指向苏步青,狠狠地拍桌子;④"你是日本人的间谍"再次狠狠地指向苏步青。
4. 学生们在苏步青和军代表的矛盾冲突时,要做出明显的反应——疑惑、左右为难,不知道谁是对的,谁值得信赖。
(二) 第三幕记录:
1. ①竺可桢讲故事的时候声音放出来;②"苏夫人随着丈夫来到……"左手引向米子,"浙江吉安、江西庐山……"左手从米子的方向,一跳一顿地向观众引导过去——"这样的苏夫人……"再次看向米子以及众人——"中国人里一样有坏人……"语气加重,看向观众或者众人都可以。
2. 米子在讲故事的时候往前走一步,在说到和苏步青有关的事情、觉得很对不起苏步青的事情的时候,眼神可以稍微倾斜向苏步青。

补充
1. 孩子们进步都非常大,值得表扬!
2. 注意台词的流畅度。排练前尽快入戏,排练时不要出戏,让情绪处在稳定的状态里。

4. 不断改进

在排练中,学生互相观摩,提出修改意见,探讨道具的选择,形成表演的最初版本。

例如学生提出:①在轰炸后,苏步青从防空洞跑出来,皮鞋上应该有泥土。②苏步青的夫人松本米子在集市上卖菜不应该穿和服,手里还应该有一个装菜的篮子,里面装有一些真的蔬菜。③农民手里应该拿着锄头等农具,这样更符合农民的人物设定等。

5. 思考话剧排演还需要哪些工作人员,他们的工作职责

(1) 话剧舞台的背景制作员、音效和灯光控制员:每个小组要有几位学生根据这一场戏的剧情需要制作背景视频或 PPT,搜集并加入表演需要的音效,设计舞台灯光营造情景氛围。

(2) 话剧服装和道具员:每个小组需要有同学查阅历史资料确定那个年代的人物服装和这幕戏需要的道具。服装和道具确定后要联系学校协调购买或租借事宜,有些道具需要手工制作。

(3) 话剧剧务员:联系学校协商确定排练和演出的场地,熟悉剧本,指挥同学摆放道具进行舞台布置。

6. 成果修订与完善

在正式比赛前两周,我们将整部戏的排练视频录下来,发到线上平台让所有成员观摩交流,同时将完整的排练视频发给专业的戏剧表演老师进行指导修改。

老师指出:话剧表演要注重细节,人物演绎要浸入到这个角色里,如学生赵雷在讲述自己失去亲人这一段时,可以用手擦拭眼泪、声音哽咽,并且在其他同学提出下一个问题时,赵雷应该还沉浸在之前的感情中不会马上进入听课状态。

(六) 出项活动

上海话剧艺术中心将制作好的《最后一课》宣传海报和其他参赛学校的海报印刷成册,发放给各个参赛学校,以现场观看+网络直播的形式,向全市观众进行展演。本次戏剧节,上海市共有21所初中同台竞技,由专业评审选出团体一、二、三等奖,最佳男/女主角奖,最佳男/女配角奖,优秀个人表演奖,最具潜力新星奖,最佳剧本创作奖等奖项。最终,在全体社员和老师的共同努力下,我校数学话剧社选送的数学话剧《最后一课》获得团体三等奖第一名,充分展示了华二附初学子的良好精神风貌。评审除了肯定学生的表演,还提出一些建议,如这部剧中米子和农民之间的误解解决得稍显突兀,有点不合常理。

(七) 项目成效

学习如何进行话剧的剧本创作和表演,感受数学和数学家的魅力,感悟数学人生。

学生最初是不会编写剧本和表演话剧的,但是随着一步一步的模仿、探究和实践,学生一点点探寻出解决问题的方法,通过话剧这种形式,自己创作剧本和扮演其中的角色,身临其境,感受到数学和数学家的魅力,也对爱国传统有了具体的进一步的认识。

数学和话剧结合在一起,旨在"弘扬高雅艺术,提升学生综合素质,深化中华传统美德和中华人文精神教育,发掘美育的育人功能",可以让华二附初学子在展现热爱祖国、奋发向上的精神风貌的基础上,通过戏剧的力量,提升综合素质及人文素养,让艺术走进校园,丰富华二附初学生的学习文化生活。

五、项目反思

1. 学生的收获

（1）对话剧创作与表演有了更鲜活的理解。

（2）学会了与人共同合作解决问题。

我是来自初一(1)班的张同天,这次很高兴代表学校参加第三届上海市中小学生戏剧节的表演。我在《最后一课》中饰演苏步青的一名学生何梁。

我以往参加各类比赛,都登上过大舞台,有较多的舞台经验,但是话剧表演对于我来说还是全新的体验。通过和同学们一起排练,一起表演,我结交了很多新的朋友。在老师们的悉心指导下,一遍遍推敲台词,一次次纠正动作,我终于带入了人物感情。我发现,戏剧表演是了解自我,使自己进步的一个非常好的方式;是改变自我,突破自我的一种媒介。

这次我们获得了初中组团体三等奖,我甭提多高兴了,我们的努力得到了认可。在这里要感谢学校,感谢老师,感谢伙伴们,这是我们团结一致的成果。最后,我非常怀念和大家一起排练的日子,希望以后还能有机会去参加类似的活动。

初一(1)班 张同天

9月伊始,学校招募数学话剧演员,与话剧的邂逅,让我有机会在《最后一课》的舞台上饰演一位可敬的大学校长——竺可桢。

对于完全没有话剧演出基础的我来说,这是一个全新的挑战,但是指导老师们给了我莫大的鼓励,这让我对自己和即将到来的话剧演出充满期待。

最初杨林老师以及华东师大的指导老师带领着我们分析了剧本。这个过程特别考验我们的耐心和文字功底,因为文字是枯燥的,需要我们用心感受当时的社会环境,揣摩剧中的人物性格特点和基本形象特征。

在大家共同的努力下,我们十几个人迅速熟悉了剧本。每天到音乐厅排演是这一个多月最难忘的时光,那种紧张和兴奋让我至今都记忆犹新。

"台上一分钟,台下十年功",一点不假。为了《最后一课》的精彩上演,我们课下不排练的时候,依然在自觉排练,争取更加生动形象,入情如戏。近两个月的排练,无数节自习课、拓展课,无数个午休、放学后,我们穿梭于音乐厅和教室之间,我们从话剧小白,渐渐排练成型,再到最后冲进话剧比赛的决赛,我们越战越勇,越演越入迷,我们陶醉于"艺数"的世界,沉浸在剧中的情境中。一路走来,我们收获了话剧知识,收获了团队合作,收获了民族的历史,收获了表演的自信,最重要的是收获了一个全新的自己。

演出的那一天,我们信心满满地走向舞台,我们知道那是心中的殿堂。在台上我们完全沉浸在戏剧带给我们的快乐与成就中,虽然因为疫情台下没有观众,可是没有减少我们半分的热情,我们以几乎"零失误"将《最后一课》完美演绎。回来的路上,每个人依然沉浸在自己的角色中,久久不能忘怀。

数学话剧带给我一个全新的世界,她开启了我对艺术的新认知,她让我可以和历史对话,找寻到文字背后的精气神,让我在不断实践中理解艺术创作的美与真。

初一(8)班 王圣哲

在数学话剧《最后一课》中,我饰演的是苏步青的夫人松本米子。这次活动让我受益匪浅,不仅得到了华东师大优秀学生导演的指导,还欣赏了许多其他学校的精彩表演,真是"山外有山"啊!我的台词不多,但仍需反复练习、反复琢磨,这虽然占用了我很多时间,但也培养了我平衡校内学习与参与活动的时间分配能力。虽然平时训练很苦,但当最终站在舞台上与小伙伴们一起将话剧完整地呈现给大家的时候,我是激动而自豪的!也让我明白了:天赋也许可以实现瞬间的精彩,但坚持才能实现永恒!

初二(8)班 杜雨阳

2. 教师总结

我们在剧本创作中理解了如何设置戏剧冲突,让剧情跌宕起伏、引人入胜。我们在排练中学会了揣摩人物心理,浸入到角色中去表演。在比赛当天,当每一个学校演出完毕走出演播大厅的时候,其他参赛学校的学生都会集体起立,给予对方学校最热烈的掌声,这一点深深震撼到了我,享受舞台、尊重对手、体会戏剧中的人生是我们话剧表演的初心。

数学话剧《最后一课》这个项目是我接触项目化学习之后设计的第一个项目，我对项目化学习的理解是随着项目的实施渐渐深入的，所以反思持续调整在整个项目中。

在项目实施的过程中，我总结了以下经验教训：

首先，剧本创作对于初中生来说难度比较大，在入项后应该给学生更多的时间去学习感悟如何撰写剧本，凸显矛盾冲突。这次因为比赛有提交剧本的截止时间要求，所以时间略显仓促，使学生发挥的空间受到了限制。

其次对于浙大西迁的历史背景，学生们的理解还不到位，所以在人物塑造上有一点难把握，如果时间充裕可以请历史老师给学生讲解一下那段时期的历史，让学生查阅历史资料，更好地理解和演绎角色。

最后在话剧表演的学习上，还可以观摩更多的优秀话剧，让学生充分探讨，总结得出好的话剧表演的亮点和特征。

数学话剧《最后一课》已经落下帷幕，数学学科将继续依托项目化学习方式，不遗余力地促进学生的发展，数学和话剧一定会再次邂逅。

专家点评

本项目将项目化学习的方式融入校本课程实施中，以数学家的故事为题材，让学生经历话剧剧本创作、修改和演出等过程，在实际表演和体验中感受数学家的精神和品质。

这个项目结合学校数学教学和戏剧教育的特色，启发我们在结合学校校本课程开发项目时，可以关注：第一，创设真实的问题情境，尽可能给予学生真实的体验和参与。本项目紧扣驱动性问题的戏剧节，学生需要以编剧的身份真实地提交剧本，需要以演员的身份真实地进行表演，这样的真实性会更多地激发学生的主动性和积极性。第二，在项目中引进戏剧领域的专业人士，为学生的剧本创作和戏剧表演提出建议。在这些专业人士的支持下，《最后一课》剧本的合理性不断得到完善。学生在此过程中不断深化对于戏剧冲突等关键要素的理解。

在此也有一个建议：要关注项目各要素之间的一致性。在项目设计与实施的过程中，教师还需要经常回顾项目目标、项目成果、项目评价等关键要素的一致性。在本项目中，项目评价从多个维度进行了考虑，这是比较好的。不过对照项目的本质问题，我们会发现，在剧本创作中是不是选择了能够体现人物精神的关键事件和故事也是非常重要的。同时作为一个数学话剧，还要关注是否凸显了数学家典型的特征、数学家的思维方式和精神品质等。而目前的评价中更多的是从一般的剧本创作中来考虑的，忽略了这个项目想要凸显的关键特征。

——上海学习素养课程研究所　李倩云

怎样让同学们主动洗手

刘雅清

一、项目概述

本项目为面向六年级学生开展的活动项目,项目时长为7课时。

六年级的学生见证了2019年新冠疫情,在大多数时候也能够主动落实防疫措施来保护自己,学生明白校园防疫工作对维持正常的学习秩序和环境的重要性,却很难做到在生活的方方面面都能够注重传染病的预防,如饭前不洗手、不注意开窗通风等。本项目以校园防疫这一真实情景,激发学生的探究兴趣,引领学生围绕"怎样让同学们主动洗手"这一驱动性问题开展项目化学习,希望通过学生自主探究过程,逐步解决项目难题,用科学实验的结果说服身边的同学更加主动、自觉地改进卫生习惯,真正做到知行合一,提高科学素养,也通过本项目进一步培养学生的科学思维和科学探究能力。

本项目为将来生命科学《健康与疾病》主题"常见病及其预防"内容的学习做准备,为提升学生的核心素养做实践,充分培养学生分析问题、解决问题的能力。

二、挑战性问题

(一) 本质问题

如何根据实验作出决策?

（二）驱动性问题

最近，班级的生活委员跟老师反映，近期班级的免洗洗手液和消毒湿巾几乎都没怎么用，同学们在饭前也常常做不到主动去洗手，即使反复强调洗手的重要性，很多同学仍不以为然，请同学们出谋划策，想想如何从根本上解决这个问题，让大家主动地想去洗手？

三、学习目标

（一）知识与能力目标

1. 学会简单的微生物培养技术。
2. 会选择适当的器具进行科学实验，记录或描述实验现象。

（二）高阶认知

1. 问题解决：能够发现问题，有针对性地提出解决方案，并在方案的设计和实施过程中进行综合考虑。
2. 实验：能够评估不同实验方案的可操作性，选择实验室条件下的最佳方案，完成实验实施。

（三）学习素养

1. 探究性实践：
（1）有意识地使用信息技术工具查阅资料、制作问卷、分析数据。
（2）进行科学实验的设计、验证，并用搜集到的数据进行有说服力的表达。
2. 社会性实践：
（1）通过自主探究和小组合作，激发科学探究的兴趣和热情。
（2）在探究过程中乐于发表个人意见并尊重他人的见解，逐步形成团队协作精神。

四、项目评价

本项目需要评估学生使用信息技术收集信息、处理数据的能力,探究活动设计与实施过程中的自主探究和小组合作落实情况,最终得到科学的实验结果并进行科学的表达与交流。设计如下评价量规。

表1 项目评价量规

元素		☆☆☆	☆☆	☆	等级
过程性评价	团队合作	团队分工明确,成员认可团队协议,并能自觉遵守协议,沟通顺畅,协作良好	团队有明确分工,个别成员无法遵守团队协议	团队分工不明确,有成员无法遵守团队协议	
	表达交流	团队交流表达时有主持人,交流有序,每位成员都会积极主动发表见解,也会认真倾听他人意见	团队交流有序,成员各抒己见,但偶有个别成员无法参与其中	团队交流时无组织,个别成员不参与发表意见,他人交流时不能够专注的倾听	
	团队日志	有完整的团队日志记录,包括日期、人员、事项等	有团队日志,但记录有缺失	无团队日志,或团队日志无有效信息的记录	
	实验探究	能够认真完成实验的设计,并虚心听从建议,将实验方案改进为操作性强的可实施方案,学习微生物接种与培养技术,并熟练完成实验的实施	能够完成实验的设计,并做出相应的改进,跟随老师进度完成微生物接种与培养技术,但还不能够熟练地独立完成实验的实施	学习不够认真,实验的设计有很大问题,经过改进可操作性仍不强,没有很好的掌握微生物接种与培养技术,不能够独立完成实验的实施	
	观察与记录	能够准确记录实验现象,对实验现象进行科学描述,并根据实验现象得出科学的结论	记录的实验现象与真实情况有误差,但能够描述出实验现象,也能得出较为合理的实验结论	没有客观地记录实验现象,但根据现象可以得出实验结论	

(续表)

元素		☆☆☆	☆☆	☆	等级
结果性评价	调查表设计	调查表涉及的问题较为科学、完整,表述清楚,有针对性	调查表涉及的问题较为科学,问题表述清楚,但个别问题针对性不强,属于无效问题	调查表涉及的问题有科学性错误,问题针对性不强	
	探究实验方案设计	实验目的明确,实验器材选择合理,实验可操作性强,实验逻辑正确,有对照实验,遵循控制变量原则	实验目的明确,实验选材复杂,可操作性不够强,无较大的逻辑性和科学性错误,有对照实验,也能遵循控制变量原则	有实验目的,实验选材不合理,实验步骤有科学性问题,没有遵循控制变量原则或无对照实验	
	探究实验方案改进	能够听取老师建议,并在组内形成有效讨论,修正自己的实验方案,形成操作性强、科学的实验方案	能够听取老师的建议,在自己的方案基础上做出有效的修改,但距离实验实施仍有距离	听取老师建议后,仍然无法将方案进行有效的修改,实验方案距离实验实施仍有很大距离	
	展示与交流	将实验结果以合理的形式进行展示,视频内容清晰完整、内容有条理、科学性强,能引发观者共鸣	将实验结果以合理的形式进行展示,能清晰表达实验结论,有一定的参考价值	能以一定的形式表达交流所得到的实验结论	

五、项目实施

(一) 项目准备:了解项目化学习,进行团队建设(1课时)

1. 学习目标:了解什么是项目化学习,并能够组建项目化学习的团队,提高沟通、合作能力。

2. 核心问题:项目化学习的主体是谁? 如何开展项目化学习?

3. 学习活动:

项目组成员为20人组成的拓展课兴趣小组。在项目开始之初,教师提供三个关于项目化学习的微视频:"创造一座天空之城""火山怪物""设计并制作一款街机游戏"。通过微视频的学习,学生明确了项目化学习和日常传统课堂中的不同,明确了项目化学习的目标与意义,并积极参与到项目化学习中。

在教师指导下,学生组建项目化学习小组,共组建了四个小组,小组队员合理分工,并签订团队合作协议。

学习小组组建完毕,教师指导学生按照流程开展学习与实践;指导学生在解决问题过程中如何利用搜索引擎进行网络学习,如何查阅专业文献。

(二) 子问题1:如何了解目前全校同学的卫生落实情况?(1课时)

1. 学习目标:通过材料阅读和小组讨论,能够明白校园防疫中的一些具体规定的科学道理,能够有意识地使用信息技术工具对校园防疫措施的落实情况进行统计分析,明白进一步探究的实践意义。

2. 学习活动

(1) 教师提供相关资料

教师提供"传染病流行"相关文字和视频资料,如传染病流行的三个环节、预防传染病的措施、"伦敦霍乱的平息"影视资料等。学生通过阅读和视听学习,明白传染病流行的三个环节以及切断传播途径在传染病控制中的重要作用,更深刻体会到校园防疫的重要性。

(2) 学生确定了解现状的形式

学生就"校园防疫如此重要,我们认真落实了吗?目前的落实情况如何?"这个问题进行充分的小组讨论,考查自己的卫生习惯,最终决定采用问卷调查的形式对校园防疫日常进行调查统计,从中查找日常防疫存在的问题。

学生问卷设计的基本流程是先将校园防疫相关的做法进行简单陈列,根据同学们日常观察的落实情况,从中确定出需要进一步调查的问题选项。学生设计的具体问题选项存在诸如范围太大、与个人卫生习惯关系不大、不具代表性等问题。因此,教师引导学生阅读表1项目评价量规,明确团队在该任务中的考核要求,并进一步提出问题串:

① 这些校园防疫日常中哪些做法与我们的个人卫生习惯相关?

② 这些问题是个人存在的问题还是普遍存在的问题?

③ 我们班级的落实情况如此,那全年级甚至全校的情况又如何呢?

④ 我们可以通过更便捷的方式获得这些信息吗?

学生们针对上述问题进行充分讨论后,修改问卷,最终确定将各小组问卷合并为一份可实施问卷,以问卷星的形式在全年级发放。

学生最终设计的调查问卷陈列了 5 个问题:"每天进出校门我都会戴好口罩""在天气条件适宜的情况下,我们班级严格按照规定每天开窗通风 2—3 次,每次半小时""你在食堂就餐前会在洗手处洗手吗""你洗手时会使用水池旁悬挂的药皂或者清洁剂吗""我们班级负责晨检和午检的同学会认真地为大家测量体温,如实记录"。对应的选项设置分为四档,"完全符合""基本符合""很少符合"以及"完全不符合"。

(3) 根据调查结果分析现状

调查共发放并回收了 252 份问卷,问卷结果显示,每天都会戴好口罩的同学比例达到 91.7%;开窗通风的情况也很好,98% 的班级基本做到每天开窗通风 2—3 次,每次半小时;90% 的班级会认真做好晨午检。而洗手的情况则较差,仅有 55.2% 的同学会每次餐前洗手,洗手用药皂或清洁剂的同学比例仅为 46.4%。学生从问卷暴露的结果发现,目前较为严重的防疫漏洞即为"饭前不洗手"。

教师组织学生就问卷暴露的问题,充分讨论"同学们为什么不洗手?"小组讨论后,进行表达交流,部分同学表示不洗手是因为天气冷,洗后手太凉了;部分同学表示不洗手是因为要抓紧时间去排队,洗手很耽误时间;还有部分同学认为手不怎么脏,没必要洗。此时,老师追加情景:"如果你不小心摔到泥坑,手上沾满污渍,你还会因为水太凉、耽误时间等原因而不洗手吗?"学生纷纷表示,此时一定会先洗手再做其他事。

教师再次提问:"同学们不洗手的根本原因是什么呢?"大部分同学都会得出结论,即微生物肉眼不可见,容易被忽视是导致同学们不洗手的根本原因。至此,教师提出"怎样让大家主动洗手"的问题。

(三) 子问题 2:如何设计科学实验让同学们相信致病微生物的存在呢?(1 课时)

1. 学习目标:通过小组合作,能够利用老师提供的学习支架进行探究实验的设计,初步形成用科学方法解决实际问题的意识和严谨的科学态度,提升思维品质。

2. 学习活动

(1) 设计实验方案

根据子问题2,学生展开充分的小组讨论,有小组提出一种间接佐证法,即方案一:可以通过观察食物的霉变过程来让同学们感受致病菌的存在;有小组提出直接观察法,即方案二:可以借助显微镜直接对手上的细菌进行计数;还有的小组也赞同方案二,但是他们指出手上的细菌难以直接在显微镜下观察,因此应该先把手上的细菌转移到透光的材料上再进行观察,即方案三。

教师组织学生从实验器材选择的合理性、实验的可操作性、实验逻辑是否正确等方面进行组间方案的评价。

大家觉得方案三可行,但是该如何转移手上细菌?学生并没有专业的知识可以支持继续完成实验设计。此时教师给出学习支架:

① 相关微生物培养的资料。

② 实验方案设计框架模板。

教师展示实验桌面上进行探究实验可能用到的实验材料,但强调可以不局限于这些材料,引导学生分组进行"探究洗手会大大减少手上细菌的数量吗"的实验设计。设计实验比较难的部分是确定实验变量、设置对照实验,并通过实验现象得出科学结论。

(2) 讨论并修改方案

学生分组设计实验方案,展示自己的实验方案设计,并根据评价量规进行组间方案的评价,分析各组实验计划的科学性和可实施性,最后根据同学和老师提供的指导意见修改各组方案。

此处呈现讨论较多的两组同学的探究活动方案。

第一小组的设计思路为:先培养未洗手时的手上细菌(1组);再培养冲洗5秒后手上的细菌(2组);最后,培养认真用洗手液洗过的手上的细菌(3组)。放入培养箱48小时,观察菌落大小。预期结果为:1组有大量菌落;2组少一些,但仍有不少;3组几乎没有菌落。

第二小组的设计思路为：取四个培养基，编号 A、B、C、D。A 的操作为一位同学直接把手印在培养基上；B 的操作为一位同学将手用水冲洗后印在培养基上；C 的操作为一位同学用洗手液洗手后把手印在培养基上；D 的操作为一位同学用酒精擦手后把手印在培养基上。等一段时间后观察每个培养基中细菌数量。

经讨论分析，同学们认识到第一小组方案存在以下问题：组 2 和组 3 不能同时以组 1 为对照组，应由两位同学或一位同学的左右手分别做对照组进行实验，实验观察的应为细菌的数量而非菌落大小等；第二小组方案存在以下问题：B、C、D 三组应分别以操作者未洗手时为对照组。小组根据修改意见进行方案的完善。

（四）子问题 3：如何开展实验得出有说服力的证据？（3 课时，其中微生物技术支持需 2 课时）

1. 学习目标

初步学会简单的微生物培养技术，并会选择适当的器具进行科学实验，记录或描述实验现象，养成仔细观察与如实记录实验现象的习惯，体会科学实验的严谨性；通过自主探究和小组合作，激发科学探究的兴趣和热情；在探究过程中乐于发表个人意见并尊重他人的见解，逐步形成团队协作精神，养成尊重科学、用科学思维解决问题的习惯。

2. 学习活动

教师组织学生以小组为单位讨论："如何根据实验方案开展实验，你需要哪些技术支持？"要求尽可能详尽地列出需要解决的问题。学生列出的问题有：细菌培养基如何配制？采用计数法反映细菌数量差异需要采用哪种状态的培养基？手上的细菌在转接到细菌培养基上时需要什么环境条件吗？细菌培养的条件是怎样的？

为了提高学生的实验成功率，老师提出需要学生进一步思考的问题：如何去除培养基中的原有微生物？如何避免接种手上细菌过程中落入杂菌？细菌培养时间条件如何？

针对上述问题，老师给出学习支架：微生物培养技术基本操作指导。指导学生参照微生物操作评价量规依次完成微生物培养的基本操作，并请学生们完成过程性评价。

在经历了两个课时的技术指导后,学生们基本掌握了此次实验的技术,并可以独立完成实验。

小组合作,根据老师提供的学习支架,参照微生物操作的评价量规完成微生物培养的基本操作,并严格按照实验设计方案进行实施。

表2 微生物操作评价量规

内容	具体事项	评价方法	分值
基本操作技术	1. 锥形瓶扎口 2. 平皿包扎	完成6只玻璃平皿的包扎、两只锥形瓶的封口	15分
配制培养基	1. 称量 2. 定容	配置简单的LB培养基	15分
倒平板和接种	1. 无菌操作技术 2. 倒平板:温度和量是主要注意点 3. 接种:接种环和涂布棒的使用	将灭菌后的培养基倒上8—10只平板,并学会用接种环在平板中接种	15分
细菌培养	设置恒温培养箱温度为37℃,平板倒扣培养36 h	培养箱温度是否设置正确,平板放置是否规范	15分

经过48小时的细菌培养后,学生得到了清晰的手上细菌培养结果,并能够准确描述出实验结果,即洗手前的培养基上菌落数量很多,洗手后,菌落数量大大减少甚至完全没有菌落生长,并分析得到结论,即微生物虽然肉眼不可见,但它们却客观存在,而且数量很多,洗手则可以大大减少手上的细菌数量。

(五)子问题4:如何基于实验结果进行有说服力的表达?(1课时)

1. 学习目标

多样、灵活呈现项目成果,通过探究结果指导生活实际并影响周围人更加主动、自觉地改进卫生习惯。

2. 学习活动

学生通过线上或线下展示探究成果和学习过程,分享在该项目化学习过程中的所想所获，展望后续如何开展项目化学习来解决生活中的其他问题。

各小组将本组的学习过程、探究成果、体会与展望等，采用PPT、视频等形式，在班级进行交流展示。

教师再次提醒学生根据评价量规中的结果评价进行项目陈述，同时小组间根据项目陈述过程进行评价和评分。

三组同学都选择用PPT的方式进行展示，他们详细地汇报了整个活动项目的开展过程，以及是如何克服重重困难最终将实验结果呈现在大家眼前的。学生陈述过程中的自豪感，清晰的思路也体现了学生在项目中的成长。项目陈述过程中，负责评价的其他组组员不仅关注项目结果，更是针对实验进行过程中的实验细节及问题解决进行提问，如其中一组在介绍接种过程的时候，有同学提问："为什么在超净工作台内进行接种，还要点燃酒精灯呢？"这个操作技术其实是微生物实验的常规操作，老师在进行技术指导的时候并没有说明原因，而提问的这一组同学显然是经过资料查阅了解了这么做的原因，以提问的方式来考查其他组资料查阅是否完备。再比如，有小组在介绍对比非常明显的实验数据时，其他组同学提出："我们的结果对比并不明显，能否介绍下操作经验呢？"大家针对这个问题又充分交换意见，得出"操作过程要严格无菌、洗手一定要按照七步洗手法严格执行、洗手后要等待几分钟，等酒精充分作用于手上细菌后再接种"等经验心得。这也表明学生真真切切经历了整个项目的各个环节。最后，三组同学都不约而同地利用科学的实验结果对班级同学进行呼吁，希望大家都主动地改进自己的卫生习惯。

最后一组同学采用了视频的方式进行整个项目的汇报。他们认为，改善自身卫生习惯固然重要，但是将自己的实验结果广而告之，影响更多的人积极主动地改进自身卫生习惯，为校园防疫、社会防疫出力更有意义。因而他们和校电视台合作完成了推广视频，并在食堂播放。

在同学们完成项目陈述后，教师提出新的问题："如果再次开展探究型的活动项目，你觉得你可以少走哪些弯路？"引导学生进行项目反思。

六、项目后测

项目实施后,为了检测项目成果的辐射性效果,利用重新设计的卫生习惯调查表对前测问卷的同一批学生进行项目后测。

后测问卷保留了针对洗手这一卫生习惯的问题,增加了对洗手场景和洗手原因的考查。从数据反馈结果看,每次就餐前洗手和使用清洁剂洗手的同学人数较项目开始之初提升了33%,就餐前从不洗手或偶尔洗手的同学比例下降了14%;新增加的关于洗手原因和洗手场景的调查中,情况也非常乐观,86%的同学洗手是出自于主动意愿,并且在各种生活场景下都很注重手卫生。本项目很好地解决了驱动性问题,不仅对参与的学生有正面影响,项目成果还对其他学生有很好的辐射性作用。

七、项目成效

1. 参与探究,提升科学素养

本项目以校园防疫这一真实情景展开,以探究活动为主线,激发学生的探究兴趣,引领学生经历发现问题、收集证据、设计实验、观察与记录、得出结论、再发现新的问题这一自主探究过程,逐步解决项目难题,充分培养学生分析问题、解决问题的能力,提升学生的科学思维和科学探究能力,进一步提高科学素养。

2. 关注生活,增强社会责任感

本项目从学生现实生活出发,又回归现实生活,引导学生发现生活中有价值的问题并尝试解决,提高学生感知社会生活问题的敏感度和参与社会生活的能力。以校园防疫为背景的深入探究活动让学生体会到了执行防疫措施、形成科学的防护观点的重要意义,意识到公民的责任与担当,并学会用行动去诠释责任与担当。

八、项目反思

整个项目化学习的设计我希望达到的目的是通过学生自主探究过程，用科学实验的结果说服自己和身边的同学更加主动、自觉地改进卫生习惯，真正做到知行合一，主动养成勤洗手的卫生习惯，也通过本项目培养学生的科学思维和科学探究能力。

从目标达成的角度来看，该项目的设计基本完成了这一活动项目的目标，但从实施的过程来看，有些环节仍需要做出调整。在第二个环节——设计实验的这部分，教师表现得不够充分信任学生，过早地给出一些学习支架如实验方案设计框架。六年级的科学课上，学生已经掌握了探究实验完成的基本步骤：发现问题——提出假设——制定计划——实施计划——得出结论——表达交流，也知晓在制定计划过程中要考虑如何观察、记录、收集证据等，因此该项目在这一环节完成较为顺利。这也让我不禁反思，实验单的设计是不是限制了学生的创造性？实验器材是不是在设计后再给出更好一些呢？

最后一个环节是实验的实施，实验实施本身是难度系数较低的，学生没有遇到问题。由于学生实验操作技能没有办法短时间内熟练掌握，因此实验结果的呈现上误差很大，但考虑到项目完成时间有限，教师并没有抓住这个即时生成的资源进行挫折教育，也没有给出详细的改进意见和重复实验的机会，这也是本项目比较遗憾的部分。

当然，实验设计中仍有很多科学性的问题出现，比如没有完全控制单一变量，不同洗手方式的时间是否控制相同？洗手液的量是否要保持一致等，但又考虑到这针对的是刚刚接触这门课程的六年级学生，保护学生的探究兴趣显得更为重要，所以在项目开展过程中并没有纠正这些细节，也是希望学生看到自己的实验结果的时候，能够引发自我反思，将探究过程继续下去，真正锻炼分析问题、解决问题的能力，提升学科素养。

专家点评

新冠疫情爆发以来，防疫以及卫生习惯等话题一直被大家挂在嘴边。本项目基于学生"不主动洗手"这一问题，在其中融入科学实验等相关内容，希望学生在解决实际问题的过程中习得有价值的知识和技能。项目定位在偏科学方面的活动项目上，这个选题和方向对于初次设计与实施项目化学习的教师来说是一个不错的切入口。

随着项目的修改与迭代，教师对项目化学习的认知也在不断发生转变：

1. 子问题是由教师提出，学生只需要"做"就可以了吗？起初，在提出驱动性问题后，教师按照自己的预设推进项目进程，在发现和分析问题的过程中，由教师来执行，而学生主要关注微生物培养的实验以及最终视频推广的呈现。经过多次交流与讨论，教师在项目实施中更关注学生发现问题、提出问题、对问题提出自己的猜想与方案。在每一个子问题下，教师会给予学生充分的时间对问题进行讨论，比如子问题1中，学生就"校园防疫……认真落实了吗？目前的落实情况如何？"进行充分的小组讨论，通过问卷调查的方式发现日常防疫存在的问题。又比如，在子问题2中，教师允许学生提出不同的实验方案，并引导学生对实验方案进行对比、分析，最终形成可行的实验方案。在这样的过程中，学生不是按照既定的步骤实施项目，而是更多地发挥主观能动性，把自己作为项目的"主人"来推进项目。

2. 项目化学习一定期待学生呈现的成果是"完美"的吗？在实施中，由于时间以及实验操作本身的难度等原因，学生最终出现的实验结果存在一定的误差，而为了成果的"完美"呈现，在视频推广中使用的是教师的"微生物培养"成果。在交流研讨中，教师逐步意识到：学生最终呈现的成果不一定是要"完美"的，关键是学生要从"失败"的成果中进行反思，分析为什么实验会失败？如果以后再做需要注意哪些方面？项目化学习关注学生在项目中的成长，从失败中总结经验对学生来说也是一种收获。

——上海学习素养课程研究所　瞿　璐

智慧化的"老有所养"是怎样的

卢晓梅　陈　晨

一、项目概述

当今世界,科学技术日新月异,人类面临的共同问题也在不断增多。人口老龄化是社会发展的重要趋势,是人类文明进步的体现,也是今后较长一段时期我国的基本国情。人口老龄化对经济运行全领域、社会建设各环节、社会文化多方面都有深远影响。

我国具有历史悠久的孝道文化,重视家庭亲情。青少年如何敬老扶老?老年人如何适老养老?这些都是"时代之问""百姓之问",都是必须认真面对和正确解答的重大课题。

本项目引导学生们关注社会热点问题,通过资料分析、社会调查、实地探访等形式,了解我国多元化的养老模式和养老发展状况。在此基础上,学生能预测15年后我国经济社会科技发展趋势、养老发展趋势,能结合自己家庭实际为15年后的祖父母养老设计一份智慧化方案。这一学习过程培养学生尊老敬老意识;该项目学习活动让学生有机会参与社会公共事务的决策,激发学生强烈的社会责任感,构建养老、孝老、敬老的社会环境。

二、挑战性问题

(一) 本质问题

我国社会结构发生急剧变化,未来如何实现智慧养老?

(二) 驱动性问题

《中国城市发展报告(2015)》预测,到 2030 年,中国老年人口将达到 3.71 亿人,占总人口的 25.3%,上海户籍人口 60 岁及以上老年人口将占户籍总人口的 40%。上海是全国最早步入老龄化的城市,也是老龄化程度最高的城市之一。15 年后,如何让你的祖父母过上有品质的老年生活,老有所养,安享幸福晚年?

三、项目化学习目标

(一) 知识与能力目标

1. 了解我国老龄化加剧的基本国情,能辩证地分析老龄化加剧对我国经济发展、社会和谐稳定等方面产生的影响。
2. 能够运用信息查找、访谈法、问卷调查法等多种方法获得必要资料,增强分析问题、收集资料、筛选信息的能力。
3. 培养孝敬长辈、尊重生命、尊重他人、乐于助人、有责任心、追求公正的品质,认同中华文明,弘扬传统美德。
4. 学会绘制出清晰、直观的思维导图。

(二) 高阶认知

1. 问题解决。
2. 调研与决策。

(三) 学习素养

1. 能够主动清晰地提出问题、清晰地表达自己的想法。
2. 能够积极参与基于分工的小组合作,愿意倾听他人意见,乐于接受评价并基于评价量规给予合理评价。
3. 掌握交往与沟通的技能及参与社会公共生活的方法。
4. 学会团队合作学习,善于向他人学习,并学会协调团队内部分歧,达成合作目标。

四、项目实施过程

(一) 项目准备

1. 前测——问卷

项目化学习活动在六(2)班展开,班级共有 47 人,我们设计了问卷和 KWL 表。问卷主要想了解学生对老龄化社会和老年人社会价值等方面的认知情况。

从问卷中我们了解到学生不能辩证地看待老龄化给我国经济社会带来的影响,更多为消极认知,如"关于老龄化社会对经济和社会的影响的看法,你认为正确的是( )",绝大多数学生都只看到老龄化给我们经济社会发展带来的严重阻碍作用;"有人认为老龄化于社会、于人类、于人类的文明是有积极意义的。你赞同吗?"只有 17 人同意这一观点,22 人不认同这一观点。

从问卷中也可以看出大多数学生能够正确认识老年人的价值,如"关于老年人价值的看法,你认为正确的是( )",有 35 人认为"老年人也能老有所为",但仍有 10 人认为"老年人是社会和家庭的包袱",这说明在学生中还存在一些错误的、非理性的认识。

2. 前测——KWL 表

KWL 表设计了以下几个问题:

(1) 请你从我国人口数量、人口结构和家庭结构等方面设想 15 年后(2035 年),我国社会将会是怎样的?

(2) 请你从我国科技发展方面设想 15 年后(2035 年),我国社会将会是怎样的?

(3) 15 年后(2035 年),上海在以上这些方面将会是怎样的?

(4) 你认为有品质的老年生活应该是怎样的?

(5) 15 年后,对于老人来说,最大的挑战会有什么?

(6) 你觉得可以从哪些方面提升老人的生活品质,实现老有所养,安享幸福晚年?

通过分析,我们发现大多数学生都认为:①15年后我国老年人占比会继续提高,国家社会家庭养老压力会进一步加大;②人均寿命继续延长;③科技发明越来越多,且对人们生活方式的影响更广泛、更深远。多数学生认为老人的健康、家人的关照、养老服务设施不足等将会是未来老年人最大的挑战。学生认为增加并完善养老设施、加大科技产品在养老服务中的运用等措施可以提升老人生活品质。

(二) 入项活动

1. 辨析:老人"无用论"VS老有所为

通过播放视频,学生了解我国人口变化趋势和我国老龄化特点,明白养老问题已成为全社会关注的重要问题。通过问题链"老龄化加剧对我国经济和社会发展产生哪些压力和挑战?""老龄化加剧是不是只会阻碍经济社会发展?""为什么老龄化影响的不只是老人?"等问题,引导学生辩证思考老龄化加剧对我国经济社会产生的多方面影响,理解老龄化是社会文明的重要标志。

通过创设情境,设置"有人说,'老年人没什么用了,只有消费度晚年了'"问题,让学生辨析该观点,并举实例证明。课堂上,有的学生用古今中外的名言名诗来证明人老了并非"无用",更多的学生用身边的老人、名人举例来证明老人在承担家务劳动、参与社会公益活动、再就业、教育文化传授传承等方面仍然"老有所为",发挥着重要而不可忽视的社会价值。通过"如何更好地发挥老年人的社会价值"问题的讨论,学生理解"老有所养"与"老有所为"的辩证关系。

在前测环节,班级有些学生存在一些错误认识、偏见或疑惑,如"为什么国家要投入那么多资源为老人创造良好的养老条件?""好的医疗条件会延长人类寿命,这样不就更会加剧老龄化吗?""如何理解老龄化于社会、于人类、于人类的文明是有积极意义的?"等等。设置此环节,通过课堂讨论、辨析辩论等形式,纠正学生中存在的一些错误的、非理性的认识,引导学生树立科学的老年价值观,积极看待老龄化社会,为推动项目的实施打好思想基础。

2. 驱动性问题

《中国城市发展报告(2015)》预则,到2030年,中国老年人口将达到3.71亿人,占总人口的 25.3%。上海户籍人口 60 岁及以上老年人将占户籍总人口的 40%。上海是全国最早步入老龄化的城市,也是老龄化程度最深的城市之一。2035 年,你和父母如何让你的祖父母过上有品质的老年生活,实现老有所养,安享幸福晚年?请为你的祖父母设计一份智慧化养老方案。制定实施计划。班级完成学生分组、小组分工,讨论制定学习评价量规。

表1　学习评价量规

分值 内容	4分	3分	2分	1分	评价
任务理解	显示了对内容、过程和任务要求的深入理解	显示了对内容和任务的切实理解,但可能忽视或误解了一些支持性观点或细节	显示了对内容和任务的理解还有一定偏差	显示了对内容还基本没有理解	
任务完成	完全实现了任务的目标,包括深思熟虑、富有见地的解释和推测	完成了任务	完成了大部分任务	试图完成任务,但几乎或根本没有成功	
沟通结果	有效地沟通了我们的想法和发现,提出了有趣又有引人思考的问题,超额完成了任务	有效地沟通了我们的发现	沟通了我们的想法和发现	没能完成调查任务,并且/或者无法良好地沟通我们的想法	
合作过程	有效地使用了我们的全部时间。每个人都参与了合作过程和作品制作并做出了贡献	大部分时间我们都合作得很好。通常能够互相听取和接受他人的想法	有时能够进行合作。合作中不是每个人都付出了同样的努力	没能在一起进行合作,或者无法有效地相互配合。不是每个人都参与了小组活动	
问题解决	问题没有阻止我们。我们积极主动、同心协力地解决问题	一起努力克服了所遇到的问题	本来可以更有效地进行小组活动	有些成员比其他的成员做得多一些。或者小组中没有人能好好工作	

(三) 子问题1：有品质的老年生活是怎样的？

1. 了解本地区为老服务相关信息

从问卷"请你写出所知道的吴泾镇为老服务设施和服务项目(尽可能多写)",知道学生对上海市闵行区为老服务设施和服务项目有所了解,但也只是知道有养老院、敬老院、老年活动室这些为老服务机构,极少部分学生知道送餐服务、体检服务、医疗服务等服务项目,可见学生所了解到的上海市为老服务相关信息十分有限。

基于以上情况,我们为学生提供了上海市前三批居家和社区养老服务改革试点区养老服务改革经验辅助阅读材料。

学生自主阅读上海市前三批居家和社区养老服务改革试点区养老服务改革相关材料(第一批试点虹口区,第二批试点长宁区和金山区,第三批试点奉贤区和杨浦区),在老师的引导下,学生从为老服务设施、服务项目和为老服务智能产品等方面归纳概括上海市为老服务已有经验。学生通过此任务,可以了解上海为老服务政策措施和基本情况等相关背景知识,便于更深入地探索和解决问题。

2. 梳理分析,加深理解

在活动中,小组成员先对各区资料通读、细读,标记关键内容和信息,然后在老师的引导下进行深度阅读,对所有资料进行全面的综合和分析,形成初步框架图,最后擅长美术的同学画出思维导图,加以美化,完成思维导图。

在此基础上,开展讨论：

(1) 什么样的老年生活可以称为"老有所养"？"老有所养"的生活品质体现在哪些方面？

(2) 智慧化的"老有所养"应该是怎样的？

学生在分析各区养老服务改革的基础上,对成功经验和遇到的问题进行了梳理。目前,综合为老服务中心普及程度较高,能够提供嵌入式养老服务,日常生活服务和各类娱乐活动不仅满足了老人的基本生活需求,也丰富了他们的晚年生活,得到了老人和子女们的广泛认可。同时,学生还发现为老服务中心还利用高科技手段,通过智能手环、一键呼救等设备为独居老人的安全保驾护航。当然还存在一些瓶颈,如为老服务中心资金和人才短缺的问题。

学生们从安全需求、生理需求、健康需求、心理需求等方面交流了自己对有品质的老有所养的理解,并且能够从科技发展角度对智慧化养老提出自己的想法和看法。

3. 交流展示

小组代表在班级里汇报并展示小组研究成果。小组内先就小组合作进行自我评价,然后小组之间依据评价量规进行互评。多数学生能较客观、公正地分析评价他人作品,但同时也有一些学生一味说自己组作品如何好,对他人作品缺乏理性态度。

(四)子问题 2:15 年后的社会将会是怎样的?15 年后,养老最大的挑战是什么?

从 KWL 表中可以看出学生对 15 年后的社会有一些预测,但对 15 年后上海人口养老严峻形势的认知十分有限。

1. 通过数据,展开讨论

因此,我们通过查阅上海市第六、七次人口普查相关数据,引导学生展开讨论:

(1) 基于目前上海人口发展状况,15 年后上海人口结构将会发生怎样的变化?

(2) 15 年后,养老最大的挑战是什么?

(3) 15 年后,科技的发展将会给养老带来哪些积极影响?

班级学生祖父母的年龄多数在 65 岁左右。因父母平时都上班,很多家庭都是祖父母接送孩子并操持家务,学生与祖父母相处时间较长,15 年后祖父母年龄大约在 80 岁左右,他们的养老问题是家庭必须面对的问题。

2. 提出初步设想

基于对以上子问题的探究,学生对未来社会发展和养老问题有了更深入的理解,在此基础上,布置个人任务单:15 年后,如果祖父母选择居家养老,身体也日益衰老,你如何让祖父母安享晚年?学生依据家庭实际,为祖父母设计一份符合他们养老意愿的养老方案,根据具体情境提出应对方案并画出解决问题的路径图。

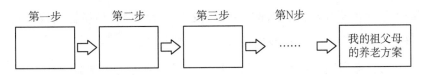

——现在我的祖父母身体健康……，以后我的祖父母年纪更大了、身体慢慢变差（或慢性老年病……）

——如果我的祖父母要去养老中心，我该如何帮他挑选合适的机构/组织？

——如果我的祖父母选择居家养老，我该如何设计或建议改造家庭和社区现有的服务？

图 1　问题解决路径图

项目实施过程中，学生通过召开家庭会议、电话视频等多种形式，与父母、祖父母沟通讨论养老问题，结合各自家庭实际情况，提出初步设想方案。学生根据老人的不同年龄以及身体状况设想了几种养老模式，如居家养老、去养老机构养老等。居家养老需要考虑家庭设施能否符合老人需求，老人的日常生活如何保障，老人精神上是否能得到足够的慰藉，老人的身体健康需求如何保证，发生突发状况如何呼救等；如果选择机构养老，子女需要根据老人的主客观需求，先进行初步筛选然后让老人实地深入了解，在此基础上作出选择。在方案中，很多学生对于老人生活的方方面面思虑周全，设想了多种生活状况，加深了他们对于生活的体验，提升了学生关爱他人的意识和能力，也激发学生的探索欲望，提升成就感。

3. 分享并评价

小组内分享作品并依据评价量规对他人作品进行评价，提出建议。在学习中我们发现，与之前的展示和评价相比，此次展示和评价活动要顺利很多，越来越多的学生能依据评价量规理性评价他人作品。

（五）子问题3：如何利用智慧化手段实现老有所养？

经过前一阶段的项目化实施，学生对身边老人养老需求、上海为老服务设施和服务项目有了更多的认识，但学生掌握的信息和资料仍十分有限。学生自发组织的课外调查所获得的信息太少，不具有代表性。有些学生不知道或不愿意去主动联系社区,有些学生所做的调查太随意,没有设计详细的访谈提纲或问卷,缺乏调查的经验。基于以上情况,我们开展了以下学习活动。

1. 学习社会研究基本方法:访谈法和问卷法,完善访谈提纲

首先我们准备了一份访谈实例,并开展讨论,提出以下问题:

(1) 你可以如何获得关于老人需求的资料?怎样的资料才具有代表性?

(2) 你可以从哪些方面了解老人的养老需求?他们在这些方面的更高需求是什么?

学生在此基础上开展自主学习,了解社会研究基本方法,明确访谈目的,根据不同的访谈目的,学会确认访谈对象、内容和问题。并通过小组合作商议,拟定组内分工,包括:查阅资料、联络为老服务中心、提问和记录、摄影等,制定合理的访谈计划。教师在此基础上提出修改建议,在实地调查开始前,制定完善的访谈提纲。

2. 学生实地调查,探寻老人养老需求的"难点"问题

学生通过探究和调查,发现目前养老的"难点"主要在于服务机构资金短缺和人才短缺,为老服务中心的设施虽然囊括了很多方面,尽量顾及了老人多样化的需求,但是,设施数量和质量不能满足现有的需求,如医疗设施较少,安全保障不够全面等问题比较明显。老人们还提到,服务中心活动比较少,不能满足日常精神需求,还是会有孤独感,这与专业人才的短缺密不可分。随着老龄化的加剧,老龄人口越来越多,更加科学地满足老人的精神需求是值得深思的问题。他们还发现有一些老人由于子女未尽赡养义务而导致生活拮据,但维权意识淡薄等现象。这些需要社会各界的共同努力,让孝亲敬长成为全社会的共同价值追求,并在法律层面上规定子女在经济和精神上双重的赡养义务,让老年人真正安享晚年。

(1) 学会沟通,确定方案。在访谈过程中,学生遇到了一些沟通困难的问题,这些问题是他们没有想到的,但都及时得到了解决,提升了沟通和团队合作能力。首先,在访谈过程中,学生们多次遇到无法把话题进行下去的情况,如问到"你觉得为老服务中心的服务和活动怎样"时,不少老人回答"我觉得为老中心很好"后就不愿多说话,于是小组成员展开了讨论:"如何让话题进行下去?应该选择哪些老人访谈?"小组之间交流访谈心得,对不同状态下老人的回答做一些预设,学会

引导老人回答问题的方向。如老人作出以上回答,同学们会追问:您觉得好在哪些方面?有没有需要改进的方面呢?其次,有些同学在面对非常健谈的老人时,往往很难提炼关键信息。针对这样的问题,在与老人交谈时,他们及时改变了策略:先认真倾听老人的想法,对于老人来说有一些倾诉的对象是他们的期盼,在老人分享完他们的感受时,同学们适当地进行概括总结,并对此展开下一步的追问,如:"您觉得还有哪些地方需要改进呢?"从而了解老人的真实感受,找到问题所在,明确改进方向。

(2)完善养老方案。教师提供任务单。学生围绕任务单,确定养老方案改进方向。在任务单中选择一个主题,融合科技手段,对祖父母养老方案提出修改意见:如何利用科技手段保障老人安全?如何利用科技手段丰富老人精神需求?如何利用科技手段满足老人身心健康需求?其他方面……

小组讨论,确定主题,完善方案。祖父母居家养老是班级绝大多数学生的设想,所以,不少学生从居家设施智慧化改造、老人智慧化穿戴设备改造等方面提出满足老人安全需求的设想。也有学生提出在老人集中的社区建立并改造智慧化养老社区、建立养老度假村等设想。

(六)出项:智慧化养老设想大 PK

学生在班级里进行"15 年后我的祖父母的智慧养老设想"报告,可以运用恰当的媒体技术或其他形式增强自己的表现力。观众由学生、教师、社区老人代表组成,依据评价量规评选出最佳设计奖、最佳创意奖、最受欢迎奖等奖项。

首先,师生就演讲的要求进行头脑风暴:时间在 2—3 分钟,要求声音响亮、内容清楚明白、与听众要有眼神交流、能吸引观众、设想体现智慧化、辅助形式……

其次,教师指导学生准备演讲的步骤:列提纲、根据提纲练习演讲、生生互练、自己练习等。

再次,学生介绍自己的智慧化养老设想。

最后,观众投票表决,选出最佳设计奖、最佳创意奖等奖项。

五、项目反思

1. 如何在项目化学习中落实学科核心素养

在初中思想品德教学中,学生通常表现出对思想品德课缺乏学习兴趣并且觉得学习枯燥无味。思想品德是初中阶段理论性较强的学科,传统课堂是教师讲课学生听课,这样的学习方式不利于培养学生核心素养。

项目化学习以增强学生学习的针对性和实用性为前提,根据学生年龄特点和兴趣爱好,与项目结合,培养核心素养,最终实现教育教学目标。本项目源自学生的真实生活情境,围绕社会热点"养老问题"而展开。在项目化学习过程中,学生基于真实情境"为祖父母设计养老方案"开展各种形式的探究活动、实践活动,传递着中华民族尊老爱幼的传统美德,在学习过程中作出正确的价值判断和选择,提高交流、合作与表达的能力,养成社会观察与分析问题、解决问题的能力,从而切实掌握公共参与的技能,提升了公共参与核心素养。

2. 如何激发学生持久学习的内驱力

无论是对于老师还是学生而言,项目化学习是一种新的学习方式,也是一种挑战。其中最大的困难在于教师角色的转变,要从教学的主导者转变为学习的设计者和支持者;在于要转变学生的学习方式,变被动接受者为主动探索者。这种转变不可能瞬间完成。在设计项目化学习方案和项目化实施过程中,我们遇到了不少困难,如:对于项目化学习的认识和理解不够透彻,导致经常会把项目化学习与探究性学习、主题性学习混淆;随着项目的深入推进,学生出现为难情绪,等等。

夏雪梅博士在《项目化学习设计》一书中提到:一个好的驱动性问题能够提供给学习者一个广阔的多向度的探索空间。它既能激发学习者学习的内在动力,也能提纲挈领地指出持续思考、自我探究的方向。

在最初设计驱动性问题时,我们只是让学生为祖父母设计一份养老方案。在与学生交谈中发现学生对于现在祖父母养老没有太多想法,原因在于祖父母几乎都是低龄老人,身体健康,业余生活丰富。此驱动性问题太单薄,虽然考虑了学生生活实际,与学生产生了关联性,但并没有让学生产生强烈的探索欲和求知欲,没有给学生的思维带来冲击。因此,我们调整了驱动性问题:"15年后,如何让你的祖父母过上有品质的老年生活,老有所养,安享幸福晚年?"

3. 怎样促进学生个人和团体共同成长?

在整个项目化学习过程中,学生的思考、探究、沟通、表达等能力都有不同程度提高,他们通过主动而切实的实践去解决一个又一个的子问题,切实提升了核心素养。

但同时我们也发现小组之间存在较大差异,有的小组在组长带领下越来越主动地参与到学习中,完成作品质量也日益提高;有的小组总是只有一两个学生参与其中。反思我们的项目化实践,这与我们过度注重评价结果、忽视过程性评价有关。在项目实施过程中,虽然师生共同讨论并制定了评价量规,但在实施过程中,教师或多或少地忽视了整个过程的评价。

专家点评

探究社会问题,关注身边人的生活和想法,用自己的所知所学力所能及地解决一些现实问题,是项目化学习倡导的方向,也是学生接触社会、认知世态的方式。从这个角度来说,为"老有所养"的社会问题进行辨析与策划,也是在践行立德树人。

本案例在设计和推进过程中的最大增长点,是对驱动性问题的逐渐明晰和深化。第一次设定的驱动性问题是"为祖父母制定养老计划",但发现学生的祖父母大多数都默认为传统的居家养老,没有制定计划的真实需求。第二次设定的驱动性问题是"为30年后的父母制定养老计划",但发现学生还缺乏对未来社会形态的认知。最后设定为"如何让15年后的祖父母过上有品质的老年生活",一次比一次贴近现实,一次比一次触及核心能力。由此,子问题的分解也从零碎的任务组合变成有逻辑推进的问题链。不断聚焦和校准问题的过程,便是设计者和实践者认知不断深入、情感不停投入的项目化之旅。

另一个亮点是,在辨析中生成高阶思维。无论是在入项之初辨析老人无用还是老有所为,还是在出项时对不同设想进行高下判断,都是在培养学生在复杂情境中进行理性分析和高度概括的能力,这种能力在这个案例中表现为利用智慧化手段助力老有所养,在广阔的意义上,它是每个人应对未来社会的力量之源。

——上海市教育科学研究院普通教育研究所　上海学习素养课程研究所　吴宇玉

探英雄路，明英雄意，抒英雄观

赵 华

一、项目概述

在实现中华民族伟大复兴梦的背景下，每个中学生都应该有自己的英雄情怀，也都有自己崇拜的英雄，他们或是鞠躬尽瘁，死而后已的治国贤良；或是勇冠三军，智谋无双的沙场名将；或是为民请命，勇于革除弊政的改革家；或是不懈追求，超越自我的文坛领袖；或是追求真理，善于创造发明的科学家……他们都有各自独特的经历，丰富的情感，闪光的品质，这些被人代代传颂的英雄对子孙后代产生了巨大的影响。本项目结合六年级下册统编语文教材"话说千古英雄人物"的综合性学习，基于学生对"英雄"一词的最初理解，通过探讨、辩论等环节，引导学生正确理解"英雄"概念的内涵和外延。同时带动学生追寻英雄的足迹，走近英雄人物，学习英雄人物优秀的品质，用英雄人物精神的力量影响学生的思想，成为学生前进的动力。

本次活动，最终以学生个人交流的呈现来体现他们学习过程中对英雄认识的变化及理解。本项目设计了四个活动：英雄榜单、走近英雄、辩论英雄、英雄之我见。

二、挑战性问题

（一）本质问题

何为"英雄"？

(二) 驱动性问题

1. 在我心中哪些人是英雄？
2. 英雄都具有怎样的品质和精神内涵？
3. 生活中哪些人具有上面这些品质？
4. 生活中的平凡人能称为英雄吗？
5. 如何理解"英雄"二字？

三、项目化学习目标

(一) 知识与能力目标

1. 通过思考和讨论，确定个人和小组的英雄榜单，简要阐明其历史功勋、影响、人格精神等。
2. 通过小组合作，借助资料等追寻英雄人物主要的典型事迹，绘制小报，制作PPT，具体讲述英雄故事，体会其精神特质。

(二) 高阶认识

通过辩论活动，理解"英雄"的内涵和外延。

(三) 学习素养

通过探究性活动，把握演讲的主要特点，说说英雄给予自己的影响及自己的英雄梦。

四、项目实施过程

(一) 项目准备

1. 项目实施时间规划及安排。
2. 项目实施过程中各种量化评价表。

(二) 入项活动

1. 情景驱动

结合教材中第三单元内容安排,学生观看关于李大钊和鲁迅的视频,看完后组织学生讨论:李大钊和鲁迅在当时的社会做了哪些事情?他们分别是怎样的人?你的感受如何?

学生自由发言,老师点评,并提出驱动性问题:我心目中的英雄有哪些?为什么是这些英雄?

学生1:李大钊在军阀混战的中国,给国人带来了希望的曙光。他为了革命事业不惜牺牲生命,有大爱天下的情怀。

学生2:鲁迅是文人的表率,以文章为匕首,一生为拯救国民的思想而奋力抗争。

学生3:鲁迅关心弱者,关怀引导后辈青年。

学生4:鲁迅"俯首甘为孺子牛"。

……

明确:这两个英雄人物的特质是:为人民的利益、国家的利益奉献自身,本身具有拼搏、坚毅、无私、爱国等优秀品质,都是大人物。

2. 英雄榜单及分组

(1) 根据个人喜好,按照喜爱程度的强弱列出自己心目中的五位英雄谱,并展示自己的英雄谱;之后,根据英雄谱排列顺序,迅速组建项目小组,把崇拜相同或相似英雄的同学分在同组,便于组织讨论,深入探究。

同学1:苏轼、李白、杜甫、辛弃疾、曹操

同学2:秦始皇、刘备、关羽、张飞、汉武帝

同学3:李大钊、孙中山、沈括、爱迪生、赵云

……

这些英雄人物大都是各领域赫赫有名的大家,有的甚至还在历史上承前启后,光耀千古。学生可以从所知道的这些人物中,组建英雄特质相同的小组。

小组讨论并确定一位小组成员共同认可的英雄人物,进行简明扼要的介绍。分组如下:

苏轼	文学家	负责人：赵家睿、于卓冉、罗萱等
李清照	词人	负责人：吴沐夕、黄佳颜、杨雨桐、高怡蓁
关羽	名将	负责人：李天恩、王子瑞、姚钱昊等
白起	军事家、名将	负责人：黄思涵、黄清晨、虞嘉琳等
韩信	军事家	负责人：舒俊宁、阮鸣谦、田宸悦、李哲涵等
刘关张	政治家、名将	负责人：芮杰、郑陆晟、王若轩等

小组确定各自的英雄人物后，教师不难发现学生们心中对于英雄的认识：男同学心目中的英雄更多地来自口口相传中的"真豪杰"；女同学对于英雄的认识更为广泛，更为丰富。那么何为英雄？需要学生进一步来探讨。

(2) 教师提供项目化学习进度表，小组拟定学习进程表。

第一周　组建项目小组，确定小组英雄人物，制定任务进程。　负责人：教师、学生

第二周　查阅资料，走近英雄，制作小报。　负责人：组长、个人

第三周　找到典型事例，完善情节，制作PPT，讲述英雄人物。　负责人：组长、个人

第四周　观看视频，整理归纳辩论的要素及制定评价量规，确定辩题，组建辩论小组，查找资料，演习排练。　负责人：组长、个人

第五周　辩论过程呈现。　负责人：教师、组长、个人

第六周　辩论总结及个人交流"我的英雄观"。　负责人：教师、个人

(三) 子问题1：英雄都具有怎样的品质和精神内涵？

1. 学生现状

学生理解中的英雄均为历史长河中赫赫有名之辈，具有崇高的品质和杰出的贡献。

2. 教师脚手架

搜集资料，其方法如下：

(1) 查阅图书：在学校阅览室、图书馆或书店，可以按照类别找书。如查相关人物的资料，可以到历史类或传记类的书柜上寻找；书名、目录、内容简介等，能帮

助我们初步判断书中是否有自己需要的内容。

（2）网络搜索：在网上查找资料，关键词很重要。如搜索抗日名将的资料，可以检索关键词"抗日名将"，不能仅仅检索"名将"；检索出的结果很多，可以根据题目、引用的片段等，判断哪些是自己需要的材料。

（3）请教他人：想想谁可能会有自己需要的资料；想好问题，请教合适的人；可以在线请教。

3. 学生成果

（1）小组内合作，对搜集到的资料进行分析和理解。可以用以下表格来完成分析。空白处需要学生填写。

表1 资料整理

英雄人物	苏武（根据小组情况）
资料来源	《汉书·苏武传》
节选内容	单于愈益欲降之（苏武），乃幽武置大窖中，绝不饮食。天雨雪，武卧啮雪与旃毛并咽之，数日不死。匈奴以为神，乃徙武北海上无人处，使牧羝，羝乳乃得归。……武既至海上，廪食不至，掘野鼠去草实而食之。杖汉节牧羊，卧起操持，节旄尽落。
内容翻译	
背景链接	
人物事例	
人物品格	性格坚毅，能吃苦，顽强不屈服，有民族气节……

（此处可以指导学生关注文字的细节处，归纳人物的品质，加深对英雄人物精神品质的认识。）

（2）绘制手抄报，学生完善小报评价量规。

表2 人物小报评价量规

评价维度	评价标准	评分（40分）
小报主题	符合主题思想，主题明确（5分）	
报头设计	有报头，且突出鲜明，有署名、日期（5分）	

(续表)

评价维度	评 价 标 准	评分(40分)
书写绘画	书写整齐,字迹规范美观,绘画着色合理和谐(10分)	
版面设计	布局形式丰富合理,装饰恰到好处(10分)	
内容情况	内容丰富有序,有精华,吸引人(10分)	
被评价小组:	小报人物: 总分合计:	

(3) 通过展示使英雄人物具象化。

学生所理解的英雄人物太笼统,不够具体。学生只是在口口相传中知道某些人物的事迹或在书本中零星地知道这些人物,从他处习得的内容大都是肤浅的,缺少更多自己的认识。针对这种现象,教师应该从现实出发,变他处习得为自我习得,引导学生抓住典型事例,分析人物形象,发挥联想和想象,扩充故事情节为一则完整的故事,并在小组内讲述故事,最后制作好PPT,全班展示。

以此为途径,真正使学生对英雄的认识具象化、深入化。

表3 PPT展示评价量规

评价维度	评 价 标 准	评分(60分)
PPT制作	整体风格、色彩合理美观;文稿的文字清晰,字体设计恰当;使用了文本、图片、音频、视频等多种形式(10分)	
PPT内容	人物主线清晰,重点突出,没有出现流水账记事表,所列事例典型(20分)	
现场讲解	吐字清晰,声音洪亮,语速适中,表情自然亲切,文字分析到位,体现人物性格和品质(20分)	
组员合作	组织有序,团结互助(5分)	
仪表、时间	着装整洁大方,时间安排合理(8分钟以内)(5分)	
被评价小组:	PPT题目: 总分合计:	

（4）撰写演讲稿并演讲。

表4　演讲评价量规

评分项目	评分角度（100分）	评分标准	评分
演讲词	观点（10分）	观点新颖,明确突出,贴近现实生活,有启发教育意义,听众能与之产生共鸣	
	开头、结尾（10分）	开头吸引听众,有现场感;结尾点明观点,令人印象深刻;开头结尾所占比例合理	
	思路（10分）	思路清晰,逻辑严密,符合听众的认知规律;过渡自然,承上启下	
	论证材料（10分）	材料新颖具体,重点突出,类型丰富,有典型性	
	语言（10分）	语言通俗易懂,句式富有变化,有真情实感,能适当运用各种修辞手法	
表达	准确流畅（10分）	发音准确,吐字清楚,没有口头禅;熟练、流畅、自然	
	抑扬顿挫（10分）	音量、语速合适,根据内容快慢速度有变化;根据内容变化,情感有起伏,有重音和停顿	
体态	身体语言（5分）	与听众有充分的眼神交流,手势、站姿、移动、点头等肢体语言自然得体	
	着装（5分）	着装与演讲主题贴合,仪表大方得体	
PPT制作	设计（15分）	整体风格、色彩合理美观;文稿的文字清晰,字体设计恰当;使用了文本、图片、音频、视频等多种形式;演示文稿运行流畅,无故障	
其他	脱稿、即兴、时间（5分）	脱稿完成,能根据现场情况灵活多变,演讲时间控制在规定时间内	
被评价者：		题目　　　　　　　　　　总分	

本环节要求学生自己撰写一篇演讲稿,并配PPT,但是演讲稿不能泛泛而谈英雄人物的事例,应该由英雄的事迹和精神出发,深刻理解英雄人物的人格魅力,从而挖掘出自己的梦想,以及梦想实现的条件。此环节目的在于帮助学生确定自己的梦想,并能成为他们为之奋斗的理想。

（四）子问题2：平凡人也能够称之为英雄吗？怎样的平凡人能够称之为英雄？

1. 学生现状

通过上一阶段的活动之后,学生对自己所认可的英雄有了更多实质性的认识:或大义凛然,舍生取义;或不惧艰难,忧国忧民;或胆量过人,刚正不阿……这些人物都是赫赫有名的、建功立业的历史弄潮儿。学生过多地关注着伟大杰出的人物,忽略了生活中具有这种品质的普通人。

2. 教师脚手架

观看相关的辩论视频,组织学生自我讨论辩论之基本常识。

3. 学生成果

通过观看视频和讨论,学生了解了关于辩论的基本知识,明白辩论语言是听的语言,不是看的语言;辩论是团队作战,队员各有所长;辩论要求观点明确,论据充分,辩手所辩的是论证的过程,而非观点;辩论发言要吐字清楚、思维敏捷……基于上述学生的认识,学生自主讨论、制定了辩论的流程和评价量规。

表5 辩论团体评价量规

评价维度	判分细则	正方1	正方2	正方3	反方1	反方2	反方3
开篇立论 (10分)	1. 开篇立论逻辑清晰,言简意赅,论点明晰,分析透彻 2. 论据内容丰富,引用资料充分、恰当、准确 3. 分析的角度和层次具有说服力和逻辑性 4. 语言表达流畅,有文采						
攻辩 (20分)	1. 表达清晰,论证合理而有力 2. 回答问题精准、处理问题有技巧(攻、守、避合理) 3. 推理过程合乎逻辑,事实引用得当						
攻辩小结 (10分)	1. 全面归纳对方的矛盾差错,并作系统的反驳和攻击 2. 辩护有理有据有力,说服力强						

(续表)

评价维度	判分细则	正方1	正方2	正方3	反方1	反方2	反方3
自由辩论 （25分）	1. 攻防转换有序,把握论辩主动权 2. 针对对方的论点、论据进行有力反驳 3. 语言表达清晰流畅,事实引用得当						
总结陈词 （15分）	1. 全面总结本方的立场、论证,系统反驳对方的进攻,为本方辩护 2. 语言表达具有说服力和逻辑性						
观众提问 （10分）	辩驳有理有据有力,说服力强,紧密贴合本方观点						
团队配合 临场反应 （10分）	辩论队整体形象；辩风、整体配合、语言运用、临场反应（语言、风度、举止、表情）；有团队精神,相互支持；论辩衔接流畅,反应敏捷,应对能力强；问答形成一个有机整体						
团体总分							

表6 辩论个人评价量规

评价维度	判分细则	正方1	正方2	正方3	反方1	反方2	反方3
语言表达 （25分）	普通话标准,语速适中,简明、规范,条理清晰,理、据相协,说理透彻						
整体意识 （15分）	分工合理,协调一致,衔接有序,互为攻守,自由辩论思路清晰,气氛调节有度						
辩驳能力 （30分）	提问简明扼要,设问针对性强；回答问题中肯精准,反驳有力、有理、有技巧,引用实例恰当；逻辑推理过程清晰						
临场反应 （15分）	反应机敏,用语得体。不能言辞过激,影响对方辩手的情绪,不能针对对方辩手做人身攻击,否则扣分						

(续表)

评价维度	判分细则	正方1	正方2	正方3	反方1	反方2	反方3
综合印象 （15分）	仪态着装合理，辩手表情、手势得当、自然、大方，台风与辩风有风度，举止得体，落落大方。不强词夺理，尊重对方，尊重主持人、评委和观众，富有幽默感						
个人总得分							

学生部分辩论环节展示：

正方：我们认为英雄就是能力强、为众人熟知的伟大人物。

聪明秀出，谓之英；胆力过人，谓之雄。英雄者，有凌云之壮志，气吞山河之势，腹纳九州之量，包藏四海之胸襟！肩扛正义，救黎民于水火，解百姓于倒悬。自古以来，英雄都是伟大的，都不是平凡的普通人。英雄者，拥有藐视一切之能力，傲视群雄之气势，世人对其不但敬畏，且难以捉摸。"天地英雄气，千秋尚凛然。"如在近代民族复兴的变革时期，涌现出如康有为、梁启超、孙中山、陈独秀等名人。他们无一不是超强能力的大人物。

……

反方：我们认为英雄可以是具有一定可贵品质的平凡人。

在我们上面的活动中，我们总结出英雄的很多品质，如心怀苍生、有民族大义、宁死不屈、乐观豁达、坚持不懈、无私忘我、不辞艰险……这些品质在平凡的人身上也具有。而对方所说的英雄其本身曾经是平凡人。英雄来自平凡的普通人，那生活中具有这些品质的平凡人也可以是英雄。

"竹林七贤"之一的阮籍，一次登上广武山参观楚汉战争遗址后，曾感叹："时无英雄，遂使竖子成名！"事实上，没有谁天生就是英雄，英雄都来自小人物。他们之所以能成为英雄，是因为他们赶得巧，既不早一步，也不迟一步，他们恰好踩着时代最需要的步点，在最恰当的时候及时出现了。

……

在这个过程中，学生对英雄的认识不再局限在"赫赫有名"上，更多关注什么样的人做了什么事;而这些品质中的某一点就能打动同学。在活动过程中学生对英雄的认识正由笼统的概述向具体的描述过渡,英雄的形象不再是虚空的,而是实在的。这种认识为下个活动的有效开展做了充足准备。

(五)出项活动:谈谈我的英雄观

由认识历史的英雄到认识生活中的英雄,加深对"英雄"的认识。《我的英雄观》交流发言。

交流1:我觉得做一个认真做事的人,也可以成为一个英雄,在我看的绘本中有一个牧羊人的故事,就是这样。他一个人在荒漠中不停地种树,最后坚持了几十年,使曾经的废墟变成了绿洲,我觉得他虽然是平凡的人,但他通过锲而不舍的精神和行动,创造了奇迹。默默无闻,认真坚持,也可以成为自己的英雄。

交流2:我觉得英雄是无处不在的。只要是坚守在自己岗位上的人,只要是负责的人就可以认为是英雄。我到校后,经常看到保洁的阿姨和叔叔很早就到校,日复一日,每天都把我们的校园、食堂等地方打扫得干干净净,能够坚守岗位的人就是英雄。

交流3:我想起了毛泽东的词"数风流人物,还看今朝",我觉得英雄也可能不是一个人,人民就是英雄。

交流4:有理想,有情怀,能为正义的理想奋斗、不懈努力的人就是英雄。

……

小结:虽然聪明灵秀谓之英,胆识大能力大谓之雄,英雄就是能力高胆识大的人;但英雄应该有广义和狭义之分,每个人对英雄的定义可能都不一样,所以英雄既伟大遥远又真实近在咫尺。英雄是一个比较主观的概念。一般指在普通人中间有超出常人能力的人,他们能够带领人们做出巨大的、对人们有意义的事情,或者他们自己做出了不平凡的事情。所以对"英雄"二字的理解也应该是多元的。

五、项目反思

1. 学生能力提升

在这个项目中,所涉及的方面有语文、美术、信息、演说、辩论等,学生在完成各项任务的同时既锻炼了各方面的能力,比如:信息筛选、理解分析文本、绘画、写作、演讲表演、逻辑思维、口头表达等,又探究自己的兴趣,可谓一举多得。同时,项目设计中很多任务都需要小组合作完成,在这个过程中,需要有统筹全局的领导规划能力,也要有勤于动手、乐于奉献的品质;既要有能说会讲的表演人才,也需要能调节组内关系的"黏合剂"。

通过学习,同学们发现了自己擅长的事情,也发现了自己需要弥补的地方,这对学生以后的学习生活都有相应的指导和影响。

2. 学生情感培养

学生在教师的指导下共同完成"我的英雄观"这个项目,得益于同学之间的合作精神。合作共赢,小组就能更上一层楼,指导到位,领导得当,分工明确,计划有序,就能提高效率。另外,项目实施过程中,每个学生对"英雄"的理解也是各有千秋的。他们的少年情怀中,或许是想拥有一身超绝武艺,提三尺吴钩,在疆场冲锋陷阵;或许是想成为伟大的医学家,发明新型特效药,治疗病痛,造福世界;或许是想要妙笔生花,娓娓道来,把情感和哲理结合,用文字启迪人类心智……梦想其实已经在学生心中种植起来了,而梦想的实现需要的就是他们崇拜的英雄人物身上优秀的品质,或顽强忠贞,或无私专一,或勇挑重担,或甘于奉献……这些品质激励着他们,相信他们心中的"梦之情怀"就能转变为"逐梦之旅",在逐梦之旅中充实家国情怀。

在对"英雄"的理解中,教师引入了对英雄和平凡人的深度解读,学生进行了思维的碰撞,开拓了"英雄"的内涵和外延,提升了学生的思辨能力。

3. 学生作品与收获

在学习和探索过程中,学生输出的内容为小报、PPT展示、心灵演讲、思维辩论等,可以说收获颇丰。比如有小报主题内容为苏轼的小组,学生能根据小组内人员的特长,使擅长绘画、书写、色彩搭配、版面布局等人员各得其所,发挥他们各自的优点,最后呈现出很出色的小报。比如辩论环节同学们也是求同存异,搜集、展示、演说等各司其职,很好地呈现了学生的思维过程,每个学生在探索的过程中理解了"英雄"的定义,同时懂得合作的意义。最后在家长和学生的共同努力下,对此次的课程，我们还推送了一期公众号，学习过程的记录也是学生学习的一次重要体验。

部分学生感言：

老师为我们策划的这次活动，真是太精彩了。我收获非常大。我们小组五位同学，从组队分工到人物选择，到做海报，确定评价量规和做PPT，再到正式辩论PK，整个过程中都友好讨论，分工加协作，互相提醒，体现了良好的团队精神。我尤其体会到了英雄人物的精神品质，进一步激发了语文学习兴趣。作为小组长，我感受到了担负起责任、和大家分工合作、服务互助的乐趣。

——芮杰

在"我的英雄观"活动中，我与我的队员们深刻感受到了团队合作的力量，我们虽然人数较多，但是每个人都没有懈怠，一直努力地在团队中发挥着自己的作用，每个人都是必不可缺的一环，尤其是在最后的辩论中，我们更是每个人都选择了自己喜欢的思维方式，积极讨论，挑战自己的口才。希望下次还能够有机会和同学们一起合作，再锻炼一下思维和口才，很喜欢这样的语文学习方式！

——范鸿旻

这次项目化学习的活动让我体会到了许多快乐，收获了许多本领。令我印象最深的，是辩论这个环节。在罗萱同学的组织下，我们利用课余时间，反复排演辩论过程，组织语言，寻找论据，无论是事实论据还是道理论据，为使我们的观点更具说服力，为使我们的语言更具逻辑性，我们不断磨合。最后我们的辩论也是博得了好评。在这个过程中，令我受益匪浅的是团队合作。有时我们意见不统一，我们会采取少数服从多数或分别尝试的方法使意见达成一致。我希望以后的PBL活动也能这样多姿多彩，让我们沉浸其中。

——徐乐淇

这次项目化学习，主题为"我的英雄观"。我们组介绍的是苏轼。我们先绘制了小报，搜集有关他的资料并展开演讲，演讲时也适当地表演了一下。在学习过程中,我们了解了苏轼的一生,他是北宋文坛中面对生活坎坷,仍旧乐观向上的英雄。他让我们看到了他眼中多姿多彩的大宋王朝,也告诉我们,面对困难,要笑看生活,坚强不屈。活动中对于"平凡人是否是英雄"的辩论也让我更深刻地理解了"英雄"的内涵。

——罗萱

最近老师给我们上了一次生动的 PBL 语文课。课前,每组同学都收到介绍古今英雄的任务,课上,同学们通过演讲的方式来介绍英雄人物。我们组选择的是千古第一才女李清照,组员们分工合作,有的负责找资料,有的负责解读资料内容,有的负责做 PPT,有的演讲,各司其职,最后给同学们生动呈现了李清照的艺术成就和人格魅力。我们也利用课余时间进行了辩论的精心排练。辩论会上,各组同学辩论都很精彩,引发大家的深度思考,气氛热烈。PBL 学习方式从我们的兴趣点出发,不仅让我们学习到了英雄精神,理解了"英雄"的内涵,有了自己的英雄观;更让我们在提出问题、搜集资料、相互讨论和解决问题的过程中体会到责任,收获了成长,增强了团队协作能力。

——杨雨桐

4. 改进之处

首先,从确定项目名称到内容实施完成,需要花费大量的精力,但是学生上课的时间是有限的,我们用 6 个课时完成了以上这些内容,非常之仓促。很多内容虽然有教师的指导,但也没有达到尽善尽美,很多时候蜻蜓点水,一带而过,所幸的是学生利用了课外的时间琢磨研究,排练演习,最后呈现出来的效果还是让人满意的,学生也因此收获了不一样的课程体验。

其次,项目化学习需要学生具有更多的自主学习能力,但是,学生的能力是参差不齐的,一部分学生的能力欠缺,平时在项目小组里所做的事情十分有限,遇到困难就直接放弃,导致有些小组的项目开展比较缓慢,成果呈现也比较粗糙。对这部分学生,如何提高其兴趣和能力,是以后在类似学习中需要重点考虑的地方。

最后,项目化学习是一个运用多学科知识综合解决问题的过程,我们在设计目标的时候,关注核心素养和关键技能,但是由于学生水平和能力的不同,在完成具体任务的时候，更多的还是自己选自己擅长的来做，这就导致学生的相应短板得不到适度提高。那么如何在学科知识和核心素养上两者兼顾，也是后续教学中需要研究和改进的地方。

专家点评

作为一个语文项目，本项目能够基于语文教材中的综合性学习，借助阅读、写作、辩论等多种语文实践活动，来辨析什么是"英雄"，从而拓展、丰富学生对于"英雄"的理解。

本项目有意识地引导学生进行团队的分工、合作，鼓励学生规划自己的项目进程，这些都是发展学生学习素养的体现；同时，本项目比较关注教师的支持和引导，在每个子问题的探讨中，教师都会提供相应的学习资源和任务单。比如教师会提供如何搜集资料等方面的方法指导，以视频的形式让学生了解辩论的基本知识。

这个项目还需要进一步思考的是，如何处理本项目设计的四个活动（英雄榜单、走近英雄、辩论英雄、英雄之我见）之间的逻辑性和层次性？入项中就借助教材中李大钊等英雄人物的形象来引导学生呈现对"英雄"的理解，在子问题1中又对英雄进行资料的搜集和整理，在子问题2中借助辩论来探讨平凡人是不是英雄，最后在出项中谈谈自己的英雄观。这四个活动看似是学生对"英雄"理解不断变化的过程，但这和教师在入项阶段的做法有关。教师最初在入项阶段就在一定程度上限制了学生呈现自己对于英雄全面的、朴素的理解，而只关注革命人物。所以，整个项目更多的还是学生跟着教师设计的思路来进行。本项目后期在迭代的时候，可以考虑增强项目的开放性，让学生更多展现自己对于"英雄"最初的、较全面的理解。

——上海学习素养课程研究所　李倩云

小小化学检测员

张 燕

一、项目概述

生活中我们会使用到各种各样的洗涤用品,但是有时候使用不慎,会导致我们心爱的衣物缩水或者受损,这就需要我们了解常用洗涤剂的酸碱性,再根据具体性能来洗涤不同材质的衣物,那么如何测定生活中常见洗涤用品的酸碱性?学生通过学习,知道可以用酸碱指示剂,但是在日常生活中,化学试剂酸碱指示剂的购买和保存都不方便,而且造成不必要的花费。学生围绕"如何利用生活材料自制便捷环保的指示剂来检测洗涤剂的酸碱性?"这一驱动性任务,进行项目化学习。教师引导学生逐步分解问题激发学生的兴趣,这些问题包括:溶液酸碱性的分类准则是什么?化学实验室是如何测定液体的酸碱性的?酸碱指示剂是如何发现的?如何利用生活材料自制环保便捷的酸碱指示剂?不同酸碱性的洗涤用品在生活中的应用要注意哪些?这一项目化学习要求学生以小小化学检测员的角色,沿着科学家的足迹,通过合作互助,模拟科学家的探究过程进行一系列学习,掌握溶液酸碱性的判断方法和应用,从定性到定量感受化学探究的过程和乐趣,理解化学与生活的密切关系,锻炼学生在生活中发现问题、解决问题的能力。

二、挑战性问题

(一) 本质问题

如何自制环保便捷的酸碱指示剂检测常见洗涤剂的酸碱性?

(二)驱动性问题

同学们都有这样的生活经验：心爱的毛衣有时候洗完就缩水变小不能穿了；或者洗好的丝毛类衣物出现了损伤；甚至有新闻报道，有人将84消毒液和洁厕灵这两种洗涤剂混合使用来清洗浴缸，最后产生有毒气体使人中毒……之所以产生这些现象的主要原因，是对生活中常见洗涤用品的酸碱性判断不准确，使用方法失误。那么如何测定生活中洗涤用品的酸碱性？不同洗涤用品的酸碱性不同，用途自然也不同。同学们通过科学课的学习知道可以用酸碱指示剂来测定洗涤剂的酸碱性，但是目前各种超市几乎买不到像酸碱指示剂这样的化学用品，从网上购买的酸碱指示剂不便于运输和保存，造成不必要的花费；而且酸碱指示剂使用频率不高，过期还会造成污染。综合考虑，学生们打算化身小小化学检测员，自己制备便捷环保又经济节约的家用酸碱指示剂来检测常见洗涤剂的酸碱性。那么如何利用生活材料自制酸碱指示剂？

三、项目化学习目标

(一)知识与能力目标

1. 知道溶液的组成和分类；知道实验室常见酸碱指示剂的测定方法和变色规律；了解溶液酸碱性在生活中的应用。

2. 通过测定实验室常见溶液的酸碱性实验，学会测定溶液酸碱性的实验操作，锻炼实验操作能力。

3. 查阅资料了解酸碱指示剂的发现，锻炼查阅资料、整理利用资料的能力；通过小组协作提高合作沟通能力。

(二)高阶认知

尝试寻找生活中可以做酸碱指示剂的材料，设计实验方案制备酸碱指示剂，测定生活中洗涤用品的酸碱性，制作洗涤剂使用指南。

(三)学习素养

1. 探究性实践：查阅整理资料，学习波义耳科学探究的一般思路。

2. 调控性实践：有计划地完成项目，不断完善实验方案，并进行实验探究。

3. 社会性实践：根据探究和交流，制定家用洗涤用品使用指南。

四、项目实施过程

（一）项目准备

学生们通过科学课的学习，知道溶液一般分为酸性溶液、碱性溶液和中性溶液，也了解到实验室经常用紫色石蕊和无色酚酞来测定溶液的酸碱性，老师会在课堂上演示测定的方法。出于安全考虑，初中低年级的学生亲自进行化学实验的机会不多，他们还不会独立进行实验操作测定洗涤剂的酸碱性，所以每个学生很想亲自来体验做一下化学检测员。学生们进行了洗涤剂相关调查，调查了身边家长、老师和校园清洁阿姨，发现 76.8％ 的人都有洗完衣服缩水、破损的经历，35.7％ 的人知道肥皂和洗衣粉是碱性的，93.4％ 的人不曾关心过洗涤剂的酸碱性，43.5％ 的人有混合洗涤剂的经历，9.3％ 的人知道洁厕灵和 84 消毒液不能混合使用。

（二）入项活动

1. 驱动性问题提出

课堂上老师播放了最近的一则新闻，有人将 84 消毒液和洁厕灵这两种洗涤用品混合来清洗浴缸，想达到更好的清洁效果，最后却导致产生有毒气体使人中毒的事故。学生们都很惊讶，没想到生活中常见的洗涤剂混合使用会产生这么严重的后果，然后学生也讲述了自己家里使用洗涤剂不当导致的小事故，有的学生心爱的毛衣洗完就缩水变小不能穿了，也有家人洗好的丝毛类衣物出现损伤，等等。是什么原因呢？是洗涤剂化学成分不对？还是洗涤剂酸碱性不明确，使用方法不对？有学生回想到课堂上老师曾演示碱性溶液使羊毛糊化的实验，学生们讨论确定，洗完的衣服缩水或破损很可能是对于生活中常见洗涤用品的酸碱性判断不准确，使用方法失误而造成。那么如何测定生活中洗涤用品的酸碱性？学生们也想亲自测定家里常见洗涤用品的酸碱性。但是到超市几乎买不到化学用品酸碱指示剂，网上购买会造成不必要的花费，且不便于保存，使用不当还会造成污染。可否自己动手,利用生活中常见材料来制备环保便捷的酸碱指示剂呢?这样既有意义又有趣的项目,学生们都非常愿意参与。

2. 组建项目团队

教师明确:考虑到项目活动涉及查阅资料、制作小报、汇报交流和操作记录等环节,学生应根据各自的不同特长搭配成组,组长起到协调和组织的作用;并制定出小组合作评价量规。接着,学生自行完成分组,如楚墨组、宁阳组、雪花组等,项目化学习过程中小组成员形成了组内协作互助、组间竞争上进的学习氛围。学生们还商议形成小组合作评价量规,如表1所示。

表1 小组合作评价量规

评价指标(每项评分1—5分)	自评	互评	师评
1. 我们小组进行有效讨论,并提出合理的改进方案			
2. 每个小组成员都发挥自己的特长,让小组成果更好			
3. 小组遇到矛盾或者困难,能听组长协调,合理解决			
4. 能在小组讨论过程和实验探究过程中提出创造性建议			
5. 能够明确分工,合理协调,最优化展示小组的成果			

通过小组分工和评价督促小组每个成员更积极地参与到项目化学习中来,每个成员都大胆提出自己的想法和建议,明确合作探究的方向,学会小组内协调优化,力争每个人都能做一些有意义的事情促进项目的顺利开展。

3. 项目方案设计

学生们化身小小检测员测定生活常见洗涤用品的酸碱性,先得学会如何测定洗涤剂的酸碱性实验操作,于是形成子问题1如何测定洗涤剂的酸碱性?同学们可以尝试用化学实验室常见的指示剂测定溶液的酸碱性,了解酸碱指示剂的具备条件和实验操作。学会了测定溶液酸碱性的实验技能后,想要制备酸碱指示剂,得有迹可循,学生们提议模拟科学家发现并制备指示剂的过程,于是产生子问题2如何发现并制备检测洗涤剂的酸碱指示剂?可以学习科学家来尝试一下,从中获得启发,学会探究的完整过程,并为后期寻找材料制备指示剂准备。最后学生了解科学家发现制备的科学探究过程后,要自己尝试选择生活材料来制备便捷环保的酸碱指示剂,于是形成子问题3如何利用生活材料自制检测洗涤剂酸碱性的指示剂?

同学们通过了解酸碱指示剂的发现史,理解酸碱指示剂的作用原理和提取过程,模拟科学家来设计利用生活材料制备指示剂的实验方案,制取便捷环保的酸碱指示剂,化身小小化学检测员来测定生活中常见洗涤剂的酸碱性,制出家用洗涤用品使用指南,从而合理利用洗涤用品,保护心爱的衣物。

(三) 项目过程

1. 子问题1:如何测定常见洗涤剂的酸碱性?

测定常见洗涤剂的酸碱性,小小检测员们先要知道实验室如何测定溶液的酸碱性,常见的指示剂有哪些?教师提供实验室的酸性溶液盐酸、中性溶液氯化钠和碱性溶液氢氧化钠,同学们也带来生活中常见的一些液体如肥皂水、食盐水、白醋、苏打水等。如何对这些液体进行取样和测定其酸碱性?这个环节先由教师演示操作,再由学生分别利用紫色石蕊和酚酞测食盐水、白醋、油烟净、苏打水等溶液的酸碱性,学会测定液体酸碱性的操作并记录结果。该环节设计如下:

(1) 学生活动:学会测定溶液酸碱性的操作方法并绘制实验记录表格。

(2) 教师支持:提供常用酸碱指示剂和不同酸碱性的溶液,演示测定方法。

(3) 设计意图:学生学会测定溶液酸碱性的方法,为后期检测做技能准备。

学生们通过观看实验视频和教师的操作讲解,学会简单的配制溶液、液体取样操作和滴定操作,绘制实验记录表格,不仅可以定性判定常见溶液的酸碱性,还可以利用实验室的pH试纸定量测定溶液酸碱性的强弱,进行定量比较。学生初步设计的实验记录表格如表2。

表2 学生初次制作的实验记录表

盐酸(酸性)	氯化钠溶液(中性)	氢氧化钠溶液(碱性)	自带溶液(肥皂水)
石蕊中: 酚酞中: pH值:	石蕊中: 酚酞中: pH值:	石蕊中: 酚酞中: pH值:	石蕊中: 酚酞中: pH值:

掌握了紫色石蕊和无色酚酞的变色规律以后，学生利用这两种酸碱指示剂的变色规律，采取对比试验的方法测定老师提供的硝酸钾溶液、氯化铵溶液、碳酸钠溶液等液体的酸碱性，锻炼实验操作并灵活运用指示剂变色规律判断溶液的酸碱性。记录如表3。

表3 利用酸碱指示剂判断溶液的酸碱性

	紫色石蕊	无色酚酞	酸碱性
硝酸钾	紫色	无色	中性
氯化铵	红色	无色	酸性
碳酸钠	蓝色	红色	碱性

学生们学会取样和滴定操作后，分别取了2毫升肥皂水、食盐水、苏打水、白醋、石灰水、洁厕灵、油烟净等放置在试管架上，并在对应试管上做好标记便于区分，然后分别滴加紫色石蕊，观察并记录颜色变化；同理，再次取样后，滴加无色酚酞试液，观察记录各溶液的颜色变化并记录；最后再用pH试纸确定各溶液的酸碱度，确定溶液酸碱性，总结紫色石蕊和无色酚酞的变色规律。为了便于总结酸碱指示剂的变色规律，学生们经讨论修改后绘制表4。

表4 学生修改后的试验记录表

	紫色石蕊	无色酚酞	pH值
氢氧化钠溶液			
氯化钠溶液			
盐酸			
肥皂水			
苏打水			
洁厕灵			
油烟净			

这样很明显地对照pH值判定提供溶液的酸碱性，然后对照同一类溶液的颜色变化，总结出实验室常用酸碱指示剂的变色规律是：紫色石蕊遇酸变红，遇碱变

蓝;无色酚酞遇碱变红,遇中性和酸性溶液不变色。紫色石蕊遇到酸性、碱性和中性溶液都显示不同的颜色,便于判断溶液的酸碱性,而酚酞试剂遇碱性溶液变红,有一定的局限性。后期寻找生活材料制备酸碱指示剂,就暂时不考虑含酚酞的果导片或者咖喱等物质。

学生还提出生活中有类似于紫色石蕊的变色现象,比如紫薯粥为什么会变蓝?绣球花为什么有时开红色的花,有时开蓝色的花?是否也是酸碱性不同导致的?教师引导学生去细心观察生活中的变色现象,为后面选取制备生活中的酸碱指示剂材料做准备,学生观察如下:

学生1　观察现象:家里煮紫薯粥的时候,煮出来成品不是紫色,是蓝色的。

猜测原因:水质酸碱性影响。

学生2　观察现象:我发现家里养的蓝色品种绣球,今年再开花就变成了粉红色。

猜测原因:土壤酸碱性影响。

学生3　观察现象:我发现凉拌紫包菜,如果加了醋调味,紫菜丝会变成紫红色。

猜测原因:酸醋汁使其变色。

学生4　观察现象:我发现用碱面洗葡萄表面残留的农药时,紫色的皮变蓝了。

猜测原因:碱性使色素变色。

该环节学生们学习掌握了实验室常见酸碱指示剂检测溶液酸碱性的方法,了解了酸碱指示剂的作用原理是色素在不同酸碱性的溶液中显示不同的颜色,后期选取自制酸碱指示剂的生活材料就根据这个原理来确定,遇到酸碱性不同的溶液显示有区分度颜色的生活材料,可以尝试用来做酸碱指示剂。对于学生实验操作的评价量规如表5所示。

表5　实验操作评价量规

评价项目	标准描述	5分	4分	3分	2分	1分
观察学习	知道实验室常见酸碱指示剂的使用方法					
取样操作	学会对常见溶液倾倒取样操作					

(续表)

评价项目	标准描述	5分	4分	3分	2分	1分
滴定操作	学会用滴管滴加酸碱指示剂的规范操作					
现象记录	如实记录不同溶液滴加指示剂的现象					
结果讨论	会根据溶液酸碱性总结指示剂变色规律					

2. 子问题2：如何发现并制备检测洗涤剂的酸碱指示剂？

学生们讨论提问：最初酸碱指示剂是如何被发现的？酸碱指示剂在生产生活中有什么重要意义？不同酸碱指示剂的变色原理是什么？

学生们学会相应的实验操作后，开始着手制备环保便捷的指示剂。酚酞只能检测碱性物质，于是学生考虑找类似于紫色石蕊指示剂的替代物，但是又无从下手。教师此时提供科学家发现指示剂的视频资料，引导学生总结科学家探究的完整过程，为后面探究寻找制备指示剂的材料做方法准备。学生们按小组查阅酸碱指示剂的发现史、不同种类指示剂的变色原理和应用领域，感受科学家不放过任何一个细节、勤思善问的科研精神。学生沿着科学家的足迹，归纳出科学探究的一般思路，该环节设计如下所示：

（1）学生活动：查阅酸碱指示剂的发现史和应用，小组合作绘制成小报，归纳探究的一般过程。

（2）教师支持：提供波义耳发现酸碱指示剂的视频，引导学生讨论总结出科学探究的一般过程。

（3）设计意图：学生知道酸碱指示剂的发现和应用，受其启发准备自制指示剂，明确科学探究过程，为后期制备指示剂做方法准备。

经查阅学生们了解到，酸碱指示剂的发现是化学家善于观察、勤于思考、勇于探索的结果。学生们看了科学家波义耳发现指示剂的视频，讨论总结出科学家进行科学探究的一般过程如下：

发现问题：盐酸碰到紫罗兰花上，紫罗兰颜色变红了。

形成假设：可能是盐酸使紫罗兰颜色变红色。

进行实验：波义耳选取了当时已知的几种酸的稀溶液，把紫罗兰花瓣分别放入这些稀酸中,观察。

观察记录:紫罗兰都变为红色。其他各种酸溶液都能使紫罗兰变为红色。

得出结论:根据紫罗兰是不是变红色,就可判别溶液是不是酸性。

提出新的问题:牵牛花、月季花和各种植物的根……泡出了多种颜色的不同浸液,这些浸取液在遇到酸性和碱性溶液的颜色变化如何?

学生们还了解到,为使用方便,波义耳还用浸取液把纸浸透、烘干制成指示试纸。今天我们使用的石蕊试纸、酚酞试纸、pH 试纸,就是根据波义耳的发现原理研制而成的。

该环节学生们通过查阅,了解了酸碱指示的发现过程,也总结出科学家探究的一般过程,进一步理解在不同酸碱性的溶液中显示不同颜色的试剂才能做酸碱指示剂,启发学生为自制酸碱指示剂的生活材料选择判断和实验方案设计准备思路。该环节对于学生成果的评价量规如表 6 所示。

表 6　查阅资料评价量规

评价项目	标准描述	5分	4分	3分	2分	1分
资料查询	资料查询的方向明确,内容全面科学					
小报制作	制作的小报内容科学有效,排版合理美观					
介绍交流	自信大方地向同伴介绍自己的理解所获					
过程归纳	能详细全面归纳出科学探究的一般过程					

通过评价,督促学生认真细致查阅指示剂的发现和应用,总结出科学探究的一般过程,并能详略得当地跟同学们表达交流,学习科学家的方法和探究精神。

3. 子问题 3:如何利用生活材料自制检测洗涤剂酸碱性的指示剂?

根据科学家发现指示剂的过程,学生们寻找生活中的有色蔬菜如菠菜、紫甘蓝、胡萝卜等,以及有色花朵月季、仙客来、大丽花等,探究它们含有的色素遇到酸性溶液或者碱性溶液是否会发生不同的颜色变化?如何将这些植物中的色素溶解出来?制备的有色液体哪些可以做酸碱指示剂?如何制成便于携带的指示剂试纸?

学生们参照波义耳发现指示剂的过程,也尝试从含色素的植物中选取能做指示剂的材料,先尝试从生活中常见的含色素的植物或者蔬菜中找。学生以小组为单位带来不同颜色不同种类的水果或蔬菜作为原材料,但是他们对制备环保便捷的指示剂及试纸,实验如何展开,如何选材的准则不熟悉,需要在教师引导下探究测试、确定指示剂的材料。该环节设计如下:

(1) 学生活动:探究寻找生活中能做酸碱指示剂的材料,自制酸碱指示剂并检测其实效性。

(2) 教师支持:提供实验室里酸碱性不同的标准溶液,引导学生对比研究,逐步完善实验方案。

(3) 设计意图:学生像科学家那样进行探究,多维思考选择合适的指示剂材料。

学生们分别带来了橙色的胡萝卜、绿色的菠菜、红色的月季花、红辣椒、紫薯、蓝莓,将这些材料剪切,浸泡在温水中,发现只有蓝莓、紫薯和月季花有色素浸出,而且浸取时间比较长,颜色也比较淡,在测试溶液遇酸碱性变色情况时,有轻微颜色变化。如何排除可能是加入不同的酸碱性溶液稀释导致的变化？教师建议可以设置对照组。蓝莓、紫薯和月季花浸取液遇到酸性溶液会变红,遇到碱性溶液会变蓝,出现酸性—中性—碱性溶液对照的红色—紫色—蓝色变化,可以做酸碱指示剂材料。而胡萝卜和菠菜、辣椒,建议学生们根据色素溶解性,换酒精来尝试浸取色素。学生们用酒精浸泡胡萝卜、菠菜和辣椒,得到橙色和绿色的浸取液,接着分别滴到酸碱性不同的三种溶液中观察颜色变化,发现绿色浸取液在酸碱性不同的溶液中没有变化,胡萝卜的浸取液在酸性溶液中会变黄,在碱性溶液中呈土黄色,在中性溶液中呈灰黄色,颜色变化不明显,不能做酸碱指示剂。

通过实验,学生们知道紫色蔬果遇酸碱性不同的溶液变色明显,也就是含花青素比较多的植物浸取液能在遇酸碱性不同的溶液时显示不同的颜色。生活中含花青素的水果蔬菜比较多,学生们讨论决定,可以通过找类似紫色石蕊的指示剂,如紫罗兰、紫薯、紫甘蓝、紫茄子等。选取不同的植物榨汁或者浸泡,再滴到酸碱性不同的溶液中观察颜色变化。学生们讨论几种材料的选择,教师建议可以从几个因素来考虑,如花青素含量多少、是否四季易得、方便剪切和浸取、材料价格等,综合分析,如表 7。

表7 几种常见的含花青素植物的选取因素

	紫薯	蓝莓	茄子	紫葡萄	紫甘蓝
花青素含量	✓	✓			✓
材料易得	✓		✓		✓
价格合适	✓		✓	✓	✓
方便剪切		✓	✓	✓	✓

学生们考虑到紫薯切块研磨比较麻烦,紫茄子和紫葡萄只有皮可以用,色素含量不高,最后选取便宜易得、花青素含量高的紫甘蓝来做原材料。

为使自制酸碱指示剂的指示范围更精确,学生们查找了紫甘蓝变色的原理和范围。

考虑到剪碎紫甘蓝可以增大酒精浸取的面积,浸取更多色素,研磨后效果更好,所以确定用到剪刀和研钵;但是剪碎以后浸泡液中会有残渣,用吸管吸取滴加时会堵塞滴管,甚至可能会影响颜色观察,于是学生们提议把残渣滤去。教师带领学生们了解过滤的原理,尝试利用纱布或者湿纸巾进行简单的过滤,滤去植物残渣,得到澄清的植物浸取液做酸碱指示剂。然后选取生活中比较吸水又结实的素描纸,模拟化学家制备酸碱指示剂试纸。家里方便过滤的物品是湿巾和棉纱布,学生就选择用纱布来过滤残渣。

实验材料:紫甘蓝、剪刀、研钵、酒精、棉纱布、滤纸、烧杯、滴管、待测洗涤剂。

实验步骤:将紫甘蓝剪成小片→放入研钵研磨→加入20毫升酒精→纱布过滤→测试。

学生们根据合作修改的实验方案,以紫甘蓝为原料自制酸碱指示剂并测试。

该环节学生们学习科学家选取一些生活材料来探究测试,确定了能做酸碱指示剂的材料是含花青素比较高的紫甘蓝或蓝莓等,又根据实验取材的参考因素确定了价格实惠又取材便捷的紫甘蓝,最后通过对比实验确定了花青素的酒精浸取液可更便捷地制备指示剂或指示剂试纸。对于学生的实验操作评价量规如表8所示。

表8 实验操作评价量规

评价项目	标准描述	5分	4分	3分	2分	1分
方案设计	能根据实验目的设计合理的实验方案					
实验操作	检测溶液酸碱性的实验操作准确无误					
观察记录	记录各浸取液在酸碱溶液中的变色现象					
材料选定	能根据现象确定适合制备指示剂的材料					

通过评价量规督促学生们进一步细化完善该环节的探究,根据观察到不同植物浸取液在酸碱性不同的溶液中的颜色变化,确定选出生活中方便做酸碱指示剂的材料。小小化学检测员们还实验对比了紫甘蓝温水浸取液和酒精浸取液的效果,发现酒精比热水能更快溶出较多色素,且酒精更容易挥发掉,能快速制得干燥便携的指示剂试纸。

(四) 出项活动

1. 项目成果展示

经过一系列的活动,小小化学检测员们不仅学会了查阅资料,了解了酸碱指示剂的相关知识,学会了设计实验并练习掌握了简单的基本实验操作,更重要的是在一系列的思考、讨论、查阅中模拟化学家波义耳的探究历程,切切实实地进行了比较完整的化学探究过程,从中学习科学家谨慎勤思的精神,学会观察描述现象并分析现象得出结论。通过查阅资料、理解原理、设计实验、检验成品等过程,最终成功利用生活中便宜易得的紫甘蓝制备了便捷环保的酸碱指示剂和试纸,并在班级进行展示和介绍。

最后,学生们化身小小检测员,利用自制的指示剂试纸将家庭常用的洗涤剂一个个进行检测记录,并讨论制作了家用洗涤剂使用指南,如表9所示。

表9 家用洗涤用品的酸碱性及使用指南

洗涤用品	测试变色	酸碱性	使用建议
油烟净	紫色→蓝色	碱性	碱性物质对于油污有很好的洁净能力,使用时戴手套和防护眼镜,避免刺激皮肤和眼睛

(续表)

洗涤用品	测试变色	酸碱性	使 用 建 议
洁厕灵	紫色→红色	酸性	主要成分为盐酸,用于除去厕所马桶中的碱性污垢,使用时戴手套和护目镜,不能与其他洗涤剂混合使用
洗发露	紫色→浅红色	酸性	弱酸性洗发露适合烫染后头发的护理,中和头发上碱性物质残留,保护头皮。要根据自己的发质和实际情况选用
洗手液	紫色→紫色	中性	温和不伤手,利用表面活性剂去除手上的细菌和污渍。可以常洗手,注意洗完要冲洗干净
洗衣粉	紫色→蓝绿色	碱性	有很好的去污能力,用来洗窗帘、被罩、沙发罩或者外套等。正确的使用方法是将洗衣粉溶于水,然后放入待洗衣物浸泡十分钟再清洗,最后要漂洗至少三次。不能用来洗真丝或羊毛织物
84消毒液	紫色→漂白边缘蓝色	碱性,强氧化性	有很强的漂白性,直接把紫色试纸漂白,用来洗白衣服很好,边缘处是蓝色,还是呈碱性的,使用时戴手套并稀释。切不可与洁厕灵并用
洗衣液	紫色→紫色	中性	目前比较受欢迎的一种洗涤剂,主要特点是温和无刺激,适用范围广,丝、毛、羽绒等不耐碱的材质和贴身衣服适合用洗衣液清洗
小苏打	紫色→浅蓝色	碱性	弱碱性用来洗涤水果蔬菜很好,食品级洗涤剂,能很好地去除农药残留,但要冲洗干净

学生们讨论修正家用洗涤用品使用指南,觉得实用性很强,建议大家将这个使用指南打印出来贴在家里,以后洗涤时都会有所参考,合理使用洗涤剂。学生们调查中发现学校里打扫卫生的阿姨们几乎都不知道这些常见洗涤剂的酸碱性,平时工作中也会出现混合洗涤剂来提升清洁效果的行为。于是他们还给学校打扫卫生的阿姨们科普洗涤用品适用范围,并特别强调酸碱性不同的洗涤剂不要混用,尤其不要混合洁厕灵和84消毒液,不止是酸碱性不同,还会因发生氧化还原反应产生有毒的氯气而危及生命。

2. 出项反思

经过一系列活动,学生们利用生活中的材料制备了酸碱指示剂和试纸,化身小小化学检测员测定了常见洗涤剂的酸碱性。每个人都收获很多。学生们在这次项目化学习中还有意外而有趣的收获,比如利用自制的指示剂调配出化学彩虹，将指示剂做染料扎染棉纱布和以紫甘蓝酒精浸取液作染料制备的固体酒精等，扩大了自制指示剂的使用范围。

（1）通过项目化学习掌握知识。这次学生进行《小小化学检测员》的项目化学习，从开始的调查讨论，到查阅资料学习方法、制定完善实验方案、实实在在进行探究学习活动，他们理解、掌握了溶液的分类和测定溶液酸碱性的原理和操作，探究实验锻炼了相关的实验操作。

（2）通过团队合作促进成长。小组内一次次协调磨合，详细分工查阅了科学家波义耳发现和制备酸碱指示剂的历史，锻炼了查阅资料、整理利用资料的能力，也提高了合作沟通能力，学会科学探究的一般过程并能够小组合作进行科学探究。

（3）通过实践应用加深理解。这次能够在探究活动中不断完善实验方案，并进行实验探究，利用身边的生活材料自制了环保便捷、经济实用的酸碱指示剂和试纸，检测了家用洗涤剂的酸碱性，制定了家用洗涤用品使用指南，还头脑风暴大胆尝试，拓宽了自制指示剂的应用，加深理解了化学源自生活、应用于生活的理念。

五、项目反思

将自制环保便捷的酸碱指示剂来测定洗涤剂酸碱性作为项目化学习，是因为这部分内容在科学和化学中都有涉及，而初三繁忙很难拿出较多时间进行一个完整的项目化学习过程，所以放在低年级比较合适；而且让学生作为化学检测员来制备指示剂并测定家用洗涤剂的酸碱性，也大大提高了他们的主人翁意识和责任感。

（一）经验总结

1. 注重探究体验。初中低年级的学生往往需要教师在资料查阅汇报、实验设计、实验操作、现象记录等环节不断地给予详细指导。教师全过程引导学生模拟化学家波义耳发现指示剂的过程，融入化学史教育，启发学生们自己利用生活材料制备酸碱指示剂,体验科学探究的过程,注重发展学生的动手能力,锻炼了学生的实验能力和思维能力。

2. 注重素养养成。将整个项目分解为三个递进性的小项目,要求学生查阅资料和利用学习的知识解决问题,培养小组合作探究能力、对比实验方法和化学思维品质。从定性实验测得溶液的酸碱性到定量测得溶液酸碱性强弱,再利用定性实验的结果验证酸碱指示剂的效果,体验化学学科定性与定量相结合的学科思想,更深入地发展学生化学学科核心素养。

3. 注重实践应用。所用材料和溶液都是生活中常见的,充分体现了化学源于生活、应用于生活的思想。学生们自己作为化学检测员进行探究和测定实践,培养学生的科学探究意识和社会责任感。最后学生看到自己的成功都很兴奋,思维迸发,继续想出自制酸碱指示剂的其他应用,还编制了家用洗涤用品使用指南,很有成就感。

(二) 反思改进

本次项目化学习也是初次尝试,难免存在不足。

1. 细化分工,明确目标方面:小组分工合作部分规划得不够细致,应根据学生情况和自愿原则进行小组分配,详细讨论并理解评价量规,明确每次活动探究的方向,每个人的工作分配,保证人人都能切实体会并执行探究活动,及时收集学生的问题和反思,引导学生分解难度,解决问题,实现科学素养的提升。

2. 适当放手,大胆实践方面:本次项目化学习过程中对于学生遇到的问题和困难,不敢完全放手让学生自己去讨论解决。不同环节应及时了解收集学生的活动感想和反思,放手让学生们自己去讨论,尽管会出现各种各样的差错,但这也是学生成长的一部分。失败是成功之母,教师要有容错意识,让学生从开始的不成熟逐渐完善进步。

3. 展示交流,科普宣传方面:最后学生们测定了家里带来的各种用途不同的洗涤剂,再讨论查阅相关的洗涤剂知识,制作出比较详细的洗涤剂使用指南。考虑到一些清洁阿姨没时间细看或者不识字,其实还可以更生动地将常见的洗涤剂使用指南绘制成宣传画到附近小区张贴,进一步扩大科普范围。

专家点评

  化学是一门以实验为基础的自然学科。在传统的教学中,学生的化学实验关注更多的是实验的规范操作这一技能或者对某一化学现象或原理的重复验证。化学实验成为有关实验知识和技能掌握或化学学科知识学习的工具。实际上,化学与人们的日常生活密切相关,而真实生活情境往往是复杂的。如何让学生从实验室走向真实的生活场景,将真实问题解决与学科学习联系起来,通过化学实验激发学生探求自然世界的兴趣和求知欲,培养学生的观察力、思维力甚至创新力?

  《小小化学检测员》项目作出了很好的回答。从项目的实施过程来看,该项目很好地体现了项目化学习的几个重要特征。一是真实情境。项目以生活中使用洗涤剂引发的问题甚至导致的严重事故为情境,学生化身为"小小化学检测员",通过实验测定洗涤剂的酸碱性、还原像科学家一样发现和制备酸碱指示剂的过程、选择生活材料制备便捷环保的酸碱指示剂等一系列实验探究任务,从而解决真实生活中洗涤剂的使用问题。二是学生自主。无论是指向驱动性问题解决的方案设计,还是子问题的探究过程,充分展示了学生在此过程中的主体地位。当然,在此过程中教师也适时地为学生提供了相应的学习支架,并给予了过程性的评价,帮助学生更加合理有效地解决探究过程中的问题。三是从学科项目化学习的角度来看,也体现了化学学科的学科本质。从学生的探究过程来看,学生经历了"像科学家一样发现"的过程。学生利用生活材料自制酸碱指示剂并不是最终目标,而是在自制酸碱指示剂的过程中,知道了溶液的组成和分类,了解了实验室常见酸碱指示剂的测定方法和变色规律,也学会利用指示剂测定溶液酸碱性的操作。在这一过程中,学生深度体验了化学学科定性与定量相结合的学科思想。从案例实施过程来看,尽管设计了相应的评价量规,但缺少有关如何评价以及评价如何促进学生学习的过程性内容,建议在项目化实施过程中,进一步关注作为学习的评价实施。

  ——上海市教育科学研究院普通教育研究所 上海学习素养课程研究所 崔春华